U0578893

BLUE BOOK

智 库 成 果 出 版 与 传 播 平 台

河南省社会科学院哲学社会科学创新工程试点项目

河南蓝皮书
BLUE BOOK OF HENAN

河南农业农村发展报告
（2024）

ANNUAL REPORT ON AGRICULTURAL AND RURAL AREAS
DEVELOPMENT OF HENAN (2024)

加快推进农业强省建设

主　编／李同新
副主编／陈明星　宋彦峰　苗　洁

社会科学文献出版社
SOCIAL SCIENCES ACADEMIC PRESS (CHINA)

图书在版编目（CIP）数据

河南农业农村发展报告 . 2024：加快推进农业强省
建设 / 李同新主编；陈明星，宋彦峰，苗洁副主编 . --
北京：社会科学文献出版社，2023.12
（河南蓝皮书）
ISBN 978-7-5228-2840-4

Ⅰ.①河…　Ⅱ.①李…　②陈…　③宋…　④苗…　Ⅲ.
①农业经济-研究报告-河南-2024　Ⅳ.①F327.61

中国国家版本馆 CIP 数据核字（2023）第 219434 号

河南蓝皮书

河南农业农村发展报告（2024）
——加快推进农业强省建设

主　　编 / 李同新
副 主 编 / 陈明星　宋彦峰　苗　洁

出 版 人 / 冀祥德
组稿编辑 / 任文武
责任编辑 / 高振华
文稿编辑 / 刘　燕
责任印制 / 王京美

出　　版 / 社会科学文献出版社·城市和绿色发展分社（010）59367143
　　　　　　地址：北京市北三环中路甲 29 号院华龙大厦　邮编：100029
　　　　　　网址：www.ssap.com.cn
发　　行 / 社会科学文献出版社（010）59367028
印　　装 / 天津千鹤文化传播有限公司

规　　格 / 开　本：787mm×1092mm　1/16
　　　　　　印　张：18　字　数：266 千字
版　　次 / 2023 年 12 月第 1 版　2023 年 12 月第 1 次印刷
书　　号 / ISBN 978-7-5228-2840-4
定　　价 / 128.00 元

读者服务电话：4008918866

主要编撰者简介

李同新　河南省社会科学院党委副书记。长期从事社会科学研究和管理工作，组织的学术活动研究综述数十次被省委、省政府领导批示肯定，多项决策建议被采纳应用。编撰著作多部，发表研究成果30多万字，个人学术成果多次获省级以上奖励。

陈明星　河南省社会科学院农村发展研究所所长、研究员，享受河南省政府特殊津贴专家、河南省学术技术带头人、河南省宣传文化系统"四个一批"人才。主要研究方向为农业经济与农村发展，近年来先后发表论文80多篇，独著和合著学术著作5部，获省部级奖10多项，主持国家社科基金项目3项、省级课题6项，完成的研究成果纳入决策或被省领导肯定批示10多项。

宋彦峰　管理学博士，河南省社会科学院农村发展研究所副研究员，主要研究方向为农村组织与制度、农村金融，近年来先后发表论文20余篇，独著和合著学术著作4部，获省部级奖1项，主持省级课题2项，参与国家级课题2项，相关研究成果被省领导肯定批示4项。

苗　洁　河南省社会科学院农村发展研究所副研究员，主要研究方向为农业经济及区域协调，近年来先后发表论文30余篇，独著和合著学术著作2部，获省部级奖4项，主持省级课题4项，参与国家级课题3项，相关研究成果被省领导肯定批示3项。

摘　要

本书由河南省社会科学院主持编撰，以"加快推进农业强省建设"为主题，深入系统地分析了2023年河南农业农村发展的形势、特点，对2024年进行了展望，立足河南农业农村发展现状，实证测度了河南省各省辖市农业农村现代化水平，多维度、多角度探索了加快推进农业强省建设的实现路径。本书由总报告、评价报告、粮食安全、乡村产业、乡村建设、乡村治理6个专题19篇报告组成。

2023年是全面贯彻党的二十大精神的开局之年，也是加快建设农业强国的起步之年。作为全国重要的农业大省，河南把加快建设农业强省摆在重要位置进行统筹谋划和推进。本书的总报告对2023~2024年河南农业农村发展形势进行了分析和展望。报告认为，2023年，全省农业农村发展呈现总体稳定、稳中求进、稳妥有序的态势，粮食生产保持稳定，科技创新持续赋能，设施装备持续完善，农民收入持续增长，人居环境持续优化，农村改革持续深化，但也存在农业基础设施仍有短板、乡村建设薄弱环节较多等问题。2024年，河南农业农村发展尽管面临一些挑战，但发展优势已凸显，有利条件也在逐渐累积，全省农业农村发展将呈现持续向好的态势。全面推进乡村振兴、锚定建设农业强省的目标任务，需要加快建设高水平"中原粮仓"、推动乡村特色产业高质量发展、接续推动脱贫地区加快发展、促进农民增收致富、改善农村人居环境、强化乡村振兴要素保障，积极探索具有中国特色、河南特点的农业强省之路，奋力实现从农业大省到农业强省的蝶变。

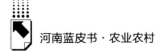

本书的评价报告对河南省各区域农业农村现代化水平进行了测度与评价。报告认为，研究测评现阶段河南省农业农村现代化发展水平，对全面推进乡村振兴、加快建设农业强省具有重要价值。报告主要基于统计年鉴数据，对河南省18个省辖市农业农村现代化水平进行了综合测度和评价，并据此提出，要坚持农业农村优先发展、优化乡村产业体系、发挥"双轮驱动"作用、聚力城乡融合发展、提升乡村治理效能。

本书的粮食安全部分，着眼于扛稳粮食安全重任，主要围绕全方位夯实粮食安全根基、推进种业振兴、促进粮食安全与现代高效农业相统一等方面进行专题研究，为保障粮食安全、夯实农业强省建设"压舱石"，提出要大力落实藏粮于地，积极推进藏粮于技，促进新型农业经营主体发展壮大，提高农民种粮积极性，构建河南种业振兴战略体系，创新粮食安全与现代高效农业相统一的模式等。

本书的乡村产业部分，主要围绕返乡农民工就业创业、畜牧业高质量发展、农业全产业链建设、现代农村服务业发展、农业绿色发展、数字经济赋能乡村产业融合以及推动现代农业产业园提质增效等方面进行分析和展望，多角度反映河南乡村产业发展状况和问题，为促进乡村产业高质量发展，认为应强化人才的挖掘和培育，加大资金的投入力度，提升产业发展的科技化水平，推动农业绿色化和数字化发展，加快构建农业全产业链，充分发挥现代农业产业园的赋能作用。

本书的乡村建设部分，在探讨河南建设宜居宜业和美乡村态势的基础上，分别就农民农村共同富裕、农业科技创新驱动、增加要素投入等进行专题研究，为加快河南农村现代化进程、实现河南乡村建设走在全国前列，提出要不断完善资金、人才、土地等要素保障体系，构建引领现代农业发展的科技支撑体系，健全农村就业帮扶和社会救助兜底体系，不断拓宽农民增收渠道等。

本书的乡村治理部分，基于基层实践探索，认为提升乡村治理效能应从选优配强"领头雁"、激发群众参与乡村治理活力、提升数字化治理能力等方面着手，同时围绕河南农业适度规模经营问题，主要从探索

"一田制"、破解农地流转"内卷化"等方面进行研究，认为推动农业适度规模经营应强化制度创新，在保障农民合法权益的基础上稳妥有序推进。

关键词： 农业强省　乡村全面振兴　农业农村现代化　河南

目　录 ⏵

Ⅰ　总报告

Ⅱ　评价报告

Ⅲ　粮食安全

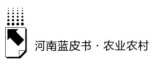

┌─────────────────────┐
│ 皮书数据库阅读**使用指南** │
└─────────────────────┘

总 报 告

B.1

全面推进乡村振兴　加快建设农业强省

——2023~2024 年河南省农业农村发展形势分析与展望

河南省社会科学院课题组*

摘　要： 2023 年是全面贯彻党的二十大精神的开局之年，也是加快建设农业强国的起步之年。作为全国重要的农业大省，河南把加快建设农业强省摆在重要位置进行统筹谋划和推进，全省农业农村发展呈现总体稳定、稳中求进、稳妥有序的态势，粮食生产保持稳定，科技创新持续赋能，设施装备持续完善，农民收入持续增长，人居环境持续优化，农村改革持续深化，但也存在农业基础设施仍有短板、乡村建设薄弱环节较多等问题。2024 年，河南农业农村发展尽管面临一些挑战，但发展优势已凸显，有利条件也在逐渐累积，全省农业农村发展将呈现持续向好的态势。要全面推进乡村振兴、锚定建设农业强省的目标任务，需要加快建设高水平"中原粮仓"、推动乡

---

* 课题组组长：李同新；成员：陈明星、宋彦峰、刘依杭、生秀东、李国英、侯红昌、苗洁、乔宇锋、张坤、张瑶、李婧瑗、梁信志、马银隆、李天华；执笔：宋彦峰、刘依杭。

村特色产业高质量发展、接续推动脱贫地区加快发展、促进农民增收致富、改善农村人居环境、强化乡村振兴要素保障，积极探索具有中国特色、河南特点的农业强省之路，奋力实现从农业大省到农业强省的蝶变。

关键词： 乡村振兴 农业强省 河南

一 2023年河南农业农村发展形势分析

党的二十大擘画了以中国式现代化全面推进中华民族伟大复兴的宏伟蓝图，对农业农村工作进行了总体部署，首次提出加快建设农业强国。2022年12月，习近平总书记在中央农村工作会议上对全面推进乡村振兴、加快建设农业强国做出战略部署。2023年中央一号文件部署全面推进乡村振兴重点工作，并提出加快建设农业强国的总体要求和具体安排，释放加快建设农业强国强烈信号。河南是全国重要的农业大省、粮食生产大省、畜牧业大省、农产品加工大省，必须站在服务保障国家大局的高度，把加快建设农业强省摆在重要位置，为建设农业强国展现更大担当、贡献更多力量。习近平总书记2019年视察河南时强调，要按照"五个振兴"的总要求，加强同脱贫攻坚战略的有效对接，在乡村振兴中实现农业强省目标。河南认真贯彻落实习近平总书记重要讲话、重要指示精神，坚持在推动乡村振兴中建设农业强省。2023年是全面贯彻党的二十大精神的开局之年，是实施"十四五"规划承上启下的关键之年，是落实省第十一次党代会部署的攻坚之年，也是加快建设农业强国的起步之年，为加快推进农业农村现代化，奋力实现农业大省向农业强省的蝶变，2023年河南省委发布一号文件《关于做好2023年全面推进乡村振兴重点工作的实施意见》，为全面推进乡村振兴、加快建设农业强省指明了方向，为全面建设社会主义现代化河南开好局起好步提供有力支撑。

（一）基本态势

1. 稳中有升：粮食和主要农产品供给总体保持稳定

河南贯彻落实党的二十大和中央农村工作会议对加快建设农业强国做出的部署安排，牢记习近平总书记"扛稳粮食安全重任"的殷殷嘱托，将保障粮食和重要农产品稳定安全作为加快建设农业强省的头等大事，牢固树立大食物观，将传统农作物和畜禽资源向更丰富的生物资源拓展，全方位、多途径开发食物资源。全方位夯实粮食安全根基，突出抓好耕地和种子"两个要害"，强化"藏粮于地、藏粮于技"，积极对接实施新一轮粮食千亿斤产能提升行动。2023 年河南夏粮克服不利天气影响，总产量仍达到 710 亿斤，占全国夏粮总产量的 24.29%。2023 年 1~9 月，河南生猪存栏量为 4083.45 万头，同比增长 0.3%，是全国唯一一个生猪存栏保持在 4000 万头以上的省份；生猪出栏量为 4263.32 万头，达到 2022 年全年出栏量的 72.03%，出栏量居全国第 3 位；猪牛羊禽肉产量保持增长，蔬菜瓜果等经济作物生产形势较好，均保持稳定增长，其中蔬菜产量为 5690.62 万吨，增长 2.4%，食用菌产量为 127.46 万吨，增长 3.3%；瓜果产量为 1455.51 万吨，增长 0.3%。①

2. 稳中有进：农业现代化建设步伐全方位加快

河南在农业现代化建设中持续发力，通过现代科技手段改造农业，通过现代物质条件装备农业，通过现代产业体系提升农业，通过现代经营方式管理农业，推动传统农业向现代农业迈进。省政府印发了《中原农谷发展规划（2022—2035 年）》，推动实现更高水平的农业科技自立自强，打造农业创新高地。"中原农谷"建设取得积极进展，"四梁八柱"基本成形，在打造河南的"农业芯片"、中国的"种业硅谷"道路上迈出了坚实的一步。河南农业科技进步贡献率达 64.9%，主要农作物良种覆盖率超 97%，耕种收综合机械化率达 87%。加快发展高效种养业，持续推动优质小麦等十大优

---

①　如无特殊说明，数据来源于《河南统计月报》及河南省农业农村厅、乡村振兴局等单位的工作统计或调查。

势特色农业基地建设，推动品种培优、品质推升、品牌打造和标准化生产。河南将现代农业产业园作为实施乡村振兴战略的突破口，不断强龙头、补链条、兴业态、树品牌。截至2023年上半年，已创建12个国家级、100个省级、274个市级和278个县级现代农业产业园。持续推进农业绿色发展，推进农药、化肥减量增效，创建化肥减量增效"三新"示范区，在全省推广畜禽粪污资源化利用的"内乡模式"，积极探索氨气等恶臭气体减排，协同推进畜牧业减排固碳。持续推进农业品牌培育，立足粮食、畜牧、油料等大宗农产品，培育一批"大而优"品牌，聚焦蔬菜、水果、食用菌、中药材等特色农产品，创建一批"小而美"品牌。

3. 稳中有序：宜居宜业和美乡村建设扎实推进

农业强省建设亦要一体推进农业现代化和农村现代化，实现乡村由表及里、形神俱备的全面提升。河南瞄准"农村基本具备现代生活条件"的目标，持续推动"184"行动，扎实推进乡村建设。以"设计河南、美丽乡村"为引领，以"治理六乱、开展六清"人居环境整治提升为主抓手，有效解决农村人居环境污染的突出问题，认真学习推广浙江"千万工程"经验，不断提高乡村人居环境舒适度。开展宜居宜业和美乡村建设行动，为发挥示范引领效应，2023年3月河南省确定兰考县等20个单位为全省第一批乡村建设示范县创建单位；2023年9月确定第一批乡村建设示范镇和乡村建设示范村，其中乡村建设示范乡镇100个、乡村建设示范村1000个，以奖补形式对示范乡镇进行资金支持，坚持点面结合，通过重点突破带动乡村建设的整体跃升。不断提高乡村基础设施完备度和乡村公共服务便利度，推进乡村寄宿制学校建设，推动医疗资源下沉，加快构建农村多层次养老服务体系。同时，加强农村基层组织建设和农村精神文明建设，推进移风易俗和乡村治理，深入开展"五星"支部创建活动，加强农村精神文明和数字乡村建设，不断提升乡村治理效能。

（二）主要特征

1. 粮食生产保持稳定，防灾减灾能力持续提升

2023年省委一号文件提出，确保全省粮食播种面积稳定在1.61亿亩以上，全年粮食产量稳定在 1300 亿斤以上。河南立足加快建设农业强省实际，积极对接国家新一轮千亿斤粮食产能提升行动，着力在"藏粮于地、藏粮于技"上下功夫、挖潜力，全力抓好粮食生产，坚决扛稳粮食安全重任。2023 年夏粮播种面积为 8531.1 万亩，比上年增加 5.4 万亩，小麦成熟收获期与河南持续降雨时间叠加重合，遭遇罕见"烂场雨"天气，造成部分地区小麦萌动发芽，夏粮单产下降明显，夏粮产量为 710 亿斤，比 2022 年下降 52.6 亿斤。河南聚焦"以秋补夏、以丰补歉"，出台《河南省秋粮增产夺丰收行动方案》，秋粮面积稳定在 7600 万亩以上，稳中有增，全面实施秋粮增产夺丰收行动，如选择 15 个玉米县、5 个大豆县，示范推广高产耐密品种，集成配套增产防倒和水肥一体化技术模式，通过单产的明显提升带动大面积均衡增产，确保自 2017 年以来连续 7 年全年粮食产量稳定在 1300 亿斤以上（见图 1），2023 年全省粮食产量为 1324.86 亿斤，[①] 扛稳扛牢粮食安全重任，夯实农业强省建设的优势和底气。

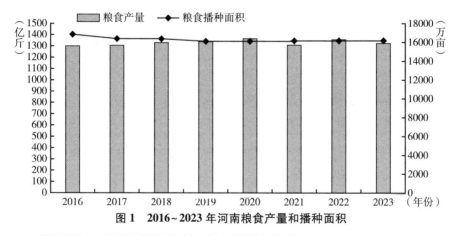

图 1　2016～2023 年河南粮食产量和播种面积

资料来源：根据历年《中国统计年鉴》及国家统计局公告整理。

河南粮食能够保持生产稳定，也得益于河南多年的探索和努力，其在农业生产上不断加强防灾减灾救灾体系建设和能力提升。一是强化高标准农田

---

① 《国家统计局关于 2023 年粮食产量数据的公告》，国家统计局网站，2023 年 12 月 11 日，https：//www.stats.gov.cn/sj/zxfb/202312/t20231211_ 1945417. html。

建设,通过智慧种地提高防灾能力。河南组织实施新一轮高标准农田建设规划,坚持新建与提升并重,截至2022年底建成高标准农田8330万亩、高标准农田示范区292万亩。不断升级改造高标准农田,通过建设农业智能装备等,实现农田灌、排水智能控制,做到旱能浇、涝能排,对重大病虫害进行智能化识别,有效改善了农业生产条件,提高了防灾减灾能力,打好粮食安全"主动仗"。二是减灾救灾应对及时。河南省农业农村厅联合气象、应急管理、水利等部门健全以灾害预警为先导的联动和响应机制,最大限度地减轻灾害损失。面对麦收季十年来最严重的"烂场雨",河南上下积极应对,通过抢排田间积水、加强农机调度、抓紧烘干晾晒、加强调度指导、做好小麦收储等措施,全力以赴与时间赛跑,在抢收、烘干、收购各个环节积极调度、精准施策,最大限度地保障夏粮抢收。在抢收中,河南财政紧急下拨资金2亿元,专项用于小麦烘干,确保小麦质量,确保颗粒归仓。三是发挥农业保险经济补偿功能,保障农民收益。2023年河南将小麦保险的保障水平由447元/亩提高到1000元/亩,为应对"烂场雨",河南及时印发了《关于做好2023年小麦保险理赔工作的通知》,中国人民保险集团股份有限公司在河南"烂场雨"发生后,奋战十天将5.4亿元赔付到户,① 确保了受灾农户生产生活稳定。

2. 科技创新持续赋能,乡村产业提质增效加速

河南将科技创新作为乡村产业提质增效的动力引擎,聚焦生物育种、智能装备、数字农业、绿色低碳等核心领域,盯紧乡村产业发展中的难点痛点,开展原创性、前沿性和引领性科技攻关,推动农业科技由跟跑、并跑向领跑跨越,加快把科技力量转化为产业竞争优势,科技已经成为乡村产业高质量发展的重要驱动力。全省农林牧渔业增加值持续增长,2023年1~9月,全省农林牧渔业增加值为4577.99亿元(见图2)。其中第一产业增加值为4331.05亿元,增速为0.8%。一是以科技创新赋能农产品深加工,助力农业产业链不断拉长。以科技创新助力农产品加工企业为抓手,持续强化万亿级现代食品集群建设,培育了一批把握市场风向的新业态龙头企业,持续巩

---

① 《中国人民保险集团股份有限公司2023年半年度报告》。

固预制菜在全国的领先优势，夯实河南酸辣粉在全国的龙头地位。二是以科技创新赋能农业生产优质高效，助力农业价值链不断提升。河南通过科技创新不断提升农作物育种繁种实力，花生、芝麻、十字花科蔬菜、韭菜、桃、猕猴桃、西瓜、甜瓜育种与新品种推广应用均居全国领先地位；农产品质量安全水平不断提高，落实"一控两减三基本"要求，化肥、农药使用量显著下降，高效节水技术广泛推广应用，标准化生产水平明显提升。以科技创新助力质量兴农、绿色兴农和品牌强农，推动十大优势特色农产品持续做大做强。2023年1~9月，十大优势特色农业产业产值为4508.93亿元，占全省农林牧渔业总产值的54.8%，其中蔬菜产值为1744.25亿元，较2022年同期增加88.38亿元，增长5.3%。三是以科技赋能乡村产业支撑体系，助力农业供应链体系建设。加快物联网、大数据、人工智能、5G等信息技术在农产品现代流通体系中的应用，重点围绕县域商业建设、农村寄递物流体系建设、农产品产地仓储保鲜等方面，打造高质量的农产品供应链。

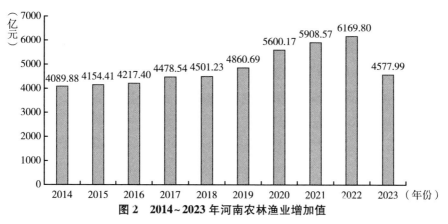

图2　2014~2023年河南农林渔业增加值

说明：2023年为1~9月数据。
资料来源：《河南统计月报》。

3. 设施装备持续完善，农业发展基础显著夯实

农业基础设施和装备的投入是农业发展的基石，越来越深刻地影响和引领现代农业发展方向。河南持续加强以农田水利为重点的农业基础设施建设，除了重点推动高标准农田建设，打造高标准农田示范区，还持续加大农

业机械、农业设施装备的投入力度。2023年1~9月，全省地方一般公共预算中用于支持农林水的资金持续增长（见图3），其中农业农村、巩固脱贫攻坚衔接乡村振兴、水利支出占比分别为38.6%、19.6%、15.8%。财政投入力度的持续加大，为农业设施和装备的完善提供了有力支撑，也为现代农业发展提供了有力支持。一是开展设施农业现代化提升行动，全力确保肉蛋奶菜等重要农产品有效供给。实施蔬菜装备优化升级行动，巩固提升50个蔬菜大县产业发展优势，推广应用新型温室大棚和覆盖材料，示范建设现代化大型连栋温室，增强抗灾能力和使用性；以37个食用菌大县为重点，积极推动老旧菇棚改造，加快建设食用菌标准化生产基地，积极培育一批生产能力在万吨以上的工厂化生产企业；探索楼房养猪、家禽层叠式饲养，不断提高畜牧业设施化和智能化水平。二是推动农机装备高质量发展。河南印发《河南省农机装备补短板行动方案（2022—2025年）》，着重解决农机装备短板问题，加强农业设施装备薄弱环节研制，推动农机装备行业高质量发展。截至2022年底，全省规模以上农机装备企业有200余家，产业规模近600亿元，居全国第2位，已形成以大中型拖拉机及零部件、配套机具、联合收获机等为主的具有农机特色的产业集群。全省经农业农村部认定的率先基本实现主要农作物生产全程机械化示范县（市、区）共80个。

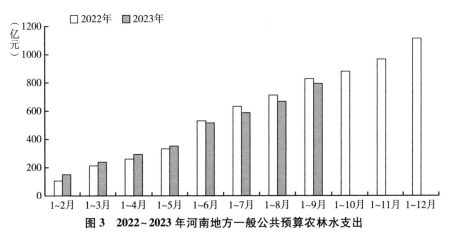

图3　2022~2023年河南地方一般公共预算农林水支出

说明：2023年为1~9月数据。

资料来源：《河南统计月报》。

4. 农民收入持续增长，脱贫攻坚成果不断巩固

农民收入高是农业强省的重要标志，随着全面推进乡村振兴带来更多的政策红利、构建新发展格局带来巨大的市场空间，以及城镇化加快发展提升乡村发展动能，农民技能收入、经营性收入、财产性收入、转移性收入持续发力，2023年河南农民收入保持增长态势。1~9月，全省农村居民人均可支配收入为13618.1元（见图4），同比增长6.8%，分别高于同期全省居民人均可支配收入增速、城镇居民收入增速1.0个、2.4个百分点。2023年河南持续巩固拓展脱贫攻坚成果，促进脱贫地区可持续发展。一是守住不发生规模性返贫底线，强化防止返贫动态监测。建立日提示、月提醒、季通报制度，实现防返贫监测帮扶和数据质量双提升，推动动态监测帮扶常态化。在识别认定上，确定2023年防止返贫监测范围由6900元提高到7500元。做好兜底帮扶，农村低保标准提高到不低于5280元，特困人员基本生活标准不低于当地低保标准的1.3倍。二是增强脱贫地区和脱贫群众内生发展动力。截至6月底，中央、省、市、县共投入财政衔接资金182.13亿元，高于上年同期，全省53个脱贫县统筹整合财政涉农资金115.5亿元。积极融入"人人持证、技能河南"建设工作大局，推动脱贫劳动力实现就业增收。截至6月底，全省培训脱贫劳动力9.14万人，脱贫人口新增技能人才6.58万人，新增"四类人才"8843人。全省脱贫人口和监测对象实现就业228.57万人，完成年度目标的111.27%。三是稳定完善帮扶政策。在11个革命老区县开展"富民贷"试点，在20个县开展"富农产业贷"试点。截至6月底，脱贫人口小额信贷余额148.7亿元，惠及42.79万户；新增精准扶贫企业贷款20.01亿元，新增帮扶企业69家，帮扶脱贫群众2.89万户。在消费帮扶上，上半年全省销售帮扶产品432.8亿元。全省监测对象户均享受帮扶措施4.9项。

5. 人居环境持续优化，和美乡村建设成效显现

2023年，河南扎实推进宜居宜业和美乡村建设，持续改善农村生产生活条件，让农民就地过上现代文明生活。一是持续推进村庄规划建设。坚持县域统筹、分步实施，根据地形地貌和资源禀赋的特色，全省4.58万个行政村中，已有1.95万个形成了"多规合一"的实用性村庄规划编制成果，

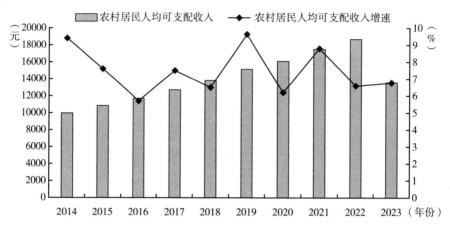

图4　2014~2023年河南农村居民人均可支配收入及其增速

说明：2023年为1~9月数据。

资料来源：《河南统计年鉴（2022）》《河南统计月报》。

占全省村庄总数的42.6%。① 二是深入实施农村人居环境整治提升行动。持续推进农村厕所革命、生活污水治理、垃圾治理和村容村貌提升等重点任务，印发了《河南省贯彻落实〈乡村建设行动实施方案〉工作方案》《河南省2023年深入实施农村人居环境整治提升行动工作方案》《河南省农村改厕"提质年"工作方案》等文件，推动农村人居环境整治工作。三是开展示范创新活动。为持续提升农村人居环境治理水平，2023年8月召开全省乡村建设暨农村人居环境整治提升现场会，开展人居环境整治示范评比工作，对自2021年11月以来，全省农村人居环境集中整治行动成效明显的9个市、20个县（市、区）、100个乡（镇、街道）、1000个行政村予以通报表彰。各地市积极贯彻落实和美乡村建设行动，打造幸福家园，平顶山市坚持典型带动与整体推进相结合，以和美乡村示范片区为龙头、以和美乡村示范村为标准、以和美网格样板点为纽带、以和美庭院示范户为基础，集成打造，全域推进。四是大力推进数字乡村建设。持续加强农村网络建设，推动城乡信息通信网络一体化发展。数字赋能乡村治

① 《河南省1.95万个村有了村庄规划》，河南省人民政府网站，2023年2月15日，https：//www.henan.gov.cn/2023/02-15/2689136.html。

理，打通政务服务"最后一公里"，成为提高基层治理能力的有效举措。

6.农村改革持续深化，发展动力活力不断激发

从农业大省迈向农业强省迫切需要改革来增动力、添活力。2023年河南持续推进重点领域和关键环节机制创新、制度改革，让农民分享更多改革成果。一是积极稳妥推进农村土地制度改革，以落实最严格的耕地保护制度为改革前提，做好第二轮土地承包到期后再延长30年试点工作。二是持续巩固提升农村集体产权制度改革成果，多种新型农村集体经济实现形式不断涌现。临颍县抓住全省农村集体产权制度改革试点县契机，创新"飞地经济"发展模式，依托县产业集聚区既有园区和城郊乡镇，整合各村财政扶持集体经济发展项目资金，成功走出了一条平原农区发展壮大村级集体经济的新路子。三是实施新型农业经营主体提升行动，打造以家庭经营为基础、以新型农业经营主体为依托、以社会化服务为支撑的现代农业经营体系。截至2022年底有农民合作社19.8万家、家庭农场26.2万家、农业社会化服务组织12.5万家，这些新型农业经营主体在保障粮食安全、促进乡村产业发展和带动农民增收上发挥了重要作用。

（三）突出问题

1.农业基础设施仍有短板

一是农田基础设施依然较弱，截至2022年底，全省仍有超过1/4的耕地没有实施过高标准农田建设，已建成的高标准农田近1/3的项目农田林网、排涝沟渠、灌溉机井和配电设施等亟须改造提升。同时，农田防洪排涝应急动员和保障不足，救灾备荒种子、排涝装备等应急物资储备规模和标准无法满足应对重大灾害的实际需要。二是设施农业层次较低，全省棚室建造标准低、抗灾能力不强，设施生产性能差、难以机械化作业，效益不稳定。传统的土墙日光温室仍是冬季蔬菜生产的主要设施，夏季抵抗暴雨能力差。三是农机装备水平不平衡，农机装备除大田作物具有较高水平外，果菜茶等特色作物全程综合机械化水平低，山区丘陵畜牧业、渔业、农产品初加工、设施农业机械化水平均较低。

2. 农业科技创新差距明显

一是农业核心技术原始创新能力不足。河南仍处在以杂交选育和分子技术辅助选育为主的传统育种阶段，分子辅助育种、基因编辑技术、分子设计育种等现代生物育种起步较晚。农作物种质资源库（圃）建设与农业大省地位不匹配。农业科技创新资源分布还不够均衡，集中在种植业的多，畜牧、渔业等研究领域则相对薄弱。二是高水平科研平台建设与先进省份相比差距较大。全省国家级科研平台数量仅为先进省份的 20%~30%，且隶属于不同行业主管部门，存在协同不足、共享不够的问题。三是企业研发创新主体作用有待提升。以种业为例，省内大多数种业企业散、弱、小，80% 没有创新能力，商业化育种体系竞争力弱，直到 2022 年底才迎来种企上市第一股——秋乐种业。河南农作物种业企业数量占全国的 1/10，全国农业技术推广服务中心发布的数据显示，2022 年度商品种子销售总额 20 强企业中仅有秋乐种业一家，排第 17 位。

3. 农民收入增长动力不足

农民收入增速放缓，2016~2022 年全省农村居民人均可支配收入年均增速为 8.13%，较全国平均水平低 0.34 个百分点。种粮增收难是制约农户经营性收入提升的突出短板，粮食生产成本持续上升，种粮利润持续下降，尤其是 2023 年夏粮收获季节遭遇"烂场雨"，进一步压缩了种粮收入空间。未来一段时间，农资价格、土地流转费用、人工成本等仍将刚性抬升，粮食价格上升空间有限，种粮农户增产增收难度会越来越大。同时，当前粮食产量已处于高位，加之自然资源约束日益加剧，依靠增产提价促进增收的老路已难以为继。外出务工增收动能减弱，当前我国经济已由高速增长阶段进入高质量发展阶段，加之新冠疫情后部分企业吸纳和扩大就业能力不足，农民工工资增长较难。脱贫地区农民持续增收难仍是巩固拓展脱贫攻坚成果的突出短板，受疫情、灾情和经济下行等多重因素影响，脱贫人口收入保持持续较快增长面临较大困难。同时，由于脱贫地区产业基础仍然薄弱，技术、设施、营销、人才等存在明显短板，产业链和价值链较短，利益联结机制还不完善，脱贫户分享产业发展成果有限。

4. 乡村建设薄弱环节较多

一是农村基础设施依然薄弱，全省农村公路"村村通"道路等级较低，农村供水区域不平衡，全省还有一些县（市、区）集中供水率和自来水普及率低于全国平均水平。农村电网建设落后，局部地区还存在频繁停电及线路重过载现象。乡村物流缺"点"少"链"，缺乏产地预冷和冷链运输，果蔬等农副产品在采摘、运输、储存等环节的损失率在 25%~30%。农村污水垃圾处理和环卫设施薄弱，转运和终端处理设施不能满足农村生活垃圾治理需求。二是农村公共服务水平有待提升，农村教育、文化、卫生、体育等公共事业，还存在布局不够合理、设施不够健全、人才不够充足、服务不够到位等问题。三是信息化水平较低。据农业农村部发布的《中国数字乡村发展报告（2022 年）》，全国数字乡村发展水平为 39.1%，高于全国平均水平的有 12 个省份，而河南低于全国平均水平。

二　2024年河南农业农村发展形势展望

全面推进乡村振兴、加快建设农业强国，是党中央着眼全面建成社会主义现代化强国做出的战略部署。应对百年变局，切实做好农业农村工作，稳住农业基本盘是国家重大战略需要。河南作为农业大省，要始终把粮食安全扛在肩上、抓在手上，锚定建设农业强省的目标任务扎实迈进。未来一段时间，河南发力全面推进乡村振兴，加快建设农业强省将成为农业农村工作的主线。2024年，河南在持续探索具有中国特色、河南特点的农业农村现代化发展之路的过程中，仍将面对复杂严峻的宏观环境、极端天气的威胁，加之农业农村自身短板弱项仍然突出，农业农村发展还面临不少困难和挑战，但是在全面推进乡村振兴战略和建设农业强省目标的驱动下，河南农业农村发展也将随着全省经济的企稳回升呈现持续向好的态势，实现从农业大省到农业强省的蝶变。

（一）有利因素

1. 农业强省目标塑造新引领

习近平总书记指出，未来 5 年"三农"工作要全面推进乡村振兴，到

2035 年基本实现农业现代化,到 21 世纪中叶建成农业强国。[1] 总书记的重要论述,为河南建设农业强省提供了遵循和原则,即河南要力争到 2025 年农业强省建设取得明显突破,到 2035 年基本建成农业强省,到 21 世纪中叶全面建成农业强省。在此战略目标的驱动下,河南将持续强化多元投入保障,坚持农业农村优先发展,对照"农产品供给保障能力强、农业科技创新能力强、乡村产业竞争能力强、农民收入水平高、农村现代化水平高"的标准,全力推进农业农村现代化建设。未来一段时间,建设农业强省规划及相关支持保障政策也会不断出台和完善,这必将为农业农村发展提供强大支持。

2. 产能提升行动稳固新根基

国家启动新一轮千亿斤粮食产能提升行动,意味着我国粮食总产量将稳步向 1.4 万亿斤的新台阶迈进。河南作为粮食大省,必须扛稳粮食安全重任,要在"藏粮于地、藏粮于技"上下功夫。藏粮于地,就是向耕地要产能。河南积极对接国家新一轮千亿斤粮食产能提升行动,以推动高标准农田建设为重点,力争到 2025 年,粮食综合生产能力达到 1400 亿斤以上。根据全省部署安排,到 2025 年,将按照每亩不低于 4000 元的标准建成 1500 万亩高标准农田示范区,全省高标准农田建成面积达到 8759 万亩,[2] 并探索总结投融建运管一体化推进模式。新一轮高标准农田的建设,既为全国建设高标准农田示范区探索了"河南经验",也为河南建设农业强省、扛稳国家粮食安全重任奠定了坚实基础。

3. 改革创新持续激发新动能

河南建设农业强省,利器在科技,关键靠改革。随着"中原农谷"、周口国家农业高新技术产业示范区等区域农业科技创新载体的建设,河南将会形成一批在全国有影响力的综合性农业科技创新示范区,河南现代农业科技创新体系

---

① 《习近平:加快建设农业强国 推进农业农村现代化》,中国政府网,2023 年 3 月 15 日,https://www.gov.cn/xinwen/2023-03/15/content_ 5746861. htm? eqid = ce30fad90011c5be00 00000000264813c21。

② 《河南省高标准农田示范区建设实施方案》。

的示范引领作用将不断显现。以数字乡村建设为抓手，实现物联网、大数据、人工智能、卫星遥感、第五代移动通信等信息技术在农业生产、农产品加工、冷链物流、农机作业、乡村治理、乡村建设等方面的应用，也将给河南农业农村发展带来深刻影响。农村土地制度、农村集体产权制度改革的持续深化，将会盘活更多乡村"沉睡的资源"，为乡村发展注入更强劲的动力。

4. 农村市场需求释放新潜力

当前，我国以国内大循环为主体、国内国际双循环相互促进的新发展格局加快构建，扩大内需战略深入实施，农村消费潜力逐步释放。2023 年 7 月，《国务院办公厅转发国家发展改革委关于恢复和扩大消费措施的通知》明确提出促进农村消费。河南广大乡村有巨大的内需潜力，既有基础设施建设的投资需求，也有农村家具家电、汽车等消费需求的迭代升级。现阶段，农村地区不单单是农业生产的地方，生态涵养、休闲观光等多功能性日益显现，与城市在空间、产业、生态、文化等方面的协调融合加快，这对于城乡要素的双向流动十分重要。在发展中应准确把握这一趋势，应科学审视农业农村的价值和作用，找准乡村发展的切入点、着力点和突破点，推动农业强省建设顺势而上。

（二）不利因素

1. 农业农村投资总量不足

目前农业农村投资总量不足、渠道不宽，农业农村基础设施短板明显，与强化农业农村基础地位、推进农业农村现代化、推动农业高质量发展、建设农业强省的要求还不匹配。受国际形势等多种因素影响，我国经济下行压力有所加大，给农业农村投资带来不利影响。全省第一产业固定资产投资（不含农户）增速自 2021 年 6 月出现负增长后，持续低迷，一直保持负增长状态（见图 5），继 2023 年 1~2 月创下近 3 年的最低增速（-17.6%）后，1~9 月再创新低（-18.4%）。全面推进乡村振兴、加快建设农业强省需要全方位的资金保障，农业农村投资的不足和低迷，将严重影响农业农村现代化建设的进程。

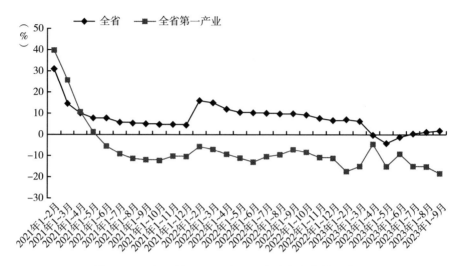

图5 2021年1月至2023年9月全省和全省第一产业
固定资产投资（不含农户）增速变动情况

资料来源：《河南统计月报》。

2. 稳定农业生产挑战增多

河南保障粮食和重要农产品有效供给任务艰巨，尤其是近年来影响农业生产的各种不稳定风险挑战增加，给建设农业强省带来严峻挑战。一是随着全球气候变暖，气象灾害发生风险增大，高温、干旱、强降水等极端天气多发频发，加之基础设施薄弱问题仍然突出，防灾夺丰收任务艰巨，如2021年的河南郑州"7·20"特大暴雨、2023年的"烂场雨"均对农作物生产造成严重损失，未来农业生产需要更多地考虑气候因素。二是病虫害发生风险增多，同时动物疫情病原复杂、病毒污染面广，动植物疫病防控任务艰巨。三是农业经营风险凸显，由于石油、天然气等大宗商品价格持续高位运行，化肥等农资价格面临较大上涨压力，加之人工成本、土地成本刚性增长，挤压了农民种粮增收空间。此外，小农户农业经营面临农产品行情价格波动风险，利益难以保障。

3. 农业资源要素约束趋紧

一是耕地资源紧张。从数量看，根据第三次全国国土调查数据，全省人均耕地仅有 1.1 亩，比全国平均水平低 20%。可用于发展设施农业的一般耕地仅占 10.2%，低于全国平均水平 9 个百分点。耕地后备资源不足，耕地后备资源宜耕总面积为 121.34 万亩，仅占耕地总量的 1.08%。二是水资源匮乏。河南属于严重缺水省份，人均水资源占有量为 405m³，不足全国人均水平的 1/5、世界人均水平的 1/20，属于国际标准的极度缺水地区。农业灌溉用水方面，全省仍有 3361 万亩旱作耕地，重度干旱面积大约占到 1/6。三是资源利用程度不高。化肥、农药利用程度差距明显，秸秆饲料化利用率较低，畜禽废污利用偏重于固肥积造和还田，对集液态肥还田时间、还田量、还田方式等于一体的施用技术探索不足，农户接受程度不高。

4. 市场消费需求整体偏弱

2023 年以后，我国经济逐步向常态化运行轨道回归，呈现恢复向好态势，但是市场消费需求依然偏弱。一方面，当前就业的总量压力和结构性问题依然存在，"求职难"和部分行业"招工难"并存，就业形势依然严峻。另一方面，尽管居民收入延续增长态势，但是居民消费能力和消费信心不足，居民风险偏好下降，储蓄意愿持续较强。

（三）态势展望

1. 粮食产业竞争力将持续提升

保障粮食和主要农产品稳定安全供给是农业强省建设的首要议题。2023 年河南省委、省政府出台《关于做好 2023 年全面推进乡村振兴重点工作的实施意见》，明确指出切实扛稳粮食安全重任，并启动了新一轮千亿斤粮食产能提升行动。作为全国重要的粮食生产大省，河南扛稳粮食安全重任，不断提升粮食产业的整体质量和市场竞争力。按照相关要求，河南充分发挥粮食生产这个优势，深化农业供给侧结构性改革，大力培育龙头企业、产业集群，构建完整、高效且具有显著效益的现代农业产业链。同时，为有效适应消费者日益多样化的需求，河南坚持以质量兴农、绿色兴农、品牌强农发展模式，进一步推动粮食产业质量变革、效率变革、动力变革，使农业向价值链中高端迈进。通过构建粮食市场和流通体系建设，加大对粮食生产、储

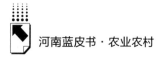

存、运输和销售体系的投入力度，确保产业链各环节有机衔接、协同联动，进一步推进粮食安全与现代高效农业相统一。

2. 农业农村多元价值持续拓展

随着农业农村现代化建设持续推进，河南农业产业不仅在食品安全供给方面发挥了重要保障作用，还在生态涵养、休闲体验、文化传承等领域呈现丰富的多功能性和综合价值。根据 2023 年前三季度数据统计，河南省农林牧渔业增加值为 4577.99 亿元，其中第一产业增加值达到 4331.05 亿元，十大优势特色农业产值更是高达 4508.93 亿元。随着技术进步与科技创新快速推进，以及各地农业多功能模式的拓展，未来河南在打造农业强省过程中将更加注重以自然资源、历史文化为基础，以满足消费者对农产品多样性需求为目标，进一步挖掘农业多种功能，提升乡村多元价值，实现从传统农业生产模式向生态旅游、康养休闲、科技创新、文化体验等新兴业态转型，从而形成"多元化、全面化、高效化"的现代农业产业格局。

3. 村庄布局集约高效特色凸显

近年来，河南通过优化村庄功能布局和空间结构，促进了城乡空间的连通性和可达性，实现乡村特有的自然资源价值和比较优势的最大化发挥。在农业强省建设中，河南村庄布局正朝着集约化、品牌化方向发展，充分挖掘本土资源优势，积极推进规模化、标准化、市场化建设，不仅有效释放了乡村市场活力、彰显了区域特色，而且显著提升了乡村经济底蕴与综合竞争力。随着河南优势产业发展规模不断壮大，在未来村庄发展格局中，将进一步利用城市强大的辐射带动能力，拓展乡村生产、生活、生态领域，并探索一条生产发达、生活美好、生态宜居的村庄集约化发展道路。在村庄空间布局中，通过提升乡村经济价值、生态价值、社会价值及文化价值，逐渐形成以特色产业、特色生态、特色文化为核心的综合发展模式，为乡村生产、生活、生态创造更为广阔的发展空间。

4. 绿色低碳生产生活方式加快形成

在加快发展方式绿色转型背景下以及"双碳"目标导向下，河南将更加注重资源节约和产品质量，农业绿色发展迈向新台阶。农业强省建设离不开农业农村生产生活方式绿色发展，未来农业农村的发展方式将更加低碳、绿色和智能化。尤其在中国现代化进程中，乡村生态服务功能将进一步彰显。从需求角度来看，城乡居民对生态产品和生态服务的有效需求日益凸显，绿色发展理念更加深入人心；从供给角度来看，生态建设和生态补偿力度不断加大，推动绿水青山、田园风光变成"聚宝盆"，打造人与自然和谐共生的绿色低碳生态空间是未来河南农业农村发展的趋势所在。

5. 文明和谐乡风民风建设不断深化

乡风文明塑造了农业农村现代化发展的主体价值。近年来，河南坚持以党建为引领，以建设文明乡风、良好家风、淳朴民风为抓手，焕发乡村文明新气象，为加快推进农业强省建设注入了精神动力。一方面，丰富乡村文化不仅有效促进了乡村非物质文化和"活态文化"的延续，还推动了乡村文旅产业发展，进一步振奋了乡村的精神面貌，增强了乡村的凝聚力，孕育出社会好风尚。特别是在城乡快速融合发展背景下，乡村承载着已然"市民化"群体的田园牧歌梦，打造具有乡土文化特色的产业链，寄托乡愁、乡韵、乡情的文化空间，是未来农业农村现代化发展的重要方向。另一方面，乡村深层次乡规民约的文化特征和市场化条件下现代正式制度的有机融合，以及自治、法治、德治多维互动新机制的形成，为河南在建设农业强省过程中实现乡村治理现代化提供了着力点，将促进乡村文化传承与乡村治理现代化有机结合，更加符合未来河南农业强省建设的要求。

6. 城乡融合发展持续深化

农业强省建设离不开城乡融合发展，2022 年河南常住人口为 9872 万人，居全国第 3 位，而城镇化率只有 57.07%，低于全国平均水平 8.15 个百分点，这是河南的短板所在。在人口负增长和老龄化不断加剧的背景下，河南充分发挥自身优势和潜力，尤其是每年约 150 万人的城镇化进程，以及 2 万多亿元的社会消费水平，为各种技术、产品和服务提供了广阔的需求空间，使河南在中原市场中成为构建国内统一大市场的战略要地。因此，全面深化城乡融合发展，畅通城乡要素流动和经济循环，激活农业农村潜在投资需求和消费动力，是实现农业强省建设的重要方面。在未来农业农村现代化发展中，河南人口所蕴藏的巨大商机和创新活力，将通过城乡融合发展促进各要素充分流动，并释放巨大潜能。

7. 数字赋能乡村建设加速推进

随着生态优先、绿色发展理念日益深入，河南不断加强"数字赋能"在乡村建设中的引领力，为加快农业强省建设赋予了智慧的力量。随着乡村基础设施和公共服务的不断升级，以及互联网技术的广泛应用和数字化的快速转型，乡村对创新创业要素的吸引力和竞争力日益增强。以电商、乡村旅游等为代表的新产业新业态迅速崛起，触发人才回乡、企业回迁的"回归经济"浪潮，呈现人才回归、技术回乡、资金回流的"集合效应"，使乡村成为创新创业创富的重要空间载体，进而形成了创新带创业、创业促就业、就业保增收、致富奔共富的良好局面。数字化乡村建设在提升乡村基础设施和公共服务的同时，加速推进了乡村治理的现代化转型。

三　加快推进农业强省建设的对策建议

党的二十大报告强调，加快建设农业强国，扎实推动乡村产业、人才、文化、生态、组织振兴。作为全国粮食生产大省，河南在党的二十大精神引领下，要充分发挥其独特的农业资源禀赋和农业农村发展经验，积极采取措施补齐短板和弱项，加快实现农业大省向农业强省转变，推动河南乡村振兴实现新突破。

（一）加快建设高水平"中原粮仓"，提升粮食和重要农产品供给保障能力

习近平总书记指出，粮食安全是"国之大者"①。这一重要论述为新时代牢牢端稳"中国饭碗"、牢牢把住粮食安全主动权提供了明确的战略指引

---

① 《习近平看望参加政协会议的农业界社会福利和社会保障界委员》，中国政府网，2022年3月6日，https：//www.gov.cn/xinwen/2022－03／06/content_ 5677564. htm? eqid = b677ae220 00009d500000003645df366。

和根本遵循。在当前复杂的国际国内形势下，河南作为主要的粮食产区，必须增强风险意识，肩负起保障国家粮食安全的重要使命。

一是全力抓好粮食生产。把保障国家粮食安全作为农业强省建设的首要问题，全方位夯实粮食安全根基，强化"藏粮于地、藏粮于技"的物质基础，确保粮食播种面积稳定，主攻单产、力争多产增产，以实施优质粮食工程为抓手，调整优化粮食种植结构，促进绿色、优质、特色粮食产品高质量发展。

二是构建多元化食物供给体系。以大食物观为指引，高质量发展设施农业，以优质小麦、花生、草畜、林果为重点，建设一批规模优势特色农林产品生产基地，壮大国家级特色农产品优势区。推进生猪产业转型升级，做优做强家禽产业，提升全产业链增值增效水平和市场竞争力，实现各类食物供求平衡，更好满足人民群众日益多元化的食物消费需求。

三是加强农业科技推广。进一步落实"藏粮于地、藏粮于技"战略，实施种业振兴行动，全力推进"中原农谷"建设，推进种质资源保护利用、种业创新平台建设等六大行动，强化农业技术装备支持，建设农技、农机、农经"三支队伍"，将先进前沿的农业科技成果转化为现实生产力，促进农村经济高质量发展。

（二）加快构建现代农业产业体系，推动乡村特色产业高质量发展

农业强省建设需要立足区位条件、资源禀赋、产业基础和发展阶段，因地制宜积极发展多样性农业，充分开发农业多种功能、挖掘乡村多元价值，向一二三产业融合发展要效益。

一是加快发展现代农业园区和产业集群。立足县域布局特色农产品产地初加工和精深加工，建设现代农业产业园、农业强镇、优势特色产业集群，积极推进农业发展主体功能区建设，坚持"一群多链、聚链成群"，引导农产品加工企业向产地下沉、向园区集中，推进农业全产业链发展。

二是推动绿色食品产业高质量发展。积极开展万亿级绿色食品集群培育行动，鼓励"家庭农场+农民合作社"融合发展新模式，支持种植养殖大户、家庭农场、农民合作社、农业社会化组织和龙头企业发展，打造河南粮

油公共品牌，推进酒业、奶业和中医药业发展，为构建多元化食物供给体系奠定基础。

三是积极发展乡村新产业新业态。深入实施"数商兴农"和"互联网+"农产品出村进城工程，依托田园风光、绿水青山、村落建筑、乡土文化、民俗风情等特色资源，以"一县一省级开发区"为载体，建设一批休闲农业重点县、休闲农业精品园和乡村旅游重点村镇，推动农业与旅游、教育、康养等产业融合，发展壮大县域富民产业。

（三）巩固拓展脱贫攻坚成果，接续推动脱贫地区加快发展

农业强省建设的前提是巩固拓展脱贫攻坚成果，这也是实现全体人民共同富裕的必然要求。要把振兴农业、繁荣农村、造福农民作为农业强省建设的重中之重，促进农业农村高质量发展，推动脱贫地区快速发展。

一是守牢不发生规模性返贫底线。压紧压实巩固拓展脱贫攻坚成果责任，建立健全防止返贫监测和帮扶机制，统筹政府、市场和社会资源，健全分层分类的社会救助体系和兜底保障工作，采取产业扶持、就业安置、综合保障、社会帮扶等多种方式，确保应纳尽纳、应扶尽扶，不发生规模性返贫和新的致贫现象。

二是促进脱贫群众持续增收。积极发展高质高效农业，带动农业增效、农民增收和农村经济发展，打造"一县一业""一乡一特""一村一品"，以发展特色鲜明、优势集聚、产业融合、市场竞争力强的农业产业为重点，将地方特色小品种发展成带动农民增收的大产业，培育一批"大而优"、"小而美"、有影响力的区域农产品品牌，提高农业经营综合效益，促进农民经营增收。

三是支持脱贫地区整体快速发展。把促进乡村振兴重点帮扶县加快发展作为主攻方向，在帮扶政策、资金、项目、力量上予以倾斜支持，缩小脱贫群众收入差距、发展差距，完善定点帮扶、结对帮扶、驻村帮扶、社会帮扶等机制，发挥巩固拓展脱贫成果和乡村全面振兴的作用，增强脱贫地区和脱贫群众内生发展动力。

（四）促进农民增收致富，扎实推进农民农村共同富裕

促进农民增收致富是推进农业强省建设的应有之义，要把带动农民就业增收作为乡村发展的基本导向，进一步推进农民农村共同富裕。

一是促进农民工高质量充分就业。高质量推进"人人持证、技能河南"建设，健全县乡村三级劳务服务体系，提升农村劳动力职业技能，加强跨省农民工就业失业监测和困难帮扶，促进技能就业、技能增收、技能致富，提高就业质量。实施高素质农民培育计划，培养新型职业农民，大力发展面向乡村振兴的职业教育，深化产教融合和校企合作，实现知识与就业的充分结合。

二是拓宽农民经营增收渠道。以市场为导向加快调整农业结构，建立健全新型农业经营主体与农户利益联结机制，聚焦农业农村特色资源禀赋，以规模经营为依托、以利益联结为纽带，培育农业产业化联合体，提升农业综合效益和竞争力，实现精准助力农民就业，促进农业增效、农民增收。

三是挖掘农民财产性收入增长潜力。推进资源变资产、资金变股金、农民变股东"三变"改革，拓宽财产性收入渠道，赋予农民更多的财产权利。通过积极引入市场主体、吸引社会资本，将农户闲置宅基地、农房改造成农家乐、民宿等，提高资产利用收益。健全农村集体经济组织收益分配机制，推进农村产权流转交易规范化建设，为优化发展环境、盘活农村沉睡资产、规范农村"三资"管理提供坚强保障，促进农民获得多元化收益。

（五）加快宜居宜业和美乡村建设，持续优化农村人居环境

建设宜居宜业和美乡村，是实现农业强省跨越式发展的重要内涵，以实施乡村建设行动为抓手，优化乡村布局规划，统筹乡村基础设施和公共服务体系建设，提升乡村生态宜居水平，让农民群众生活更有品质、更加美好。

一是加强乡村规划建设。抓好乡村规划编制，确保乡村建设品位和质量，按照"城乡融合、区域一体、多规合一"的理念，分区分类推进村庄规划编制。将当地的自然禀赋、风土人情等乡土元素，因地制宜融入规划设

计，科学把握乡村的差异性、多样性，切实保护农业生产空间和乡村生态空间，真正做到发展有遵循、建设有抓手、振兴有蓝图。

二是整治提升农村人居环境。找准人居环境的"堵点"，突出抓好农村生活垃圾处理和污水处理、农业生产废弃物资源化利用、村容村貌整治等，推动农村生活垃圾收运处置体系建设和源头分类减量，强化农业面源污染综合治理，深入推进化肥农药减量化、秸秆利用综合化，实现村容村貌整体提升。

三是完善农村基本公共服务。加强农村公路养护和安全管理，实施农村供水设施更新改造建设，推动农村电网基础设施进一步提档升级。推进农村基础设施建设等重点任务，聚焦"一老一小一青壮"，持续推进普惠性、基础性、兜底性民生建设，促进城镇公共服务向农村覆盖，提高教育、医疗、养老、公共文化、社会保障水平，不断促进基本公共服务向农村覆盖。

（六）深化体制机制改革创新，强化乡村振兴要素保障

加快建设农业强省，迫切需要改革增动力、添活力。要加快推进农村重点领域和关键环节机制创新、制度变革，让广大农民在改革中分享更多成果。

一是推进县域城乡融合发展。通过提高县域综合承载能力推进城乡融合发展，进一步吸引更多资金、人才、技术等生产要素向县域流动，以县域作为城乡融合发展的重要切入点，促进各类生产要素在城乡间双向自由流动和平等交换。同时，要结合县域自身资源禀赋、区位条件和产业基础，统筹县域城乡规划建设和区域布局，将资源优势与产业培育有机结合，促进城乡公共基础设施一体化发展。

二是加快发展新型农村集体经济。立足自身优势，构建产权关系明晰、治理架构科学、经营方式稳健、收益分配合理的运行机制，通过农村集体土地所有权的有效实施，保护农民的根本利益，促进农村集体经济组织抱团发展、与各类市场主体开展合作，有效整合盘活农村集体资产资源，壮大新型农村集体经济。

三是深化农村土地制度改革。全面激活乡村要素市场，唤醒农村沉睡的资源，坚持"土地公有制性质不变、耕地红线不突破、农民利益不受损"三条底线，按程序、分步骤稳妥推进农村集体经营建设用地入市，加快建立产权流转和增收收益分配制度，切实保障农民利益。

参考文献

习近平：《加快建设农业强国　推进农业农村现代化》，《求是》2023 年第 6 期。

中共河南省委：《在乡村振兴中实现农业强省目标》，《求是》2023 年第 6 期。

姜长云：《农业强国建设及其关联问题》，《华中农业大学学报》（社会科学版）2023 年第 2 期。

黄祖辉、傅琳琳：《建设农业强国：内涵、关键与路径》，《求索》2023 年第 1 期。

高强、周丽：《建设农业强国的战略内涵、动力源泉与政策选择》，《中州学刊》2023 年第 3 期。

魏后凯、崔凯：《农业强国的内涵特征、建设基础与推进策略》，《改革》2022 年第 12 期。

张红宇：《农业强国的全球特征与中国要求》，《农业经济问题》2023 年第 3 期。

胡新艳、陈卓、罗必良：《建设农业强国：战略导向、目标定位与路径选择》，《广东社会科学》2023 年第 2 期。

黄承伟：《全面推进乡村振兴是新时代建设农业强国的重要任务》，《红旗文稿》2023 年第 2 期。

评价报告 ⟩

B.2

河南区域农业农村现代化水平
测度与评价

河南省社会科学院课题组*

摘　要： 本报告从农业现代化、农村现代化、城乡融合三个维度构建河南省农业农村现代化评价指标体系，并基于《河南统计年鉴（2022）》的数据，使用熵权法测算分析河南省18个省辖市农业农村现代化的发展水平。基于全局考虑从坚持农业农村优先发展、优化乡村产业体系、发挥双轮驱动作用、聚力城乡融合发展、提升乡村治理效能建设5个方面提出优化建议，以推进农业农村现代化进程，为河南加快农业强省建设创造条件。

关键词： 农业农村现代化　城乡融合　河南

---

* 课题组组长：李同新；成员：陈明星、张瑶、乔宇锋、宋彦峰、苗洁、生秀东、李国英、侯红昌、刘依杭、张坤、李婧瑗、梁信志、马银隆、李天华；执笔：张瑶、乔宇锋。

农业农村现代化是中国式现代化的重要组成部分，没有农业农村现代化就没有整个国家的现代化。区别于西方国家"串联式"现代化发展历程，中国式现代化呈现"并联式"的特征。与新型工业化、信息化、城镇化相比，农业农村现代化明显滞后。实现中国式农业农村现代化是一个长期、复杂的动态发展过程，作为农业农村大省的河南应主动担当作为，努力探索走出一条具有河南特色的农业农村现代化之路，这也是加快建设农业强省的内在要求和必要条件。课题组通过构建客观、合理的多维度农业农村现代化评价指标体系，衡量河南当下各地区农业农村现代化发展水平，科学甄别需要持续加强的关键领域并提出相应的对策建议，为河南推进农业农村现代化进程和加快农业强省建设提供决策参考。

一 农业农村现代化评价指标体系构建

（一）构建原则

河南作为农业农村大省，加快推进农业农村现代化是建设现代化河南的重点和难点。课题组根据河南农业农村现代化发展的实际特点，以农业、农村和农民为切入点，遵循系统性、科学性、指导性、协调性以及可操作性等原则，兼顾所选指标官方统计数据的连续性、省份之间的可比性，构建农业农村现代化评价指标体系。

1. 系统性原则

农业农村现代化是各种内外因素综合作用的一项涉及多目标、多任务、多领域的系统工程，农业农村现代化评价指标体系作为农业农村现代化水平的测算标准、问题发现的监测手段是一个系统概念。因此，在构建农业农村现代化评价指标体系时要坚持系统性思维、遵循系统性原则，将农业现代化、农村现代化、城乡融合一体设计，合理布局各个维度的评价指标，实现指标体系逻辑清晰、层次分明、框架合理，体现评价指标的综合性与系统性。

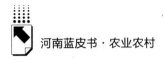

2. 科学性原则

科学的农业农村现代化评价指标体系是判断农业农村现代化发展水平、动态掌握农业农村现代化进度、制定更具针对性的政策的基础。农业农村现代化评价指标体系的设计要符合农业农村现代化丰富的内涵特征，并与河南农业农村现代化实际发展情况相适应，从多个维度科学合理地选择具有广泛代表性、较强综合性的分项指标，选取科学的计算方法明确每个分项指标的权重并进行测评，准确把握河南农业农村现代化发展的进度。

3. 指导性原则

农业农村现代化是一个动态的、渐进的和阶段性的发展过程。农业农村现代化的内涵也随着时代的不断进步发展以及人类认识程度的加深而不断拓展。因此，对于农业农村现代化评价指标体系的把握要体现出引导预期、动态完善、差异化推进的要求，既立足既有的认知水平和区域内农业农村发展实际，又充分考虑时代潮流、发展理念、科技进步等方面在可预见的未来将会发生的演进。在指标设计上，过程性指标和结果性指标有机结合，映射发展阶段、发展理念、发展格局之变，更好地指引河南各地区农业农村现代化朝健康的方向发展。

4. 协调性原则

中国式农业农村现代化是中国式现代化的重要组成部分，是全方位、不留死角的农业农村现代化。但是，农业农村现代化的评价指标体系不可能涵盖农业农村农民的各个方面，只能涉及重点领域、代表性领域，这意味着在构建农业农村现代化评价指标体系的时候要坚持全面性与重点性相结合，兼顾快变量与慢变量，处理好评价指标体系整体的完备性与分项指标的代表性这一对矛盾。同时，评价指标体系要与中国式现代化的特质相契合，协调好历史、当下和未来之间的关系。

5. 可操作性原则

农业农村现代化评价指标体系在遵循系统性、科学性、指导性、协调性原则的同时，要体现评价指标体系的可操作性。要充分考虑评价指标的统计可得性及具体评价的可操作性，正视不同评价指标衡量的难易程度和客观数据获取难度，尽可能避免实际意义不大或看起来很重要但很难获取数据、很难准确描述的指标，确保一手数据的可获得性、可操作性，提升数据收集效率和质量，让评价指标体系在历史与实践的考验中永葆生命力。

（二）指标体系

根据上述原则，本报告综合国内外现有农业农村现代化评价指标体系相关的研究，紧扣新发展阶段农业农村现代化的内涵特征，参考政府机构发布的相关政策文件，并结合河南农业农村现代化实际发展状况，分别从农业现代化、农村现代化和城乡融合3个维度构建农业农村现代化评价指标体系。

1. 农业现代化维度评价指标

本报告从农产品供给保障水平、农业产出水平以及农业可持续发展水平这3个指标层选取指标来表现河南农业现代化水平。在农产品供给保障水平方面，选取人均粮食占有量、灌溉面积占比、单位耕地面积农业机械动力3个具体指标来衡量；在农业产出水平方面，选取粮食单产、第一产业劳动生产率、耕地产出率、农林牧渔业社会化服务指数4个具体指标来衡量；在农业可持续发展水平方面则选取化肥施用强度、农药施用强度、农业用水强度3个具体指标来衡量。

2. 农村现代化维度评价指标

农村现代化维度包括农村发展水平和农民生活水平这2个二级指标，选取农村无害化卫生厕所普及率、农村户均沼气池、农村人均医疗卫生机构床位、农村人均乡村医生和卫生员4个具体指标来表征农村发展水平，选取农民人均可支配收入、农村居民家庭恩格尔系数2个具体指标来表征农民生活水平。

3. 城乡融合维度评价指标

城乡融合发展是推进农业农村现代化的有效途径。本报告从城乡融合发展水平这一个指标层选取常住人口城镇化率、农林水事务支出占比、城乡居民人均可支配收入差异系数 3 个具体指标来表征各地区城乡融合发展情况（见表 1）。

表 1　农业农村现代化指标体系及权重

一级指标及权重	二级指标及权重	三级指标及权重	三级指标含义
农业现代化（43.74%）	农产品供给保障水平（11.77%）	人均粮食占有量(斤)(4.03%)	粮食总产量/总人口
		灌溉面积占比(%)(4.43%)	耕地灌溉面积/耕地面积
		单位耕地面积农业机械动力（千瓦/亩)(3.31%)	农业机械总动力/耕地面积
	农业产出水平（18.70%）	粮食单产(斤/亩)(3.76%)	粮食总产量/播种面积
		第一产业劳动生产率(元/人)(3.83%)	第一产业总产值/第一产业就业人员
		耕地产出率(元/亩)(5.28%)	农业总产值/耕地面积
		农林牧渔业社会化服务指数(%)(5.84%)	农林牧渔服务业产值/农林牧渔业总产值
	农业可持续发展水平（13.27%）	化肥施用强度（公斤/亩)(4.70%)	化肥折纯用量/播种面积
		农药施用强度（公斤/亩)(5.55%)	农药施用量/播种面积
		农业用水强度（米³/亩)(3.02%)	农业用水总量/播种面积
农村现代化（41.73%）	农村发展水平（28.13%）	农村无害化卫生厕所普及率(%)(4.77%)	
		农村户均沼气池(个/万户)(10.24%)	户用沼气池/农村总户数
		农村人均医疗卫生机构床位(张/万人)(8.19%)	医疗卫生机构床位/农村常住人口
		农村人均乡村医生和卫生员(人/万人)(4.92%)	乡村医生和卫生员/农村常住人口
	农民生活水平（13.60%）	农民人均可支配收入（元)(7.10%)	
		农村居民家庭恩格尔系数(6.49%)	

续表

一级指标及权重	二级指标及权重	三级指标及权重	三级指标含义
城乡融合（14.53%）	城乡融合发展水平（14.53%）	常住人口城镇化率（%）（6.49%）	
		农林水事务支出占比（%）（3.46%）	农林水事务支出/财政一般预算支出
		城乡居民人均可支配收入差异系数（4.57%）	城镇居民人均可支配收入/农村居民人均可支配收入

二 河南农业农村现代化水平测度及评价

为了准确测度河南农业农村现代化发展水平，减少在评价过程中主观赋权的随意性、局限性以及人为因素带来的偏差，使评价结果更加客观、准确和科学，本报告采用熵权法确定各级指标体系权重并对河南农业农村现代化发展水平进行测度和分析评价。

（一）数据来源及测算方法

为保证研究数据的权威性，指标数据均来自《河南统计年鉴（2022）》，经整理计算所得。熵权法通过分析各指标之间的关联程度，测算各子系统要素指标的权重。在数据处理过程中，首先对原始数据进行标准化处理，其次确定客观权数，并计算评价对象各二级指标的得分，最后得到农业现代化、农村现代化、城乡融合得分以及农业农村现代化综合得分。

1.数据标准化处理

对 n 个评价对象和 m 个指标的数据矩阵 $X=\{x_{ij}\}$ $n×m$，正向指标和逆向指标的处理方式分别为：$X'_{ij}=\dfrac{x_{ij}-\min\{x_j\}}{\max\{x_j\}-\min\{x_j\}}$，$X'_{ij}=\dfrac{\max\{x_j\}-x_{ij}}{\max\{x_j\}-\min\{x_j\}}$。式中 X'_{ij} 为处理后的数据，$\max\{x_j\}$ 和 $\min\{x_j\}$ 分别是第 j 项原始数据的最大

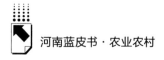

值和最小值。定义标准化矩阵：$Y = \{y_{ij}\} \ n \times m$，其中 $y_{ij} = \dfrac{X'_{ij}}{\sum X'_{ij}}$，$0 \leqslant y_{ij} \leqslant 1$。

2. 计算第 j 项指标的熵值 I_j

$I_j = -k \sum y_{ij} \ln y_{ij}$，其中 $k = \dfrac{1}{\ln n}$。

3. 客观权数的确定

第 j 项指标的差异系数 $r_j = 1 - I_j$，第 j 项指标的客观权数 $w_j = \dfrac{r_j}{\sum r_j}$。

4. 计算被评价对象得分

第 i 个对象的总得分 $f_j = \sum w_j y_{ij}$。

（二）综合评价结果分析

由图1可以看出，河南省各地市农业农村现代化发展水平差异显著，并且全省农业农村现代化发展水平整体偏低。具体来看，农业农村现代化水平最高的是济源示范区，综合得分为58.34，是全省农业农村现代化平均水平（46.04）的126.72%，农业农村现代化水平最低的是周口市，综合得分为33.14，是全省农业农村现代化平均水平的71.98%。另外，鹤壁市、漯河市、焦作市、濮阳市、许昌市、信阳市、郑州市、开封市8个地区的农业农村现代化水平也高于全省农业农村现代化平均水平。

根据各地区的综合得分情况，以52分和42分为分界线可将全省各地区大致划分为三类。具体而言，Ⅰ类地区共包含农业农村现代化综合得分比较靠前的4个地区，综合得分由高到低依次为济源示范区（58.34）、鹤壁市（53.20）、漯河市（52.60）、焦作市（52.08），显示出这4个地区的农业农村现代化综合发展情况比较好；Ⅱ类地区的10个地市得分均在42~52区间，由高到低依次为濮阳市（50.65）、许昌市（50.49）、信阳市（48.31）、郑州市（48.15）、开封市（47.06）、南阳市（45.01）、洛阳市（44.13）、驻马店市（43.94）、三门峡市（42.59）、新乡市（42.48）；Ⅲ类地区是农业农村现代化综合得分均低于42分的4个地市，由高到低依次为商丘市

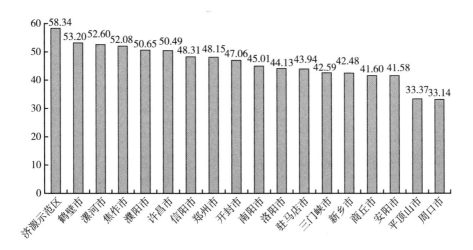

（41.60）、安阳市（41.58）、平顶山市（33.37）、周口市（33.14），这些地区的农业现代化水平、农村现代化水平、城乡融合水平位于全省中下游，农业农村现代化短板较为突出。

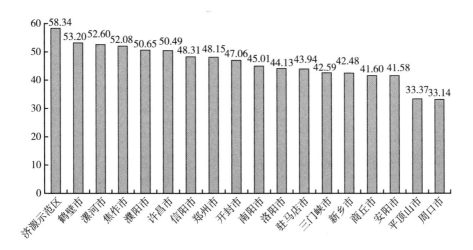

图1 河南省各地区农业农村现代化综合得分情况

（三）分维度评价结果分析

从农业现代化维度来看，表2中的数据显示驻马店市（71.12）、濮阳市（67.98）、开封市（67.72）、商丘市（66.03）排前4名，表明这4个地区在农产品供给保障、农业产出、农业可持续发展等方面发展相对较好。另外，信阳市（65.43）、鹤壁市（64.80）、许昌市（62.35）、漯河市（58.17）、焦作市（56.72）、周口市（55.31）这6个地区的农业现代化水平也高于全省农业现代化平均水平（54.50），其余8个地区的农业现代化得分低于全省平均值，排名靠后的是三门峡市（37.65）、济源示范区（34.76）、郑州市（33.83）。

从农村现代化维度来看，全省农村现代化发展整体水平较低，农村现代化平均值（37.30）低于农业现代化平均值（54.50）和城乡融合平均值（45.68），并且18个省辖市中只有济源示范区（78.74）和郑州市（54.13）

这两个地区的农村现代化得分高于50。济源示范区（78.74）、郑州市（54.13）、漯河市（48.56）、三门峡市（44.41）、焦作市（42.72）、南阳市（40.86）、濮阳市（39.85）、洛阳市（39.69）、鹤壁市（38.84）、安阳市（38.30）、许昌市（38.11）这11个地区农村现代化得分高于平均分37.30，其余7个地区农村现代化水平均低于全省平均水平，最低得分为11.83，这表明不同地区农村发展水平及农民生活水平差异比较显著。

从城乡融合维度来看，根据表2可以发现城乡融合度总体水平较低，区域发展不平衡。具体来看，全省城乡融合得分的平均值为45.68，城乡融合发展水平最高的是郑州市，得分为74.11，紧随其后的是济源示范区，得分为70.75，第3名是焦作市，得分为64.98。此外，鹤壁市（59.52）、三门峡市（52.24）、新乡市（51.15）、许昌市（50.37）、信阳市（49.82）、漯河市（47.44）这6个地市的城乡融合得分也高于平均值（45.68），其余9个地区的城乡融合得分均低于平均值，最低的得分为24.37。

表2　河南省各地区分维度得分情况

省辖市	农业现代化		农村现代化		城乡融合	
	得分	排名	得分	排名	得分	排名
郑州市	33.83	18	54.13	2	74.11	1
开封市	67.72	3	27.53	14	40.95	11
洛阳市	50.35	11	39.69	8	38.13	12
平顶山市	45.40	15	21.00	16	32.68	14
安阳市	46.79	13	38.30	10	35.31	13
鹤壁市	64.80	6	38.84	9	59.52	4
新乡市	46.74	14	34.98	12	51.15	6
焦作市	56.72	9	42.72	5	64.98	3
濮阳市	67.98	2	39.85	7	29.54	16
许昌市	62.35	7	38.11	11	50.37	7
漯河市	58.17	8	48.56	3	47.44	9
三门峡市	37.65	16	44.41	4	52.24	5
南阳市	49.89	12	40.86	6	42.22	10
商丘市	66.03	4	21.99	15	24.37	18

续表

省辖市	农业现代化		农村现代化		城乡融合	
	得分	排名	得分	排名	得分	排名
信阳市	65.43	5	29.83	13	49.82	8
周口市	55.31	10	11.83	18	27.62	17
驻马店市	71.12	1	19.96	17	30.97	15
济源示范区	34.76	17	78.74	1	70.75	2
全省平均值	54.50		37.30		45.68	

三 推进河南农业农村现代化的对策建议

推进农业农村现代化不能靠农业现代化与农村现代化的简单叠加来实现，而是要推动农业现代化与农村现代化耦合共生、融合互补、协调互动、有机集成。作为农业农村大省的河南推进农业农村现代化，需要将农业现代化与农村现代化一起设计、一并推进，走出彰显历史底蕴、引领乡风文明、充满现代化气息的农业农村现代化河南道路。

（一）坚持农业农村优先发展，补齐现代化建设突出短板

农业农村现代化是中国式现代化建设的重大任务，更是潜力所在。实现农业农村现代化，必须立足省情农情，把建设具有河南特点的农业强省摆在突出位置，落实"坚持农业农村优先发展"的总方针，加快质量变革、效率变革、动力变革，补齐农业农村现代化的突出短板。一是强化理念认知。科学把握农业农村关系、新型城乡关系，同步推进农业强省建设与其他国家重大战略，统筹解决农业、农村、农民发展问题，一体推进农业现代化和农村现代化。二是注重顶层设计。强化战略思维，增强系统观念，统筹部署农业高质量发展与农民增收致富、建设宜居宜业和美乡村等重要任务，做好农业强省、农业强市、农业强县战略体系及相关宏观战略性谋划，明确细化目标任务的时间点和路线图，确保农业强省、农业强市、农业强县的目标与农

业强国目标相一致；加强规划衔接协同，确保农业强省、农业强市、农业强县规划与国家建设规划相衔接，与其他国家重大战略相协同。三是丰富政策供给。坚持优先支农扶农，将加快农业农村现代化摆在推进中国式现代化的重要和优先位置，加快农业政策转型，加大农业政策支持力度，优化政策支持体系设计，构建基础牢固、灵活高效的农业农村支持制度，形成稳定支持农业农村优先发展的长效机制，为推进农业农村现代化增势蓄能。四是优化要素配置。农业农村优先投入是农业农村现代化的重要保障，要健全"三农"投入保障机制，发挥政府、社会、市场的协同作用，聚集资金、土地、人才等资源要素，引导先进生产要素向乡村流动，持续优化资源禀赋与配置，充分发挥市场在资源配置中的决定性作用，使乡村经济更好地融入国民经济循环。

（二）优化乡村产业体系，夯实农业农村现代化重要根基

产业振兴是推进农业农村现代化的物质基础，要在优化现代乡村产业体系方面做文章、下功夫，提升乡村产业链供应链现代化水平。一是全方位夯实粮食安全根基。盯紧抓实粮食安全的全领域、全过程、全环节，构建粮食安全保障体系。落实藏粮于地战略，切实加强耕地保护，加快建设高标准农田，做好盐碱地综合改造利用，从稳数量、提质量、优结构三个层面维护耕地资源的可持续性；落实藏粮于技战略，加快推进"中原农谷"建设，深入实施种业振兴行动，强化农业科技和装备支撑，提高粮食综合生产能力。树立大食物观，在确保粮食和重要农产品有效供给的基础上，不断加强营养与安全；树立大资源观，全方位、多途径开发食物资源；树立大节约观，推进粮食生产前端、中端、后端全链条节粮减损，提高农食系统韧性。二是发展乡村特色富民产业。坚持县域富民产业发展与乡村产业振兴同频共振，立足各地历史悠久的农耕文明和各具特色的资源禀赋，实施"一县一业""一乡一特""一村一品"工程，将资源优势转化为产业发展优势，打造丰富多样的地理标志产品，开拓优质土特产增收的富民产业路径。发展壮大村集体经济，发挥新型经营主体示范带动作用，培育一批主导产业突出、

规模效应明显、组织化程度较高的企业集群，以园区化为重点推动产业集聚集群集约发展，加快实现产村融合、产城（镇）融合，形成一村带数村、多村连成片、镇村联动的发展格局。注重品牌引领，深化品牌打造，提升品牌价值，拓展品牌领域，强大品牌韧性，创响一批品质优良、质量安全、特色鲜明的农产品区域公用品牌。三是推动农业全产业链升级。以"链式"思维推动乡村产业在空间上一体布局、功能上耦合叠加，推动产业全链条转型升级。延伸产业链，以"粮头食尾""农头工尾"为抓手，以农产品精深加工为主攻方向，深入推进"链长制"，打通种植、加工、储运、销售等环节，延伸拉长补齐产业链条；提升价值链，以链条为重点推进融合化，挖掘农业生态、康养、人文等多元功能和乡村养老、养生、养心、养眼等多元价值，拓展农业产业发展边界，推动一二三产业融合发展，实现全链条升值；筑牢利益链，通过推广订单农业、建立产业联合体等方式，让农民深度参与全产业链发展，更多分享增值收益，确保利益联结"联得紧""联得好""联得长"。四是推进产业绿色低碳转型。坚持以生态为重点推进绿色化，以村域经济社会可持续发展为目标，聚焦村民普享生态红利，把产业结构布局与重塑乡村生态环境结合起来，大力推进高效节水农业、生态低碳农业发展，培育壮大绿色低碳产业，深入推进生态产业化、产业生态化发展，打造农业生态保护和高质量发展示范带。

（三）发挥双轮驱动作用，激活农业农村现代化强劲动能

加快推进农业农村现代化，利器在科技，关键靠改革。要依靠科技和改革双轮驱动，全面激活农业农村发展动能，使农业农村发展更有韧性、更可持续。一是要加快农业科技进步与创新，增强农业农村现代化科技动能。坚持科技兴农、科技强农、科技富农、科技惠农，加强农业科技创新和技术推广，牢牢扭住自主创新这个"牛鼻子"，加快生物育种、耕地质量提升、智慧农业、农业机械设备等关键领域核心技术攻关，大力推进科技成果转移转化，不断提高土地产出率、劳动生产率和资源利用率，全面提升农业科技服务能力和农业设施化机械化智能化水平。激活数字引擎，加速培育新质生产

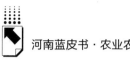

力。依靠数字技术推动全要素生产率提升，促进各类资源要素的网络化泛在互联、服务化弹性供给、平台化高效分配；以提升数字基建质量和传统基础设施数字化改造水平，不断夯实数字乡村建设根基，提供普惠性数字化转型服务，降低数字化转型门槛；以数字化重塑产业链为基础，以培育数字人才为支撑，持续完善数字化转型相关标准建设和应用场景，形成一批可复制、易推广的案例，推进数字化转型走深向实。二是全面深化农村改革，增强农业农村现代化发展动能。在巩固完善农村基本经营制度改革、农村集体产权制度改革与农村改革试验区建设基础上全面深化农村改革，建立健全农业农村现代化体制机制。通过深化农村土地制度改革提高农村改革创新动力，释放土地"三权分置"的制度效应，探索推进"小田"并"大田"改革，推动农地经营权有序流转与集中的土地适度规模经营。积极培育家庭农场、农民合作社、农业企业等新型经营主体，改善农业的社会化服务，使小农户参与农业分工并融入现代农业发展进程，推动社会化服务的规模经营。通过农村金融改革创新农村数字普惠金融模式，结合"三农"发展实际需求制定差异化数字普惠金融产品。

（四）聚力城乡融合发展，释放农业农村现代化战略红利

走城乡融合发展之路是中国农业农村现代化的内在要求。实现农业农村现代化必须跳出农业农村，要树立城乡一盘棋理念，把县域作为城乡融合发展的重要切入点，加快建设宜居宜业和美乡村，促进城乡生产要素平等交换、双向自由流动和公共资源合理配置，逐步缩小城乡发展差距，实现城乡融合融通、相融相长。一是构建城乡统一大市场，促进要素的双向流动与优化配置。坚持城乡一体设计、协同发展，着力破除妨碍城乡人才、土地、资本等要素平等交换、双向流动的制度壁垒，推动先进生产要素向乡村下沉，盘活阵地、用活资源、激活要素，提高要素配置效率；深化土地要素市场化改革，健全城乡存量用地盘活机制，探索通过股份共占、建设合作等方式，保证农村集体和农民在未来发展中获得持续收益流，推动增量利益共享；全面深化户籍制度改革，加快农业转移人口市民

化，推动存量利益共享，与此同时，有序引导大学毕业生到乡、能人回乡、农民工返乡、企业家入乡，积极落实政策鼓励引导退休干部、退休教师、退休医生、退休技术人员、退役军人等回乡定居回农村发展，为乡村发展注入动力。二是优化城乡公共资源配置，促进城乡基础设施和公共服务均等化、标准化、优质化。坚持"以人民为中心"的原则，建立健全县乡村一体化规划机制、公共基础设施一体化建设管护机制、基本公共服务一体化供给机制，加大县乡村公共资源投入和统筹配置力度，顺应人口和经济布局趋势，坚持建管并重、长效运行、节约资源、绿色建设的原则，实施一批改善乡村基础设施和公共服务的重大工程，提升城乡基础设施连通性和公共服务均等化水平，弥合城乡发展鸿沟，在融合发展中逐渐实现以城带乡、城乡共建、共建共享。三是深入学习运用"千万工程"经验，促进城乡融合发展。全面总结"千万工程"的实践经验，厚植绿色本底，坚持村庄整治与村庄发展相结合，不断改善乡村人居环境和营商环境，重塑乡村发展模式，着力培育高颜值高价值的生态沃土，促进美丽乡村转化为美丽经济。加快建设宜居宜业和美乡村，努力实现乡村由表及里、形神兼备的全面提升，建立城乡一体的风貌管控体制机制，使城乡各美其美，美美与共。四是提高农民收入水平，促进城乡共同富裕。农民增收是促进城乡共同富裕的关键，一方面要以"人人持证、技能河南"为抓手，在实践中巩固和加强职业技能，不断提升农民个人综合发展能力，多措并举拓宽农民增收渠道、挖掘农民增收潜力、培育农民增收动能，逐步缩小城乡居民生活水平差距。另一方面要构建初次分配、再分配、第三次分配协调配套的制度体系，完善过程公平注重效率的初次分配制度、公平公正精准调节的再分配和第三次分配制度，构建两头小中间大的橄榄型社会分配结构，不断缩小城乡居民收入差距。

（五）提升乡村治理效能，凝聚农业农村现代化强大合力

推进中国式乡村治理现代化不仅有助于乡村社会稳定基础的巩固，而且能促进中国式农业农村现代化，助力共同富裕。为此，推动农业农村现代化

必须要有乡村治理的强力支撑。一是优化乡村治理体系，提升乡村治理凝聚力。健全党组织领导的"自治、法治、德治、数治"相结合的乡村治理体系，坚持以自治为导向、法治为保障、德治为牵引、数治为支撑，创新乡村治理抓手载体，健全多元治理主体参与机制，推行网格化管理、数字化赋能、精细化服务，推动多层次、各领域的农业农村发展参与者和利益相关者汇聚成推动农业农村现代化的强大合力，走好乡村善治之路。二是赓续中华农耕文明，提升乡村文化软实力。深入挖掘、继承和创新优秀农耕文化中的思想观念、人文精神、道德观念，并以村落建筑、文化古迹、农业遗迹、田园生态等为物质载体充分展现，化无形为有形，以文铸魂、以文塑旅、以旅彰文，激活农耕文化价值。坚持"以文化人"原则，丰富公共文化服务供给，深化新时代文明实践中心建设，加强乡村精神文明建设，着力弘扬移风易俗，培育蓬勃向上、积极有为的乡村品格，织密村级文化阵地网络，为充盈农民精神力量、改善农民精神风貌、重塑乡村文化自信赋能，不断激发农民的文化自信和创造力。三是织牢应急保障网，提升防灾减灾能力。健全大灾应急预案机制和风险防范化解机制，全面加强基层应急管理体系和能力现代化建设，持续强化防灾减灾能力建设。高质量组织开展防灾减灾宣传活动，切实增强广大农户防灾救灾减灾意识，指导协助农户排查风险隐患。整合部门资源，将"蓝天卫士"等监控预警平台接入应急指挥系统，通过智能防控提升灾害监测预警水平，最大限度地避免和降低灾害损失。建立灾前预警、灾中应急、灾后恢复的农业保险应急管理体系，探索体现农业保险速度和温度的大灾理赔新模式。夯实防灾减灾物质保障基础，提升农村应急保障能力，筑牢防灾减灾防线。

参考文献

张小允、许世卫：《我国农业农村现代化评价指标体系研究》，《农业现代化研究》2022年第5期。

叶兴庆、程郁：《新发展阶段农业农村现代化的内涵特征和评价体系》，《改革》2021 年第 9 期。

蓝红星、王婷昱、施帝斌：《中国农业农村现代化：生成逻辑、内涵特征与推进方略》，《改革》2023 年第 7 期。

魏后凯、叶兴庆、杜志雄等：《加快构建新发展格局，着力推动农业农村高质量发展——权威专家深度解读党的二十大精神》，《中国农村经济》2022 年第 12 期。

蒋永穆、李想、唐永：《中国式现代化评价指标体系的构建》，《改革》2022 年第 12 期。

杜志雄：《农业农村现代化：内涵辨析、问题挑战与实现路径》，《南京农业大学学报》（社会科学版）2021 年第 5 期。

姜长云、姜惠宸：《论基本实现农业农村现代化目标任务的三个层次》，《东岳论丛》2021 年第 7 期。

张道明、胡若哲、沙德春等：《河南省农业农村现代化水平评价与发展路径研究》，《河南农业大学学报》2023 年第 3 期。

附表：

河南区域农业农村现代化水平测度原始数据（1）

地区	人均粮食占有量（斤）	灌溉面积占比（％）	单位耕地面积农业机械动力（千瓦/亩）	粮食单产（斤/亩）	第一产业劳动生产率（元/人）	耕地产出率（元/亩）	农林牧渔业社会化服务发展指数（％）
郑州市	212.35	60.41	0.92	483.56	28491.07	3378.31	5.16
开封市	1279.50	83.67	0.96	469.08	50448.21	7550.68	6.69
洛阳市	681.90	33.73	0.82	484.89	40423.52	4861.82	9.67
平顶山市	917.50	69.76	0.88	544.70	36162.39	4317.37	6.53
安阳市	1238.10	73.16	0.82	624.60	42553.30	5120.02	5.63
鹤壁市	1143.98	75.05	1.34	608.50	53207.96	2372.73	8.09
新乡市	1397.31	76.39	1.12	654.51	46132.56	4038.80	5.31
焦作市	1064.38	88.31	0.87	717.00	61616.16	5548.55	12.29
濮阳市	1547.70	80.89	0.94	744.90	50150.99	6420.87	10.00
许昌市	1322.04	73.14	0.79	715.03	33303.38	3904.64	10.67
漯河市	1585.16	78.10	0.93	676.58	48166.37	5352.62	3.20

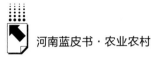

续表

地区	人均粮食占有量（斤）	灌溉面积占比（%）	单位耕地面积农业机械动力（千瓦/亩）	粮食单产（斤/亩）	第一产业劳动生产率（元/人）	耕地产出率（元/亩）	农林牧渔业社会化服务发展指数（%）
三门峡市	716.98	32.80	0.45	374.45	44042.45	7841.16	1.65
南阳市	1481.63	47.72	0.93	469.87	47948.19	5718.53	3.07
商丘市	1827.59	87.41	0.85	641.68	56671.34	6722.26	4.33
信阳市	1866.47	65.59	0.57	648.09	59008.15	5804.01	11.50
周口市	2086.81	74.99	0.80	667.98	46858.66	6151.58	6.93
驻马店市	2327.85	69.39	1.03	585.32	56374.20	4108.00	7.41
济源示范区	644.97	49.29	1.05	577.70	55002.48	2596.70	2.92

河南区域农业农村现代化水平测度原始数据（2）

地区	化肥施用强度（公斤/亩）	农药施用强度（公斤/亩）	农业用水强度（米³/亩）	农村无害化卫生厕所普及率(%)	农村户均沼气池（个/万户）	农村人均医疗卫生机构床位（张/万人）
郑州市	30.30	0.46	64.57	79.00	323.06	111.87
开封市	24.18	0.32	60.86	55.68	52.99	82.48
洛阳市	22.57	0.38	44.82	68.50	1043.79	102.27
平顶山市	38.79	0.34	44.94	45.56	681.97	103.57
安阳市	36.46	0.47	71.93	61.71	1526.04	75.96
鹤壁市	22.65	0.29	64.19	61.11	295.97	81.39
新乡市	31.86	0.58	101.91	53.37	534.31	112.43
焦作市	35.17	0.65	138.78	52.98	713.50	120.07
濮阳市	34.41	0.35	83.93	57.60	1094.74	99.97
许昌市	24.34	0.36	41.47	71.75	629.58	81.38
漯河市	30.24	0.38	45.29	52.43	3653.54	68.37
三门峡市	20.06	0.56	46.05	46.00	3129.35	123.94
南阳市	23.81	0.43	49.55	71.20	1065.12	105.24
商丘市	31.08	0.39	36.39	53.20	1638.28	89.39
信阳市	24.48	0.54	50.88	76.00	588.89	95.43
周口市	31.17	0.66	43.73	38.75	198.65	84.32
驻马店市	25.82	0.26	20.12	50.47	813.51	97.18
济源示范区	28.64	0.54	116.93	69.80	2244.26	200.68

河南区域农业农村现代化水平测度原始数据（3）

地区	农村人均乡村医生和卫生员（人/万人）	农民人均可支配收入（元）	农村居民家庭恩格尔系数	常住人口城镇化率（%）	农林水事务支出占比（%）	城乡居民人均可支配收入差异系数
郑州市	13.49	26790	0.15	79.10	4.65	1.69
开封市	14.30	16769	0.16	52.85	12.27	2.04
洛阳市	16.01	17253	0.18	65.88	10.28	2.44
平顶山市	13.59	16919	0.23	54.45	9.82	2.19
安阳市	16.60	18424	0.19	54.07	8.14	2.03
鹤壁市	21.17	21334	0.19	61.71	8.64	1.68
新乡市	16.42	18922	0.19	58.39	11.36	1.92
焦作市	14.78	22180	0.17	63.73	9.21	1.64
濮阳市	23.57	16488	0.20	51.01	10.35	2.18
许昌市	16.85	21462	0.20	54.58	9.61	1.73
漯河市	19.19	19973	0.22	55.86	9.43	1.84
三门峡市	11.19	18297	0.20	58.03	12.35	1.92
南阳市	19.41	17603	0.21	51.61	14.21	2.06
商丘市	13.59	14789	0.25	47.21	13.79	2.35
信阳市	19.87	16595	0.25	51.14	17.95	2.02
周口市	18.98	14141	0.25	43.62	14.40	2.18
驻马店市	14.49	15267	0.24	45.17	15.04	2.17
济源示范区	19.02	23294	0.15	68.17	10.63	1.70

粮食安全

B.3
河南全方位夯实粮食安全根基研究

生秀东[*]

摘　要：　近年来，河南省粮食产量一直稳定在 1300 亿斤以上，为国家粮食安全做出突出贡献。但粮食生产能力进一步提升仍然面临农业基础设施薄弱、水资源短缺严重、劳动力素质下降、粮食生产比较效益低下、农民缺乏种粮积极性等诸多问题。需要全方位夯实粮食安全根基：加快推进高标准粮田建设，提高耕地生产力，提升农业科技和装备水平，积极发展家庭农场等新型农业经营主体和服务主体，发展多种形式的适度规模经营，加大农业保护支持力度，健全粮食主产区利益补偿机制，完善粮食最低收购价政策，调动地方和农民种粮的积极性，构建多元化食物供给体系。

关键词：　粮食安全　粮食主产区　高标准粮田

* 生秀东，河南省社会科学院农村发展研究所研究员，主要研究方向为粮食安全。

一 全方位夯实粮食安全根基的重要性

粮食安全关乎国计民生，是国家安全的重要基础。近年来，我国粮食生产稳步发展，有力地保障了国家粮食安全。由于当前世界粮食市场供求不稳定、不确定性加剧，粮食安全面临一系列风险挑战。河南作为国家粮食主产区承担着保证国家粮食安全的主体责任，全力抓好粮食生产，是河南农业生产的重要任务。

自 2009 年河南省被确定为全国粮食生产核心区以来，粮食播种面积占总播种面积的比例常年保持在 70% 以上。10 余年来河南省深入落实"藏粮于地、藏粮于技"战略，全力抓好粮食生产，牢牢守住确保粮食安全底线。2017~2022 年，粮食产量一直稳定在 1300 亿斤以上，为国家粮食安全做出突出贡献。但总体来看，全省耕地数量减少、质量不高，水资源短缺严重，农业劳动力素质结构性下降，粮食生产比较效益低影响了农民种粮积极性，产业竞争力不强的现状仍未根本改变，稳定提升粮食生产能力的任务十分艰巨。

尤其在百年变局加速演进、气候变化交织叠加的背景下，只有农业强起来，粮食安全有完全保障，稳大局、应变局、开新局才有充足底气和战略主动。党的二十大报告提出"全方位夯实粮食安全根基"，2023 年河南省委一号文件也提出"全方位夯实粮食安全根基……强化藏粮于地、藏粮于技"。新时期，面对复杂严峻的形势，河南粮食生产核心区在全国保粮大局中的地位和作用愈加重要。立足加快建设农业强省的新要求与新任务，保障粮食安全是首要课题，决定着河南农业强省建设的基础是否牢固。只有全方位夯实粮食安全根基，持续打好粮食生产这张王牌，才能不断筑牢农业强省建设"压舱石"，更好扛稳扛牢粮食安全重任，让中国碗里盛更多优质河南粮。

二 全方位夯实粮食安全根基面临的主要问题

从投入产出角度看，粮食产量取决于水土资源、劳动力、资本、农业科

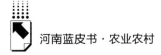

技等农业生产要素的共同作用。任何一个生产要素的短缺都将造成短板效应，不利于粮食产量的稳定提升。从中长期来看，造成短板效应的限制要素，主要是资源、劳动力、科技等。

（一）耕地保护形势依然严峻

一是耕地数量减少。目前河南省正处在城市化加速发展阶段，建设用地需求压力巨大，守住耕地红线的基础尚不稳固。《第三次全国国土调查主要数据公报》显示，河南省耕地面积为 11271 万亩，较 10 年前"二调"耕地面积 12288 万亩减少 1017 万亩，年均减少 101.1 万亩，已越来越逼近永久基本农田红线。土地数量减少成为粮食产量提升的重要制约因素。

二是耕地质量不高。粮食产量的基础是耕地生产力或土壤肥力，从耕地生产力角度看，河南省耕地质量存在的问题如下。第一，耕地质量总体不高，中低产田面积比重过大。根据农村农业部耕地质量等级情况调查报告，河南省耕地质量平均等级为 4.41，属于中等地等级。城市化进程中的"占优补劣"问题，导致高产田面积下降，中低产田面积比重上升，目前基本农田中约 60%为中低产田。第二，施肥结构不合理，土壤有机质含量偏低。据河南省耕地质量监测点监测，2020 年全省土壤有机质平均含量为 19.2g/kg，远远低于全国的平均水平（24.4g/kg）。长期以来，为提高粮食产量，大量施用化肥，虽然达到了增产目的，却不可避免地带来土壤有机质含量降低的副作用。第三，耕地污染日趋严重。不合理地过量使用化肥、农药，化肥、农药利用率不到 40%，造成农业面源污染加剧，土壤严重板结，也加速了生态恶化，例如局部土壤酸化，pH 值小于 5.5 的面积为 800 多万亩。①

三是耕地"非粮化"问题依然突出。2021 年，河南省家庭承包耕地流转土地面积 3519.23 万亩，其中用于粮食作物种植的面积为 2432.88 万亩，占流转总面积的比例为 69.1%。即流转土地的"非粮化"率为 30.9%。另据中国社会科学院农村发展研究所课题组于 2019 年初对全国 26 个省（区、

---

① 河南省农业农村厅、乡村振兴局等单位的工作统计或调查。

市）的 275 个村庄的调查结果，随着土地经营规模的扩大，用于粮食种植的耕地面积在农业经营主体总经营面积中的占比趋于下降。具体来说，农业经营规模分为 5 个组别：50~100 亩、100~200 亩、200~500 亩、500~1000 亩和 1000 亩及以上。相应的农业经营主体用于粮食种植的耕地面积占比分别为 89.82%、81.31%、67.98%、48.50% 和 29.43%。粮食生产比较效益下降是耕地"非粮化"的根本原因，河南的调查显示，种植蔬菜或水果、花卉苗木、大棚蔬菜的收益分别是种粮收益的 3.9 倍、5 倍、9 倍。因此，新型农业经营主体种粮积极性相对下降，而发展经济作物和设施农业的积极性上升不利于粮食的稳定生产。

耕地"非粮化"的严重后果是，不仅降低了当前的粮食产量，也会导致未来粮食的潜在产量下降。因为新型农业经营主体调整种植结构，生产其他农产品，就需要改变农业生产要素的投入结构。由于农业生产资料等投入要素具有资产专用性，其投资成本就属于沉没成本。因此，当再次转产开始种粮时，就需要支付包括沉没成本在内的调整成本，这时，只有当粮食市场价格上升到足以覆盖调整成本时，才能吸引农业经营主体重新进行粮食生产，粮食的产能才可能再次恢复到以前的水平。严格地说，粮食的潜在产能实际上下降了，因为社会为此支付了更高的成本或价格。只有当社会的交易成本为零，也没有沉没成本时，耕地的"非粮化"趋向才不影响粮食的潜在产能，只影响现实产能。

（二）粮食生产受自然灾害影响较大

从现实情况看，制约河南粮食生产稳定发展的一个重要因素是水资源。目前河南省亩均水资源量不足全国平均水平的 1/4，地下水超采严重。农业水资源实际利用量已超过水资源的可持续利用量，农业用水严重不足。全省大部分农田仍沿用传统的大水漫灌的方式，既浪费水资源，也增加了生产成本；全省仍有 3361 万亩旱作耕地，农业节水灌溉面积仅占耕地面积的 32%，低于全国平均水平 13 个百分点，重度干旱面积大约占到 1/6。当前提高水资源利用效率的最薄弱环节就是农田水利的"最后一公里"：农村小型农田水利工程管理不善、年久失修现象非常普遍，致使抵御自然灾害的能力减弱。原因在于，自农村改革以来，农户承包的土地零星分散、相互交叉，小块土地的产权结构使得田间水利设施变成村庄的公共物品，无人愿意管理和投资。尤其是近年来我国极端气候事件增多，2022年河南发生特大干旱，2023年麦收季节遭遇"烂场雨"，粮农遭受重大损失，表明粮食生产有效应对灾害能力依然不足。农业灾害风险加大，对粮食生产造成不利影响。

（三）农业劳动力素质下降

农业劳动力是粮食生产的基本要素。粮食生产的主体仍然是小农户，生产规模小，资源配置效率不高，致使亩均粮食生产成本高。农村青壮年劳动力大量外出务工，老人和妇女留守农村从事粮食生产。河南省农村从业人员中，女性从业人员占比接近一半；根据河南省第三次全国农业普查报告，51~60岁的老人占比21.8%，61岁及以上的老人占比22.7%，合计占比44.5%。农业劳动力素质呈现结构性下降，导致粮食生产劳动力季节性、结构性短缺问题日益突出。而且随着劳动力的老龄化，农业劳动力思想保守、知识陈旧，不容易接受新事物、新科技，实际上增加了农业新品种新技术推广应用的社会成本，制约粮食生产科技水平的提升。

（四）科技创新和推广应用不足

一是创新能力弱。在育种方面，新品种研发滞后，优质、高产、抗逆品种少。如优质专用小麦品种新麦26、郑麦366、郑麦7698、扬麦15等品质好，但抗逆能力较差；新麦26不抗倒；郑麦366不抗"倒春寒"和纹枯病。国外种子公司已经大规模进入国内市场，抢占市场份额，对未来粮食安全构成威胁。究其原因，创新能力弱与长期以来农业科技投入不足密切相关。农业科研领域的财政资金投入占全省农业生产总值的比重较低，与河南省农业大省的地位不符。二是推广应用不足。在农业科技推广体制方面，农技人员待遇偏低，难以留下很多专业技术人才，基层农技推广人员老龄化严重，而且推广经费不足，服务功能弱化，不利于农技业务的推广。同时，农技推广机构存在改革滞后的问题，激励机制不健全，影响了农技推广人员深入一线开展宣传活动的积极性。

（五）粮食生产比较收益低

粮食产量变动的直接原因是生产要素投入的变动，而影响生产要素投入变化的是粮食生产比较效益的变化。因此，可以把比较效益变化视为粮食产量变动的重要原因。比较效益低影响农民种粮积极性。近些年粮食生产成本上升较多，比较效益低影响了农民种粮积极性。根据河南省地方经济社会调查队的抽样调查，2022 年河南小麦亩均生产成本维持在 571.45 元，小麦亩均产值为 1368.59 元，加上亩均补贴 61.12 元，亩均生产收益为 858.26 元，较 2021 年增长 32.17%，但与农民外出务工收入相比仍然较低。粮食生产比较效益低会影响农户对土地投入的积极性，引起耕地生产力的下降，从而影响中长期粮食的潜在产量。

三　全方位夯实粮食安全根基的对策建议

粮食主产区承担着保障国家粮食安全的政治责任，面对粮食持续增产制约因素增多的情况，要突出抓好耕地和种子"两个要害"，进一步落实"藏粮于地、藏粮于技"战略，建立粮食稳定增长、农民持续增收的长效机制，调动农民种粮和地方政府抓粮两个积极性，提高土地产出率、资源利用率和劳动生产率。

（一）大力落实藏粮于地

守牢耕地保护红线，落实永久基本农田保护任务。开展全省违法违规占用耕地专项治理行动，形成制度性安排。改革完善耕地占补平衡制度，坚持"以补定占"。坚决遏制"非农化"，有效防止"非粮化"。实施高标准农田建设和提质改造。对接国家实施的新一轮千亿斤粮食产能提升行动，制定百亿斤粮食产能提升规划，逐步把永久基本农田全部建成高标准农田。到

2025 年，全省粮食生产能力由 1300 亿斤提升到 1400 亿斤以上。建设高标准农田，一要提高投资标准，投资数额达到 4000 元/亩以上。二要补充完善建设内容，按照建设标准化、装备现代化、应用智能化、经营规模化、管理规范化、环境生态化要求，增加信息化、智能化配置，实现多种功能。改良土壤理化性状，提高耕地地力，通过深耕深松、增施有机肥、种植绿肥以及生物技术等，实现土壤生产力的提升。三要完善高标准农田长效管护机制，明确管护主体，落实管护责任，确保耕地产能长期稳定。

始终立足抗灾夺丰收，加强农田水利基础设施建设。加快实施大中型灌区重点水利建设工程及其配套设施的建设，形成与现代农业发展相适应的灌溉体系，实现农田有效灌溉面积的不断增加。以改善农田水利条件为重点，改造现有农田灌排设施，大幅度改善中低产田的生产条件。深挖农业节水潜力，加快推广节水灌溉技术，提升灌溉效率，推动农业可持续发展。加强抗旱应急水源工程建设，配备小型抗旱应急机具，做好防洪防涝工程建设，全面提升农业抗御自然灾害的能力。

（二）积极推进藏粮于技

加快推进种业振兴。实施种业振兴"六大行动"，坚持高起点规划，全力推进"中原农谷"建设，打造国家现代种业科技创新高地，提升粮食育种的自主创新能力。集聚省内外高端种业创新资源，加强核心技术研发，开展关键技术攻关，培育一批高产优质绿色高效的突破性粮食作物品种。支持优势种业企业牵头建立创新联合体，构建商业化育种体系。有序推进生物育种产业化应用。

推动粮食生产全产业链的机械化，通过农机农艺融合和良种配套，实现粮食生产效益的有效提升。建成一批绿色化生产示范区，完善农作物重大病虫害的防控体系，通过科技进步实现粮食生产的防灾减灾。健全基层农技推广体系，加快技术推广应用。必须加强基层农技推广体系改革与建设，推动基层农技推广体系向"强能力、建机制、提效能"转变。探索建立科教产学研一体化农技推广联盟，推广普及标准化种养、病虫害防治、测土配方施肥等技术。推动农技推广的市场化运营，提高农技推广主体的积极性，实现农技推广的进村入户。

（三）促进新型农业经营主体的发展壮大

重点做好家庭农场、农民合作社等新型农业经营主体的培育和规范工作，以新型农业经营主体为抓手，探索和推进多模式的适度规模经营。持续开展新型农业经营主体提升行动，实施家庭农场培育计划，加快农民专业合作社规范提升。加大资金政策扶持力度，在财政支农资金安排分配上，优先安排符合条件的新型农业经营主体承担涉农项目。不断完善财税支持政策，提高财税政策的针对性和实效性。对示范性农民合作社、家庭农场，重点采用以奖代补、先建后补、示范奖励的方式进行扶持，对生产性服务组织，重点采用购买服务、大型设备购置补贴等方式进行扶持。

健全农业社会化服务体系，开展多层次、多样化、多模式的社会化服务，推动小农户和现代农业的有机衔接。开展土地托管、半托管服务，适应兼业化背景下农业生产分工的进一步深化，实现小农户生产与先进农业技术推广的有效融合，促进了农业节本增效、提质增效、营销增效。为适应推进农业规模经营的发展要求，要进一步加快完善针对土地托管经营主体的融资、用地、水电等方面的优惠政策。支持社会资本进入农业生产主要环节，在农业基础设施建设领域探索应用 PPP 模式，解决农业基础设施建设资金不足和后期经营管理等问题。提高农机购置补贴比例，扩大农机购置补贴范围，扶持培植农机大户，鼓励有实力的集体和个人创办农机合作社和专业农机服务公司。在保护耕地、合理利用土地的前提下，引导规模经营主体利用荒山荒坡、滩涂等未利用地和低效闲置土地建设配套设施。

（四）加快推进粮食全产业链发展

以"粮头食尾"和"农头工尾"为抓手，科学规划布局优质粮食生产基地和加工产业集群，实现粮食产业高效、协调、健康、持续发展。一是发展壮大龙头企业，带动粮食生产健康发展。要培养一批有竞争力和带动力的龙头企业，实现生产、收购、加工和销售一体化，依靠粮食龙头企业与农民之间的利益联结机制，"反弹琵琶"，带动农民发展优质粮食生产，提高农民种粮积极性。鼓励家庭农场、农民合作社、专业大户等新型农业经营主体与龙头企业合作，实施"龙头企业+"的联结方式，形成龙头企业与新型农业经营主体的紧密利益联结方式。二是组建大型企业集团，发展粮食深加工。当前，农产品加工业市场面临垄断竞争的局面，需要组建大企业、大集团参与市场竞争，以此进一步提升河南省食品加工业的竞争力。综观世界各发达国家的食品业，都是由几个企业寡头控制，行业集中度奇高。河南省需要提早谋划、提前布局，鼓励现有大型农业龙头企业进一步兼并联合、上市融资、组建大型企业集团。鼓励企业创立品牌，增强品牌效应，促进河南省粮食产品知名度和竞争力的提升。三是开展"三链同构"行动。延伸整合产业链，促进农业生产、加工、物流、研发和服务相互融合，培育一批农业产业化联合体。打造提升价值链，鼓励农业龙头企业和农产品加工领军企业向优势产区和关键节点集聚，开展农产品生产加工、综合利用技术研究与示范，加快形成一批农产品加工优势产业集群。优化融合供应链，支持企业面向市场开发符合不同消费层次的个性化、定制化产品，建立完善的市场供应链体系。

（五）完善政策保障，提高农民种粮积极性

健全价格、补贴、保险"三位一体"政策体系，坚持完善粮食最低收购价政策，建立农资价格与粮食价格挂钩的农资综合补贴动态调整机制，落实耕地地力保护补贴，持续发展小麦、玉米、水稻完全成本保险，加大保险对粮食生产的支持力度，让农民务农种粮不亏本、有钱挣。加快健全主产区利益补偿机制，优化产粮大县奖励政策，加大对粮食主产县的财政奖补力度，让粮食主产区抓粮得实惠。为减轻粮食主产区财政压力，需要降低粮食主产区高标准农田建设中地方配套资金比例，激发地方政府建设高标准农田的积极性。重点支持优质专用粮食生产基地建设、粮食加工业发展和粮食产业链现代化建设，推动粮食订单生产、优质优价，促进三产融合，进一步提升粮食资源的优化配置能力，提高种粮综合效益。

（六）构建多元化食物供给体系

2023 年河南省委一号文件提出，构建多元化食物供给体系。树立大食物观，积极开发各类非传统耕地资源，全方位、多途径开发食物资源，突破传统耕地稀缺的自然条件限制。一是加快发展现代畜牧业。培育千亿级生猪产业集群。实施肉牛奶牛产业发展行动计划，加快羊产业高质量发展，实施禽肉禽蛋提升工程，建设黄河滩区优质草业带。推进畜牧业转型升级和高质量发展。二是发展现代设施农业。推进蔬菜规模化、标准化生产，加快发展蔬菜集约化育苗，在蔬菜大县建设一批工厂化育苗基地和生产示范园区。培育壮大食用菌产业，打造食用菌生产大县。积极发展设施渔业，发展林下种养。三是加快发展特色产业。重点建设十大优势特色农业基地。调整结构，提升品质，进一步做强国家级特色农产品优势区。

参考文献

杜志雄、韩磊：《供给侧生产端变化对中国粮食安全的影响研究》，《中国农村经济》2020 年第 4 期。

河南省农业农村厅：《河南省耕地质量状况调查》，《中国农业综合开发》2021 年第 6 期。

郭林涛：《我国中长期粮食供应的脆弱性分析及其应对》，《中州学刊》2020 年第 8 期。

中共河南省委、河南省人民政府：《关于做好 2023 年全面推进乡村振兴重点工作的实施意见》，《河南日报》2023 年 4 月 10 日。

B.4

河南推进种业振兴的态势与对策研究

李国英*

摘　要：　种子作为农业的"芯片"，对于作物产量、质量等方面具有决定性意义。目前，从整体来看，我国种业基本可以实现自主可控，但从种业综合国际竞争力来看，面临行业集中度低、品种创新力弱、开发利用种质资源不足、市场保护不力等问题。随着种业振兴行动的加快实施，我国种业政策环境、法律环境和技术环境迎来了前所未有的改变。河南是用种大省，在新的战略机遇期，河南在种业振兴方面要有所作为，就要立足本地比较优势和发展潜力，顺应国际种业发展的新趋势新潮流，致力于打造拥有国际先进水平的全球一流种业基地。对标国际种企，合理规划产业区域布局，与推进农业发展整体衔接到位，为种业振兴做出"河南贡献"。

关键词：　种业振兴　"卡脖子"技术　种业安全　全产业链

推进种业振兴行动是党中央面对日趋复杂的国内外形势，全面把握"两个大局"、贯彻粮食安全战略、创新驱动发展战略和乡村振兴战略的重大决策部署。2021年7月通过的《种业振兴行动方案》强调必须把种源安全提升到关系国家安全的战略高度，集中力量破难题、补短板、控风险，实现种业科技自立自强、种源自主可控。目前学术界已构建了比较完善和成熟的研究体系，在种业振兴具体举措、种业创新主体、构建种业全产业链发展、确立种企在商业化育种体系中的主体地位方面都提供了相应的思路和建

---

* 李国英，河南省社会科学院农村发展研究所研究员，主要研究方向为农业产业现代化。

议。但是，对于种业发展阶段的界定，理论界存在不同的看法。从制度改革的视角，对种业的研究也很少涉及政府、科研机构、高等院校、企业以及金融机构等不同主体的共同推动，对种业的研究大多是基于特定视角和具体环节，很少把种业视为一个产业整体对我国种业产业以及种企的高质量发展做全方位的战略谋划，对种业振兴策略的系统研究也十分匮乏。本报告基于河南省的资源禀赋和比较优势，将种业振兴战略与种业数字技术创新相结合，从内涵、态势以及发展方略等方面对河南省种业产业的高质量发展战略进行深入剖析，并有针对性地提出河南种业振兴的实施路径及对策建议，期望能为河南省的种业振兴和种企高质量发展提供理论支持。

一　河南省种业振兴的时代背景与战略意义

农业要强，种业必须强。种业是农业产业链的源头，现代化的种业是促进农业生产力稳步增长、保障我国粮食安全的基础性核心产业。现阶段，我国种业仍属于"卡脖子"行业，对外依赖度较高，种业技术与国际发达企业相比差距较大，因此大力发展种业仍然是乡村振兴战略的重要内容。

（一）是践行习近平总书记重要指示的需要

乡村振兴乃至国家发展都离不开粮食安全，粮食安全举足轻重，种业成为关注焦点。习近平总书记2021年5月在南阳考察时指出，要坚持农业科技自立自强，从培育好种子做起，加强良种技术攻关，靠中国种子来保障中国粮食安全。2021年7月9日习总书记主持召开中央全面深化改革委员会第二十次会议，审议通过的《种业振兴行动方案》强调，农业现代化，种子是基础，必须把民族种业搞上去，把种源安全提升到关系国家安全的战略高度，保障种源自主可控比过去任何时候都更加紧迫。习近平总书记的一系列重要指示，赋予了河南光荣的使命，也为河南抓好粮食安全指明了方向、提供了遵循。

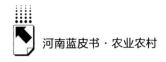

（二）是推动河南由农业大省向农业强省转变的需要

河南的农业现代化起步较晚，农村发展相对滞后，农业资源相对集中还没有真正实现，因此难以在种业产业层面形成规模优势。目前，国内种业供给端迎来颠覆式变革，生物育种产业化步伐加快推进。在此背景下，河南应立足比较优势，培育自己的超大育种龙头企业以提升育种的规模经济效应，进而缩小与全球种业巨头的种源经济性状差距。

（三）是保障国家粮食安全的重要举措与核心要素

粮食安全是国家经济社会平稳发展的根基，始终是建设农业强国的头等大事，而种子作为粮食生产的重要媒介，振兴种业是我国实现粮食安全的重要途径。"十四五"期间，中国种业面临新要求新机遇新挑战，"打好种业翻身仗"是农业科技攻关及农业农村现代化的必然要求，具有"排头兵"的作用，种业也是保障粮食安全的重要抓手，是提升中国农业竞争力的核心要素。

二 河南种业振兴的基础与可行性

随着种业振兴行动加快实施，我国种业政策环境、法律环境和技术环境迎来了前所未有的巨变，河南种业的发展也将进入黄金十年战略机遇期。

（一）已具备深厚的政策基础和技术优势

一是完善与齐备的政策基础。河南省第十一次党代会报告明确"开展种源'卡脖子'技术攻关，培育种业龙头企业，打造现代种业强省，在打好种业翻身仗中展现河南担当"。2022年河南省委一号文件也提到"大力推进种业振兴"，部署了重塑"三农"领域实验室体系、整合组建种业集团、规划建设"中原农谷"等工作，河南种业的"全产业链"正在加速打造。为推动河南省由农业大省向农业强省转变，2023年1月河南省人民政府发布了《关于加快建设"中原农谷"种业基地的意见》，明确了河南省种业高质量发展的阶段性目标要求：到 2025 年，引进培育育繁推一体化种业龙头企业 5 家以上，种业总产值达到 100 亿元以上；到 2035 年，建成贯通种业领域基础研究、应用基础研究、应用研究、成果转移转化、企业孵化培育的全链条产业体系，打造千亿级种业产业集群。二是品种选育优势明显，研发能力不断增强。作为全国小麦生产第一大省，河南省小麦品种类型丰富，建立了从资源收集、保存到应用研究的完整技术体系，目前保存有麦类种质资源 10996 份，在小麦高产稳产、优质强筋、抗病和株叶型育种等方面居全国领先地位。河南省还是玉米生产和综合利用大省，育成的郑单 958、浚单 20、豫玉 22 等玉米新品种在全国大面积推广应用，新育成的鲜食玉米新品种"郑白甜糯 1 号"和"郑白甜糯 2 号"2020 年通过国审和河南省品种审定，并实现了规模化种植和加工利用，产生了显著的直接经济效益和社会效益，对提高河南省乃至全国的玉米产量起到了举足轻重的作用。目前，河南建有国家生物育种产业创新中心等国家级高水平研发平台 9 个，以秋乐种业为代表的龙头企业已建立起完备的育繁推一体化产业体系。2022 年 4 月 13 日，河南省政府正式发布《"中原农谷"建设方案》，提出要举全省之力打造"中原农谷"。

（二）后发优势助力河南打造"中原农谷"

目前国内重点城市如济南、武汉、北京、合肥等地争先加码布局"种业之都"，聚焦加强种质资源保护利用、推进种业创新攻关、扶持优质种业企业发展以及加强种业知识产权保护等推出多项利好政策，为河南省打造"中原农谷"提供了宝贵经验。一是济南市加快打造中国北方种业之都的探索实践。2021 年 5 月，济南市印发《加快现代种业创新发展全力打造中国北方种业之都的行动方案》，明确要将济南打造成为种业研发创新活力强劲、种业企业集聚效应一流、种业会展交易国内领先、发展环境最为优越的种业高地，成为立足山东、辐射全国、全球知名的中国北方种业之都。二是武汉市依托创新平台在资源集聚方面的成功经验。2022 年 6 月，湖北省第十二次党代会提出要发挥农业大省优势，着力构建现代农业产业体系、生产体系、经营体系。提高种业发展水平，建设"武汉·中国种都"。目前武汉市汇聚了涉农高校和科研院所 46 所、国家重点实验室 8 个、国家级工程技术中心 11 个、部级检测中心 5 个、博士后流动站 7 个、博士点 54 个。在打造集育种研发、技术集成、产业孵化、展示交易和科教体验于一体的国际一流、全国领先的种业创新高地和成果孵化转化平台等方面，为河南省"中原农谷"建设提供了经验与借鉴。三是合肥市在"强化龙头牵引，做大做强种企"方面的政策体系设计及经验探索。截至 2022 年底，合肥市共有荃银高科（水稻）、江淮园艺（蔬菜）等 6 家种企入选"破难题、补短板、强优势"国家种业企业阵型。① 根据合肥市制定的《种业之都建设三年行动计划（2022—2024 年）》，重点扶持种业做大做强、研发创新、保种育种以及开拓国际市场等。

（三）河南已经成为我国种业振兴的重要力量

"十四五"以来，河南省坚持以科技创新为中心，以服务"三农"为己任，始终聚焦河南农业农村发展的重大科技需求，不断调整科研方向任务，大力开展自主创新，形成了一批优势研究领域，小麦、玉米、花生、芝麻等主要农作物的遗传育种，动物疫病快速检测等领域研究水平处于全国前沿，花生远缘杂交育种技术、芝麻基因组学研究跨入世界领先行列，取得了一批高水平科研成果，培养了一批科技领军人才，已初步形成以企业为主体、科企合作的市场化育种创新体系，为保障国家粮食安全和推动河南现代农业发展提供了强有力的科技支撑。

总体来看，河南农作物特别是粮食种子能够完全依靠自己解决，猪、牛、羊、黄羽肉鸡等核心种源能够充分保障省内供应，虽然杂交水稻、高端蔬菜、高代次蛋种鸡和白羽肉鸡等个别品种需要引进，但是即使出现国外断供等极端情况，种源也不会出现"一卡就死"的状况。

---

① 《合肥坚持"五种"并进 全力推动现代种业全产业链发展，高质量打造"种业之都"》，合肥市人民政府网站，2023 年 3 月 1 日，https：//www.hefei.gov.cn/ssxw/ztzl/zt/zxjpxsdzgtsshzysxzyx---xsdxzwxpz/108632085.html。

三 河南种业振兴的痛点及挑战

河南省是农业生产大省、用种大省和制种大省，但不是制种强省，直接表现为河南农业不缺少品种，但突破性品种少，品种同质化严重，高产稳产的好品种严重缺乏。虽然种企数量很多但具有核心竞争优势的企业很少，呈现"小、散、乱、弱"的分布格局，缺乏在国内乃至全球有影响力的种业龙头企业，目前只有一家在主板上市的企业，市场竞争力和市场认可度不高。在关键技术创新领域如"生物技术+人工智能+大数据信息技术"育种方面尚处于起步阶段。

（一）新技术运用和新品种选育亟待突破

目前，世界种业已进入"常规育种+生物技术+信息化"的育种"4.0时代"。然而河南小麦、玉米、花生等品种选育仍处于传统育种的2.0时代，创新能力严重不足，即使是生物育种3.0时代的分子标记辅助选择和转基因育种技术，也还处于起步阶段，相关研究成果仍然停留在相关研究机构的实验室里。在小麦优质专用、抗赤霉病，玉米易籽粒机收，大豆高产、抗病、抗逆等品种选育上未取得关键性突破，白羽肉鸡等动物品种严重依赖进口。玉米种业高质量发展方面也存在诸多制约因素，如黄淮海夏玉米区大面积推广的粒用型玉米品种仍以普通型品种为主，大部分玉米品种普遍存在后期籽粒灌浆脱水慢、含水量高、机收籽粒破损率高、烘干成本高、晾晒坏节易霉变、难以保障商品玉米安全品质等突出问题；受制于分散、小规模、粗放的生产方式，以及不同品种、不同质量状况商品玉米混收、混贮、混用，种植环节的效益难以最佳化，加工利用环节也由于缺乏批量单品优质商品玉米而难以实现转化效益最大化，同时影响加工利用企业的效益和产品水平。种企研发投入偏少，后续发展动能匮乏。2022年全国种企研发投入最多的隆平高科研发投入为4.22亿元，占营业收入的11.46%，秋乐种业研发投入

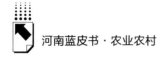

仅为 0.44 亿元，占营业收入的 4.27%，[①] 研发投入少，势必造成新品种科技含量不足，不利于种业创新和提升竞争力。

（二）种子企业弱、小、散，缺乏核心竞争力

2014 年 5 月，主管部门在杂交水稻、杂交玉米两大主要作物上，将绿色通道制度由国家级试验延伸到省级试验，自此我国主要农作物品种数量出现阶段性"井喷"，但是也出现了同质化品种多、突破性品种少的问题。在粮食价格不景气、品种同质化的背景下，种子行业竞争加剧。以小麦为例，河南省是小麦种子生产大省，小麦良种覆盖率在 98% 以上，基本实现了小麦种源安全可控，小麦育种企业多达 500 多家，但只有秋乐种业、金苑种业等 11 家种业企业年总收入超过了 1 亿元，玉米等育种企业也存在此类情况。总体来说，河南种企处于分散化、同质化的发展阶段，行业集中度很低。在第十九届全国种子双交会上，商品种子销售总额 20 强、杂交玉米商品种子销售总额 10 强、大豆商品种子销售总额 10 强等中均无河南种企的身影；在 A 股众多种业上市公司中，仅有秋乐种业 1 家豫企，还有 2 家种企在新三板挂牌，分别是金苑种业与中棉科技。河南省种业在产业化方面仍有较大的发展和提升空间。

在核心技术掌控方面，河南有 4 个小麦育种的国家级科研平台、10 所高等院校，也培育了一批突破性新品种，如"豫麦 13""郑麦 9023""矮抗58"等，但能抗赤霉病的麦种"西农 511""徐农 029""太麦 198"等基本上都掌握在省外种企手中，造成河南传统的麦种销售优势地区安徽和江苏省北部的市场占有率逐年降低，甚至豫南和豫西南的小麦种子市场也逐步被江苏和陕西的种子蚕食。种业企业散、弱、小，科研投入不足，核心竞争力弱，除了市场逐步被省外种企抢占外，一些成长型较好的企业也面临被国内大型种企兼并的风险，如地神种业被农发种业兼并、广东温氏股份 8.1 亿元控股新大牧业等。在新品种推广上，近 3 年，河南省共有国审、省审小麦品

---

① 袁隆平农业高科技股份有限公司 2022 年年度报告、河南秋乐种业科技股份有限公司 2022年年度报告。

种 258 个，另有引进品种 131 个，但单品种推广面积 50 万亩以上的只有 24 个，这说明符合市场需求、能够大面积推广的拳头品种较少。

（三）种业创新成果缺乏良好的商业化环境

目前，河南省在种业研究开发领域取得了一些创新成果，但科研机构与种企的产学研用协同发展体系远未形成，以下三方面的原因，导致很多创新成果很难落地商业化。首先，种业新品种以及技术创新有高度不稳定的周期性以及漫长的研发周期。比如，传统作物育种方法的育种周期通常需要 6~8 年，家畜家禽的育种需要团队 10~15 年的科研攻关，不少农业科研人员穷其一生也没有培育出满意的新品种，这种巨大的不确定性严重扰乱了种业创新的有效进行。其次，一些历史原因导致农业创新的关键要素如创新人才、种质资源和科研优势资源大多集中在农业研究机构和高等农业院校，这就使得大多数种企由于资源的匮乏而无法建立起以市场和商业化成果为导向的育种模式和技术体系，而只能依赖购买相关研究机构的新品种经营权。科研与市场脱节、品种审定与市场严重脱节等直接造成了新品种推广不尽如人意、科研成果转化存在"肠梗阻"、科研人员创新积极性不高等种业市场乱象。最后，由于种业研发难度大、工作量大且待遇低，人才断档现象十分严重。目前，省内著名育种专家年龄多在 60~80 岁，既懂常规育种又会室内分子育种技术且会经营的 30~45 岁中青年人才缺乏，严重制约了河南种业的可持续发展。

四　河南种业振兴的路径选择

在系统分析我国的传统育种模式和过渡阶段的科企合作育种模式的基础上，需要基于我国国情和河南省实际，结合高质量发展和战略实施两个视角，从内涵、特征及必要性分析入手，构建河南省种业战略体系以及河南种业振兴的提升路径。

（一）构建河南省种业振兴战略体系

种业作为农业产业链中的"芯片"，在推动现代化农业高质量发展，实

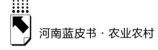

现种源自主可控、种业科技自立自强等方面变得日益重要。河南省委、省政府需要从国家安全的战略高度充分认识把握种业振兴的战略性、基础性和紧迫性，主动担当作为，统筹指导构建新发展格局，做强种业"芯片"，筑牢粮食安全底座，推进种业振兴。

作为农业大省和用种大省，河南制定种业振兴战略体系的立足点如下。一是以制度集成创新为抓手。主要做法包括培育龙头企业打造种业知名品牌，聚力培育种业行业领头雁；打造种业上市公司河南板块；加强与知名科研院所合作，建立跨区域的协同创新体系；启动金融支持种业振兴专项提升行动；加强种业国际合作等。二是以平台创建为载体。打造种业资源整合、种业科研创新、种业人才集聚、种业协同发展四大省级种业发展平台，构建以大型种业集团为龙头、以专业化种业企业为支撑、以服务型种业企业为配套的种业集群，培育种业总部经济。三是以整合种业资源保障为手段。财政金融支持方面，需要加大财政投入力度，并通过财政金融联动的方式，吸引更多社会资本共同推动种业高质量发展；鼓励研发平台、科研机构、种业企业和高端人才加速向"中原农谷"集聚，加大涉农科创资源整合力度，尽快形成科研集聚中心；通过科教融合和产教融合，带动河南省农业科学院、河南省农业大学、河南省科技学院的优质资源、人才和技术向企业转移；促进河南从常规育种大省向生物育种强省转变等。

（二）提升河南种业行业集中度

在政策的不断加持下，中国种业将进入发展快车道。种源"卡脖子"技术攻关将不断加强，同质化程度高的现状有望逐渐缓解，创新将是种业企业突出重围的唯一途径。由于行业壁垒较高，拥有高研发能力及持续创新能力的种业头部企业将有望不断提升市场占有率，其企业竞争力也将不断提升，短期内通过资本并购迅速提升市场占有率，长期侧重增强研发育种内生动力，建立起高技术壁垒护城河，促进生产效率的提升。在此背景下，河南省应加大支持力度，鼓励大型优势种企兼并重组，鼓励社会资本投入，积极引进战略投资者，发挥骨干种企优势，强力推动企业兼并整合，组建大型育繁推一体化种业集团，提升企业集中度，打造种业"航母"，倾力培育主板上市种企和特色优势明显的"隐形冠军"企业。

（三）推动现代种业全产业链协同创新

推动种业全产业链协同发展，围绕支持保障粮食安全等国家重大任务需求，快速汇聚科技创新资源要素，形成重大科学研究成果，是促进河南种业高质量发展的核心驱动力。一是完善体制机制，制定实施农业全产业链发展规划。进一步完善生产体系、产业体系和营销体系，将政府扶持政策、市场需求和链条企业发展实际结合起来，着力提升种业全产业链发展效能，在产前、产中、产后以及产业链上中下游的各环节畅通技术服务、公共服务、信息服务等系统性服务。二是突出发展重点，促进核心产业的赋能升级。聚焦具备一定产业规模、产业发展基础较好、产业链主体具备现代农业经营管理意识和能力的重点链，实施创新强链、数字融链、转型延链、多元稳链、招商补链、生态畅链行动，做好全产业链持续不断升级以及种业可持续发展。三是充分释放"新基建"的赋能效应，助力种业全产业链数字化转型。强化物联网、大数据、区块链、人工智能、第五代移动通信网络、智慧气象等现代信息技术在农业领域的应用，构建以新一代信息技术和新型基础设施为支撑的从生产、物流、流通到金融的完整体系，打破数据壁垒、信息壁垒，构建起种业全产业链创新系统。

（四）强化种业龙头企业主体地位

在种业全产业链的关键环节强化龙头企业的主体地位，进一步提升企业的创新特质和产业竞争力，让关键性技术迅速产业化，形成更多比较优势，确保对种业全产业链、供应链的把控力。一是强化企业主体地位，构建现代化商业育种体系与多主体协同发展的种业创新生态圈。培育一批具有资源整合力、优势转化力与价值链主导力的种业龙头企业。龙头企业不仅能在产业链上发挥牵引作用，还可以与产业链上的企业深度耦合，形成稳定的分工协同关系。处于产业链核心位置的龙头企业可以带动上下游形成产业集群，在集群内，既有龙头企业、新型农业生产主体，也有合作社、小农户、相关要素企业/机构等，各成员具有明确的功能定位，实现优势互补、共同发展。龙头企业充分发挥头雁作用，逐步形成"头雁"引领、"强雁"跟进、"雏雁"齐飞的种业全产业链发展新格局。二是以创新联合体建设强化科企合作，强化企业创新主体地位。建立健全产学研深度融合、创新链和产业链高效联动的商业化育种体系。加快培育大型育繁推一体化种业龙头企业。支持龙头企业联合高校、科研单位和智库等第三方咨询机构，牵头组建种业创新联合体。进一步在科研项目立项、信贷、担保、兼并重组、人才流动等方面加大对企业的支持力度，强化企业在科技创新中的主体地位。

（五）增强种业产业链供应链韧性

产业链和创新链融合发展成为近年来农业产业特别是种源等农业关键核心技术攻关的关键词。目前，种业产业化已进入生态化发展阶段，产业链上各生态主体耦合形成一种生态链，他们通过创新资源流动和整合而相互影响、相互依赖，实现共生演化博弈。稳定、共生的生态系统对于农业全产业链稳定良性运行具有关键作用，这有赖于两方面的共同努力：一是政府要充分发挥"看得见的手"的作用，统筹产业链各方、优化资源配置，积极搭建全产业链智慧平台以促进相关主体合作发展；二是需要处于核心地位的企业建立起网络链型创新系统，这不仅有利于降低产业链协作配套成本，还有利于提高种业产业链价值链的韧性。

五　全面推进河南种业振兴的对策建议

种业振兴具有全国性、全局性的特征，想要在种业振兴方面有所作为，就要立足本地比较优势和发展潜力，着力从"政策、资金投入、人才引进"三方面加大对种业持续支持的力度，培育大品种、成就大企业、形成全产业相融通的大产业，顺应国际种业发展的新趋势新潮流，致力于打造拥有国际先进水平的全球一流种业基地，对标国际种企，合理规划产业区域布局，为种业振兴做出"河南贡献"。

（一）建立国家特色种业种质资源库，保护地方种质资源

种质资源的保护利用要以种质资源库建设为基础，以"量变"带动"质变"，即以足够的种质资源数量促成"量变"，在此基础上，引起研发创新的"质变"。一是全面加强农业种质资源保护。牢固树立全面保护的理念，加快构建各类保护措施互相配合、互为补充的完整的保护体系，为建设种业强省和保障国家粮食安全提供底层支撑。二是加强种质资源的精准化鉴定评价，深入发掘能够满足现代育种需求的优异基因资源种质材料，创制突破性新种质。三是健全种质资源管理与共享平台，有效引进国外优异资源，大幅提升资源保存总量，优化资源结构。

（二）鼓励龙头种企向多元化、集团化与国际化发展

目前，全球种企并购已接近尾声，但国内种企并购正在加速。全球市场中，从地域分布来看，五大种业公司主要分布在德国、美国、法国和中国四个国家。从市场集中度来看，全球种子行业市场竞争激烈，集中度较高且稳定，2022 年 CR5（德国拜耳公司及巴斯夫公司、美国科迪华、中国先正达、法国利马格兰）为 51.8%。从我国市场参与竞争者角度来看，国内企业收入规模不断扩大，市场竞争能力不断提升。2022 年 CR5（隆平高科、荃银高科、垦丰种业等）为 21.3%，其中河南上市公司秋乐种业 2022 年市场占有率为 0.6%。在此背景下，河南种企必须尽快有所行动，加入并购浪潮。政府可以通过各种扶持手段支持社会资本、大型企业投资或参股种业企业，支持省内秋乐、金苑、牧原等种业龙头企业迅速做大做强，促使其加快成为市场创新主体。同时要支持发展专而精的特色企业，以加强对本土优质种质资源的保护与利用。

（三）以数字技术驱动河南种业高质量发展

数字技术作为一种新型生产要素，为农业产业结构升级奠定基础，为解构和重塑传统农业发展范式提供了全新的发展逻辑。建立特色种业数字化系统，河南种业发展要跳出传统"农业思维"，建立具有地方特色的乡土种业数字化体系。一是协同创新的前提是要形成系统生长的产业生态。以数字技术重塑种业创新方式，打造开放共享、一体化协同的创新生态，通过产业链的互联互通及创新要素集聚，构建具有国际竞争力的"硬件+软件+平台+服务"种业振兴生态。二是以数字技术赋能种业产业链，构建种业价值链生态体系。用数字化升级以用户为中心的"研—产—供—销—服"全产业链路，同时，探索利用数据联盟链方式来构建新型种业供应链协作网络。

（四）有序推进生物育种产业化应用

2023 年中央一号文件提出，深入实施种业振兴行动，加快玉米大豆生物育种产业化步伐，有序扩大试点范围，规范种植管理。生物育种技术产业化是补齐种业短板的关键，生物育种种子的渗透率不断提高成为行业发展的重要驱动力。一是生物育种商业化将"按下快进键"，推动行业变革，拓宽行业成长空间。目前，国内与生物育种产业化相关的配套政策基本完善，2023 年玉米大豆生物育种产业化试点范围已扩展到河北、内蒙古、吉林、四川、云南 5 个省区 20 个县。集性状和品种优势于一体的企业（如大北农、隆平高科、先正达）先发优势明显，更有可能持续贡献新的优势大品种（兼具抗性和高产、耐密植等好品种特性），从而实现市场竞争力的持续提升。二是生物育种技术将更加立体和多元。未来我国育种方向将呈现多元化发展趋势，培育高产、抗病、耐除草剂的品种，且将应用于青贮玉米、玉米淀粉等专用领域；技术覆盖的作物品类将从大田逐步扩展至经济作物。三是培育本地种业"头雁"企业，构建河南商业化育种体系。

（五）加强种业核心关键技术攻关

技术进步和品种换代所带来的价格上涨是种业增长的主要驱动力。优化创新资源布局，强化基础研究与应用研究协同发展。一是把建设国家重点实验室作为集聚种业资源的关键突破口。建好研发平台是种业振兴的重中之重，要形成"学科—学院—平台—基地—人才—团队—项目—成果—服务"

多要素集聚耦合、良性互动、系统生长的创新生态，构建有利于"中原农谷"中众多科研院所、龙头企业深度合作、协同创新的体制机制。二是推动种源"卡脖子"技术联合攻关。通过集聚全省多渠道项目优势资源，不断加强团队建设以及育种基地、设备设施等条件建设，显著提升河南省育种的软实力和硬件实力，提高育种效率和水平。河南有高校、科研院所、种子企业等多类型优势育种单位，但是各创新主体并未形成完整的创新链条，需要借助政府的力量，整合资源以构建政、产、学、研、用协同创新体系。三是实施育种创新能力提升工程。由新组建的河南种业集团有限公司联合国家小麦工程技术研究中心、小麦国家工程实验室、国际玉米小麦改良中心以及省家禽种质资源创新工程研究中心等创新平台，借助秋乐、金苑、牧原等领军种企的力量，加大科研投入力度，强化协同创新，开展联合攻关，力求培育出一批符合市场多样化需求的高产、稳产、综合抗性好的优质种质新品种，进而提升种企的核心竞争力，实现河南种业高质量发展。

参考文献

张永强、董权瑶：《中国种业现代化发展优化路径研究》，《新疆师范大学学报》（哲学社会科学版）2022 年第 2 期。

尹春凤、徐宣国、崔丙群：《种业振兴背景下我国作物育种区域协同创新水平测度与评价——基于种子龙头企业与农业科技园区的实证分析》，《科技管理研究》2022 年第 16 期。

李国英：《国家粮食安全视角下中国种业安全隐忧及商业化发展路径研究》，《改革与战略》2022 年第 2 期。

李继军、于静辉、尹利斌等：《中国种业发展路径演化与未来 10 年发展十大新格局预测》，《中国种业》2022 年第 12 期。

种聪、郭雨溪、岳希明：《中国种业振兴：发展历程、关键问题与机制构建》，《农业现代化研究》2023 年第 2 期。

B.5

促进粮食安全与现代高效农业相统一的
模式创新与启示

——以临颍县、潢川县、新县为例

苗　洁[*]

摘　要： 在保障粮食安全的基础上，不断提高农业质量效益和竞争力，促进粮食安全与现代高效农业相统一，是建设农业强国、农业强省的必然要求。近年来，河南省的一些传统农业县如临颍、潢川和新县，分别探索形成了农食融合、强县富民的"麦椒套种"模式，生态种养、以产兴农的"虾稻共作"模式，以及龙头带动、农企共赢的"药稻轮作"模式，有效破解了粮食生产与农业增效、农民增收的矛盾。实践表明，促进粮食安全与现代高效农业相统一，需要因地因时积极探索新型农作制度，充分发挥龙头企业引领带动作用，以全产业链发展促三产深度融合，创新联农带农利益联结机制，真正让农业强起来、农民富起来。

关键词： 粮食安全　现代高效农业　农民增收　县域

在保障粮食安全的基础上，不断提高农业质量效益和竞争力，实现粮食安全和现代高效农业相统一，是践行习近平总书记重要指示精神的实际行动，是中央对河南这样的种粮大省的基本要求，也是传统农业县转型突破的时代命题。近年来，漯河市临颍县、信阳市潢川县和新县等地积极探索，着

---

　*　苗洁，河南省社会科学院农村发展研究所副研究员，主要研究方向为农村经济。

力创新粮食安全与现代高效农业相统一的实现模式，稳住了"粮袋子"，鼓起了"钱袋子"，有效破解了粮食生产与农业增效、农民增收的矛盾，为加快强县富民、推进乡村振兴提供了有益示范和借鉴。

一 促进粮食安全和现代高效农业相统一 是建设农业强国必须解决的首要难题

中国的国情农情决定了我们要在确保粮食安全和农民增收的前提下建设综合型农业强国，难度更大、任务更艰巨。尤其是河南这样的粮食主产区，承担着保障国家粮食安全的重任，但农民收入和农村发展与其对农业特别是粮食的贡献并不匹配。2022 年，河南省农村居民人均可支配收入仅为 18697 元，比全国平均水平低 1436 元，[①] 特别是一些传统农业县，农民持续增收更困难。习近平总书记指出："现代高效农业是农民致富的好路子。"[②] 加快促进粮食安全与现代高效农业相统一，是建设农业强国、农业强省的必然要求，也是必须解决的首要难题。

在传统农业发展理念和模式下，粮食生产与现代高效农业之间、种粮与增收之间似乎存在内在冲突，是相互矛盾，甚至是对立的，导致增产难增效、增产难增收。有的地方稳住了粮食生产，但农业结构调整滞后，现代农业带动农民增收作用有限。受粮食生产成本上涨、种粮比较收益较低、自然风险及市场风险加大等多因素叠加的不利影响，粮食增产与农民增收很难同步实现，难以持续调动和激发地方重农抓粮、农民务农种粮的积极性。有的地方加快调整农业结构、大力发展现代高效农业，但存在与粮争地、脱离粮食生产的风险，甚至对小农户产生挤出效应。在防止耕地"非粮化"的背景下，一些现代农业发展也面临较大压力，难以形成联农带农的持续动力。

---

① 如无特殊说明，数据来源于《河南统计月报》及工作统计或调查。

② 《农业农村现代化阔步前行——习近平总书记领航农业农村高质量发展（之三）》，农业农村部网站，2021 年 9 月 26 日，http://www.moa.gov.cn/ztzl/ymksn/rmrbbd/202109/t20210927_6378353.htm。

可见，以保障粮食安全为由，片面强调粮食生产，忽视农业结构调整和现代高效农业发展，农民持续增收、农业提质增效就无从谈起。同样，以增加农民收入为由，忽视粮食生产而一味地追求经济价值，盲目发展现代农业，是对国家粮食安全的不负责任和严重威胁。作为农业强国建设的重要载体，河南等产粮大省面临保障粮食生产和增加农民收入的双重目标和任务，保粮稳供与增收共富不是选择题，都是必选项，不能顾此失彼，因此，实现粮食安全和现代高效农业有机结合和统一，显得尤其重要和迫切。

二 促进粮食安全和现代高效农业相统一的地域模式创新

近年来，河南省的一些传统农业县，如临颍县、潢川县和新县聚焦稳粮增收，因地制宜分别探索形成了"麦椒套种"、"虾稻共作"以及"药稻轮作"等新型发展模式，有效解决了"粮经争地"矛盾，走出了一条既保障粮食生产，又促进农民增收、农业增效、产业提质的高质量发展之路，提出了粮食安全与现代高效农业相统一的创新性方案，进行了以产业促进乡村振兴、县域发展的生动实践。

（一）临颍县"麦椒套种"：农食融合强县富民

临颍县是典型的平原农业大县，近年来该县不断深化农业供给侧结构性改革，强化数字赋能、品牌引领，大力推广标准化5G"麦椒套种"，坚持农食融合、全链发展，实现了保粮、富民和强县的多赢。

一是推进标准化生产和智能化管理。临颍县在造良田、育良种的同时，积极推良法，制定了《小麦—朝天椒间作套作技术规范》，在品种、育苗、水肥管理、绿色防控、采收等方面提供指导，推进规模化标准化种植。强化科技赋能，大力实施辣椒品种适时更替、农田土壤改良、农田四情监测、品种培优等工程。积极推进大田种植数字农业建设，利用"5G+智慧农业"，开展数字辣椒种植和全程机械化生产，辣椒亩均节约用水50%，肥药节约10%，采摘成本减少50%，亩产提升30%，降本增效明显。在套种模式下，虽然预留了套种小辣椒间隙，但由于边行优势及精准水肥管理，夏粮产量基本不受影响。2022年全县麦椒套种面积超44万亩，其中标准化麦椒套作种植区30万亩，形成了三夏"麦倒一片绿"、三秋"田间一片红"的独特景象，可亩产小麦400~500公斤，小辣椒（干辣椒）300~350公斤，比传统种植模式亩均增收3000元以上，起到了夏保粮食生产、秋保农民增收的目的。

二是"链园一体"提升产业附加值。作为"中国休闲食品之都"，临颍县充分利用食品产业基础好的优势，依托农产品精深加工园和辣椒现代农业产业园，引进培育食品加工企业128家，实施优质专用小麦和小辣椒生产与食品加工、食品包装、大健康产业、添加剂产业、电商物流产业"五个打通"，构建小麦、辣椒从田间地头到厨房餐桌的两条全产业链，并持续推动辣椒全产业链数字化升级。深入实施品牌培育战略提升价值链，现代农业产业园内绿色和有机产品认定面积达84.3%，培育中国驰名商标17件、省级著名商标38件、河南省名牌产品11个；注册有"颍山红""颍川田园公社""绿隆""田老大"等辣椒产业商标。注重产销衔接打造供应链，临颍县政府与老干妈食品有限公司达成年收购15万亩辣椒战略合作协议，依托南街村、联泰食品等企业订单种植优质小麦40万亩，依托农产品仓储物流园，建成中部地区最大的辣椒冷库群，形成了豫中南最大的小辣椒产销集散地。

三是龙头企业联农带村共享发展收益。在壮大产业的同时，临颍县引进益民公司作为产业园区龙头企业，探索"三方分享"连带模式，让农民更多分享产业发展红利，实现农民、村集体和企业共享收益。比如，通过"保底收益+二次分红"，在保证农户地租收益和企业运营总成本的基础上，收益部分按企业50%、农户30%、村集体20%的比例二次分红，农户每年额外分红约400~600元/亩，村集体分红约200~400元/亩；通过土地托管服务实现农户干两头、企业管中间、集体托两家，虽然农户需要支付托管费550元/亩，其中村集体管理费50元/亩，企业运营费500元/亩，但统一标准化管理可实现亩均节本增效300元左右，农户增加了种植收入和务工收入，企业可以增加运营收入，村里也增加了集体收入。

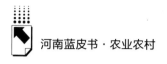

（二）潢川县"虾稻共作"：生态种养以产兴农

潢川县素有"鱼米之乡"的美称，近年来该县立足资源禀赋优势，采取政府引导、市场运作、龙头带动、科技指导、项目扶持等措施，以创建"虾稻共作"现代农业园区为抓手，发展虾稻共作乡镇 19 个养殖户 2.6 万家，带动相关从业人员约 15 万人，取得了良好的生态效益、经济效益和社会效益，已成功创建国家级稻渔综合种养示范区 2 个、省级稻渔综合示范区 9 个，占全省稻渔综合养殖示范区的一半。

一是坚持绿色生态种养，提升虾稻品质。"虾稻共作"模式严禁使用化肥农药，降低了水质污染，依托优势互补的生物链条，通过种养结合绿色发展，稻田虾和虾田稻的品质都得到了保障。2022 年潢川县虾稻共作产业园良种覆盖率达 100%，农产品质量安全抽检合格率达 99.2%，基本实现质量可追溯。2022 年，园区"三品一标"农产品认证总计 29 个，生态虾、有机米供不应求，具有较好的市场发展前景。全县虾稻共作综合种养面积扩大到 38.2 万亩，亩产龙虾 100～150 公斤、水稻 400 公斤，每亩纯收益在 3000 元以上，较好地实现了稳粮与增收相统一。

二是坚持一二三产业融合，完善产业链条。潢川县深化"生产+加工+科技+营销"融合，以"龙头企业+示范基地+合作社"拉动产业链，以"生态小龙虾+绿色虾稻"特色产品提升价值链，以"线上电商+线下物流"串起供应链，打造集种苗繁育、生态种养、餐饮服务、精深加工、电商销售于一体的小龙虾和虾田稻全产业链。2022 年"虾稻共作"产业园总产值达到 102 亿元，主导产业产值达到 90.5 亿元；园区内农产品加工业产值与农业总产值比为 3.23∶1，加工转化率达 98%，稻米尤其是糯稻的加工能力大幅提高，加工产量达到 30 万吨，"链主"企业黄国粮业成为全国糯米粉标准的制定者。进一步巩固"中国汤圆潢川粉"行业品牌，创建"潢川优质稻米"区域品牌，2023 年 4 月举办的首届中国（潢川）稻米粉食品产业发展大会，发布了"潢川·中国稻米粉食品产业指数"，促进了产业化品牌化发展。加快市场流通体系建设，成立信阳市小龙虾交易中心和乡镇分交易中心，建成了河南省最大的小龙虾交易市场。完善电子商务和网络营销渠道，积极引进京东、天猫、盒马生鲜等电商品牌，培育本土特色电商，小龙虾网上销售额突破 2 亿元。以小龙虾生态产业园为中心，大力发展休闲农业和乡村旅游。潢川已成为河南虾稻共作种养、加工、集散规模最大的县。

三是坚持培育新型经营主体，增强带农能力。潢川县不断加大对农业龙头企业的支持力度，提升新型经营主体带农扶贫主力作用。截至 2022 年底虾稻共作产业园有国家级龙头企业 1 家、省级农业产业化龙头企业 6 家、虾稻共作农民专业合作社 181 家。鼓励农都农业、裕丰粮业、黄国粮业、众腾水产等龙头企业和合作社通过技术扶持、股份合作、订单农业、托管帮扶、租养扶贫等形式与群众签订带贫协议，带动 15 万名以上当地农民通过虾稻共作产业增收，人均纯收入达到 2.55 万元，较全县农民平均水平高 30.4%。潢川县"虾稻共作"模式还先后作为河南省产业扶贫典型模式和全国产业扶贫案例进行推广。

四是坚持科技创新应用，促进跨越式发展。组建全国唯一的国家淡水渔业研究中心稻渔综合种养分中心，落地了一批研发基地和工作站，通过加大科技研发投入力度，开展产学研深度合作，加强良种选育、生态养殖、精深加工、综合利用及新产品开发等关键技术研究与示范。在全省率先制定小龙虾水面养殖、稻虾共养等技术规范，强化科技示范基地建设，推进虾稻共作农业科技推广，使虾稻共作标准化生产有据可依、有规可循。实施招才引智计划，成立虾稻共作产业学院，培养虾稻共作所需的各类人才。积极打造潢川县数字农业创新应用示范基地，加快推进虾稻共作全程可视化、远程诊断和控制、灾变预警等智能化管理。科技创新成为潢川县虾稻共作实现跨越式发展的坚强支撑。

（三）新县"药稻轮作"：龙头带动农企共赢

新县是革命老区，也是典型的山区生态农业县，拥有丰富的中药材资源。近年来，新县部分乡镇在龙头企业羚锐制药的引领带动下，将建设中药材种植基地作为加强产业扶贫和助力乡村振兴的突破口，采用颠茄草和晚稻轮作的方式，实现高效作物和粮食作物生产两不误，提高了土地利用率，拓宽了老区农民增收致富渠道，探索出了政府、企业、农民、土地紧密结合的产业发展联农带农模式。

一是龙头企业引领带动产业发展。羚锐制药是新县的龙头企业，也是植根于革命老区的一家科技扶贫企业。在当地政府的大力支持下，羚锐制药从自身需要的大宗中药材原材料入手，积极打造新的产业扶贫项目，依托河南省农业科学院、河南中医药大学等单位科研力量，结合当地的气候和土壤条件，选育易于种植管理、产量高且不影响晚稻种植的颠茄草，建设"药稻轮作"种植基地。羚锐制药为基地统一提供种子种苗和技术服务，对愿意种植中药材的贫困户，则免费提供优质种苗，并无偿开展技术培训生产指导，吸引更多的粮农变为"药农"，参与颠茄草的种植，形成了连片发展及散户种植全面开花格局。收获后的颠茄草等药材由公司进行回收、粉碎和进一步深加工，为农村富余劳动力提供了就业岗位，也带动了当地医药健康产业快速发展。

二是加强联农带农利益联结。为了解决农户的后顾之忧，羚锐制药在产前和农户签订保底回购合同，收获后的颠茄草由公司按照市场价格回收，当市场价过低时，公司以合同签订的保护价进行收购，保障了销路和农户利益最大化。此外，还建立了风险机制，降低农户种植风险。2020年，部分农户种植中药材受灾严重，受灾后的产品达不到质量标准，羚锐制药仍然按照优等品的价格对受灾中药材进行收购，保证了农户利益不受影响。在种粮收益的基础上，农民通过种植颠茄草可再获得约4000元/亩的收入，一户贫困户种植两三亩中药材就可实现脱贫。除了种植收益，流转土地的农民每年可获得租金300~500元/亩，部分村年底还有土地分红；每年中药材生产季节，基地吸纳周围农户就近就业，务工农户平均可从公司获得5000元/年以上的务工费用，实现了多环节稳定增收。

三是实施产村融合。新县按照产业发展要求和美丽乡村建设总要求，利用乡村的土地、人力、农业资源等优势，将中药材种苗基地、种植示范基地、加工厂房、物流园等扎根在乡村。比如羚锐制药在吴陈河镇阳土墩村建设

"药稻轮作"种植基地的同时，积极打造河南省中小学中医药研学示范基地、新县产业扶贫"多彩田园"展示基地以及信阳涉外职业技术学院农业种植实习基地等，通过拓展农业多种功能，挖掘乡村多元价值，助力乡村全面振兴。

三　启示与建议

（一）因地因时积极探索新型农作制度

临颍、潢川和新县的实践表明，根据当地的资源优势、主导产业基础、种养习惯等，对传统农作制度进行优化和创新，构建优质高产、节本增收、安全生态的新型农作模式，是促进粮食安全与现代高效农业相统一的有效途径。一是充分利用不同作物特性和季节差异，因地制宜合理安排产业结构和特色种养模式，优先在有生产传统、技术成熟、相对集中连片的地区，推广应用粮经套种、立体种养、农牧结合、水旱轮作等新型农作制度，实现农业生产在时间空间上的延伸，形成复合生态生产系统，让有限的土地产出更多优质农产品，促进稳粮增收。二是加强与新型农作制度相适应的高标准农田和相关基础设施建设，推进良田良种良法配套、农机农艺农技融合，促进粮食和高效农业的规模化标准化经营和数字化智能化管理，提高土地利用率、产出率和劳动生产率。三是把创新农作制度与壮大培育主导产业、推动产业提质增效有机结合，加快生产经营体制及农业技术供给方式的变革，为推广新型农作制度提供主要环节或全程社会化服务。四是推广新型农作模式时应避免出现重现代高效农业、轻粮食生产的倾向，持续加大对粮食生产的政策支持力度，科学保护和合理利用耕地，稳定口粮种植面积，对实行综合种养的田块，可以按照耕作条件明确粮食生产的最低产量，确保粮食产能和产量保持稳定，实现保障粮食安全和增加农民收益"两手抓、两兼顾"。

（二）充分发挥龙头企业引领带动作用

农业龙头企业是现代农业发展的"火车头"，是乡村产业振兴的"助推器"。从三个传统农业县的实践来看，涉农龙头企业在要素集聚、产业融合、创新驱动、联农带农等方面发挥着举足轻重的作用，是实现粮食安全与现代高效农业相统一的重要主体和中坚力量。一是坚持扶大、扶优、扶强，在资金、用地、人才等方面加大政策支持力度，培育壮大一批科技含量高、经济效益好、带动力强的龙头企业，强化"链主"作用，跨界配置农业与现代产业要素，不断增强集聚力、辐射力、影响力，带动各类农业企业抱团发展。二是支持龙头企业利用资金、技术、人才、信息上的优势，建设粮食生产和现代高效农业发展相结合的产业化示范基地，提供产前、产中、产后全周期、全方位服务，引导龙头企业加强研发投入和成果转化，解决关键品种、关键技术、关键设备等问题，促进农业生产从主要依赖土地、农资向依靠科技转变，积极推进 5G、大数据等现代信息技术的推广应用。三是引导龙头企业当好新型经营主体"领头雁"，将合作社、家庭农场、农户纳入适度规模经营和现代市场体系，形成龙头企业引领、合作社和家庭农场跟进、小农户参与的联动发展产业生态，激发乡村振兴活力。

（三）以全产业链发展促三产深度融合

促进粮食安全与现代高效农业相统一，不能单纯就农业论农业，需要加快三链同构、三产融合，破解布局散、链条短、效益低、销路窄的难题，拓展农业产业增值空间。临颍构建麦椒全产业链、潢川打造"虾稻共作"全产业链，都充分证明链条越完善、融合越深入，粮食和农业基础就越牢固。一是以现代农业产业园建设为抓手，在生产、加工、流通和服务等关键环节协同发力，延链补链强链，加快从抓农业生产到抓全产业链、从抓农产品到抓产业体系、从聚焦产业链到聚焦产业链供应链价值链"三链同构"转变，形成纵向成链、横向成群的新发展格局，加强全链条数字化改造和转型升级，提高乡村产业信息化、智能化水平。二是深化供需协同、产销对接，借助"生态+、品牌+、互联网+"，发展电子商务和新型零售业态，加强仓储保鲜冷链设施建设，着力解决供应链物流成本偏高的问题，以体验式消费和线上线下融合的方式，实现消费升级和产品价值提升。三是创新产业融合新业态新模式，推进粮食生产、高效农业与旅游、教育、文创、康养等产业深度融合和产村产镇融合，打造粮食安全与现代高效农业相结合的示范产业带，促进跨区域产业链融合，拓展乡村产业发展新空间。

（四）创新联农带农富农利益联结机制

实现粮食安全与现代高效农业相统一，目的是在农业强国、农业强省建设中促进农民农村共同富裕，让种粮农民共享发展成果。实践表明，保障粮食安全与农民增收是可以相辅相成的，关键要创新联农带农模式，建立紧密可靠的利益联结机制和收益分享机制，实现农民增收、企业增利、村集体受益多方共赢。一是采用"公司+基地+农户"等组织形式，形成政府扶龙头、龙头建基地、基地联农户的良性机制，通过产销订单、投资入股、土地流转、托管服务、转移就业等多种形式，与农民建立更加稳定、更加有效、更加长久的利益联结机制。二是把共享理念贯穿到产业链发展中，在现有联农带农机制基础上，引导更多涉农企业与农户建立契约型、分红型、股权型等利益共享、风险共担合作方式，探索推广"订单收购+二次分红""农民入股+保底收益+按股分红"等模式，让农民合理分享全产业链增值收益，增加跨界增收、跨域获利渠道。三是持续培育新农人，联农带农最根本的还是增强农民自身发展能力，授人以鱼不如授人以渔，尤其是新型农作模式更离不开技术的支持，要加快培育高素质农民和农村实用人才，让一批致富能手脱颖而出。四是把产业链主体留在县域，鼓励更多地域相邻、产业相近、优势互补的村社、村企共建，打造共同富裕联合体，带着农民干、领着农民赚，吸纳更多群众参与。

参考文献

颜波：《准确把握战略定位、战略举措、战略保障 牢牢把住粮食安全主动权——深入学习领会习近平总书记关于国家粮食安全重要论述》，《中国粮食经济》2023年第

5 期。

黄季焜：《加快农村经济转型，促进农民增收和实现共同富裕》，《农业经济问题》2022 年第 7 期。

刘慧：《保障粮食安全须重视农民利益》，《经济日报》2022 年 6 月 9 日。

闻本军：《优势再造兴产业　特色引领促振兴》，《信阳日报》2023 年 9 月 22 日。

乡村产业

B.6
河南返乡农民工就业创业现状与对策研究

李天华*

摘　要：　近年来，全国各地农民工返乡回流潮渐成趋势。后疫情时代，这一趋势将会持续，回流省内的农民工日益成为推进乡村振兴的新兴力量。返乡农民工在农村种养业、制造业、服务业等领域发挥着不可替代的作用，促使"空心村"变为"实心村"，不仅推动了工商资本和农业资本的结合，而且促进了人才回归、技术回乡和资本回流。农民工返乡就业创业，对和美乡村建设提出了新的要求，即乡村不仅要宜居，还要宜业。当前，河南返乡农民工就业创业面临可用资金不足、政策效果有限、服务意识不强、整体环境欠佳、人才支撑不牢等问题，为此，需要系统谋划、综合施策，从资金、政策、服务、环境、人才等五方面持续发力，为返乡农民工高质量就业创业架桥铺路。

*　李天华，河南省社会科学院农村发展研究所研究实习员，主要研究方向为农村经济。

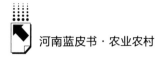

关键词： 返乡农民工　就业创业　河南

2023年7月，农业农村部、国家发展改革委等九部门联合印发《"我的家乡我建设"活动实施方案》，提出要因地制宜、因人施策引导返乡农民工参与家乡建设。河南是农村人力资源大省，也是农民工输出大省。2022年，全省农民工总量达2570万人，占全国的8.69%；全省外出农民工达1621.5万人，占全国的9.43%。2023年，河南计划完成新增农村劳动力转移就业40万人、新增返乡创业15万人。① 要将农民工外出就业的人力资源潜力真正转化为提升全省农村经济发展水平的人力资本优势，需要依托乡村振兴战略，通过科学有序引导外出农民工返乡就业创业来实现。

一　河南返乡农民工就业创业的意义

（一）是推进乡村全面振兴和加快农业强省建设的生力军

当前，河南省正在深入推进乡村振兴战略，农业强省建设取得良好开局，在这一过程中，返乡农民工不断为农村发展注入新鲜血液。返乡农民工具有较大的人力资本和社会资本优势，而这恰恰是农村经济社会发展中最稀缺的资源。在城市务工生活，农民工增长了见识，开阔了眼界，积累了人脉，提升了能力，在投资、生产、经营、管理、销售等方面有较为先进的看法和理念，他们把所见所闻、所思所想带回农村，把所学所悟变为一个个创业项目，补齐了农村产业发展不充分的短板，为农业农村现代化贡献了力量。

返乡农民工对家乡的经济社会发展状况比较熟悉，作为连接城乡的纽带，他们改变了传统的由农村向城市相对单一的要素流动局面，拓宽了城市

---

① 《河南统计月报》。

要素流向农村的渠道，从而助推传统农业向现代农业转型。一方面，农民工返乡时自身就带有一定的资金、技术、信息等要素；另一方面，农村对返乡农民工特别是返乡创业人员的重视与支持也有助于其更加便捷地获取优质资源，这些都会促成劳动力、土地、资本等要素在农村的集聚，有利于生产要素高效配置和农村经济结构调整升级。

（二）是激活农村经济和促进农民农村共同富裕的新引擎

返乡农民工的消费需求和消费能力相比农村居民已经有了质的提升。曾经生活、工作在城市的农民工，选择返乡生活、工作之后，往往会刺激盖房等刚需以及买车、买家电等改善型消费需求，同时，他们有一定的经济能力给家中的父母、子女提供较高的物质生活条件，进而助推农村消费市场的扩容升级。

就业是民生之本，创业是就业之源。一个返乡农民工创业大体上能带动6~7人稳定就业，带动15~20人灵活就业，促使河南农民家庭工资性收入从2021年的6695元增长到2022年的7025元，增长了330元。[1] 河南返乡农民工创业领域涵盖种养业、制造业、服务业三次产业，品牌带动、链条延伸、产业转移、资源开发和技术创新为返乡创业主要形式，有效带动了休闲农业、设施农业、农村电商、乡村旅游等农业农村新产业新业态的发展壮大，丰富了农民工就近就地就业的选择。返乡农民工的引领催生农村居民勤劳致富的内生动力，不少人在返乡创业企业就业，成功实现了从"要我致富"到"我要致富"的转变。"雁归经济"激活了农村经济，对促进农民农村共同富裕至关重要。

（三）是提升农民整体素质和维持农村社会和谐稳定的助推器

经过外出打工，农民工受到了现代城市文明的冲击和洗礼，不论是思维方式还是行为模式，都产生了新的变化。农民工返乡就业创业，不

---

[1] 工作统计。

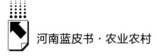
仅能缓解农村"空心化"现象,充实农村劳动力,还能有效改善农民的知识结构、扩充农民的知识储备、更新农民的农业技能、提升农民的学习能力。

农民工外流不仅给农村带来劳动力的流失,还带来深层次的社会问题。在中国农村,由于家庭结构不完整,产生了被人们戏称为"386199部队"的群体。留守妇女面临较大的生活压力,在家中从事农业生产的同时,承担起照顾家庭的重任。丈夫长期不在身边,情感上的孤独、空虚会冲击婚姻的稳定性。留守儿童平时多表现出孤僻、自卑、内向的性格特点,在监护、教育、生活等方面往往处于"放养"状态。父母的缺位、亲情的缺失,对其全面健康成长极为不利。留守老人收入低,生活质量差,缺少子女关爱与照料,在抚育孙辈上往往力不从心,一些留守老人还承担着繁重的农务劳动。家庭是社会的基本细胞,家庭和睦美满有助于社会和谐稳定。农民工返乡归家,与家人阖家团圆,或许对解决农村诸多社会问题有意想不到的效果。

二 河南返乡农民工就业创业现状

(一)返乡就业创业热潮涌动

河南地处中原,河南人有厚重的乡土情结,安土重迁的思想观念根深蒂固。农民工和农村有天然的联系,有割舍不断的故园情,为了发挥个人价值、响应家乡号召而返乡的农民工不在少数,"蟹王"赵永振就是其中的一员。赵永振返乡成立长垣市赵堤镇博宏水产专业养殖合作社,因地制宜发展大闸蟹产业,以300多亩的养殖规模带动当地群众增收致富。

2023年1~6月,全省新增农村劳动力转移就业人数为43.01万人,新增返乡入乡创业人数为12.33万人(见图1),带动就业68.72万人。截至2023年6月,全省返乡创业农民工累计达到217.47万人,累计带动就业约1000万人。创业带就业的乘数效应不断放大,创造出大量岗位和工作机会。从"盲流"到"引流",从"外流"到"回流",从"民工潮"到"创业潮"，农民工的社会地位有了稳步提升，汇聚成创新创业的强大合力，成为促进农村经济发展的源头活水。

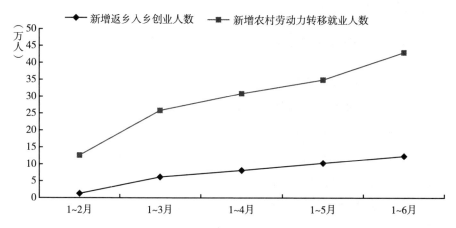

图 1　2023 年 1~6 月河南新增返乡入乡创业人数及新增农村劳动力转移就业人数
资料来源：《河南统计月报》。

（二）就业创业环境持续改善

河南将农民工返乡就业创业作为激活农村发展动能的一项重要工作来抓。从离乡务工到返乡就业创业，反映出农民工返乡的主动性在提高，也折射出农村就业创业环境的优化。在政策环境方面，河南省发布《关于推动豫商豫才返乡创业的通知》《关于优化调整稳就业政策措施的通知》《关于进一步支持农民工就业创业的通知》等文件，构建了一套相对完整的政策体系，营造了稳就业、促创业的政策环境。在产业发展环境方面，河南依托劳动力、交通、市场等优势以及航空港区、自贸试验区、郑洛新创新示范区、跨境电商综试区、大数据综试区 5 个国家级开放平台，在承接国内外产业转移中扮演着重要角色，拓展了农民工返乡就业创业的产业空间。在投资环境方面，"十三五"期间，河南累计实际使用外资 901 亿美元，实际到位省外资金 4.7 万亿元，分别是"十二五"时期的 1.36 倍和 1.57 倍。河南对境外和省外投资的吸引力越来越强，目前已有 198 家世界 500 强企业落户河

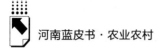

南，投资环境的改善为农民工返乡就业创业创造了条件。此外，2012~2022年，河南累计发放创业担保贷款1206亿元，连续多年居全国之首，为农民工创业提供了资金支持。

（三）示范引领作用不断增强

河南充分发挥人力资源优势，将农民工返乡就业创业和乡村振兴战略进一步融合，农民工返乡创业的示范引领作用与日俱增，在农村初步形成了崇尚创业、崇尚创新的良好氛围。在省级层面，评定2022年农民工返乡创业示范园区30个、示范项目50个、助力乡村振兴优秀项目101个；评选表彰2022年优秀农民工150人；开展2023年"返乡创业之星"选树活动，选树98名"返乡创业之星"；举办2023年"凤归中原"豫商豫才返乡入乡创业大赛，让返乡创业的农民工感受到十足的成就感、自豪感、荣誉感。①

随着农村创业环境的改善，河南农村涌现出一批各具特色的返乡创业模式和创业典型。河南各地因地制宜，引导农民工返乡就业创业，将比较优势转化为现实生产力和产业竞争力，目前已形成平舆白芝麻产业、确山提琴产业、鹿邑化妆刷产业、光山油茶产业、社旗货架产业等特色产业，以创业的"星星之火"点燃就业的"燎原之势"。有了"头雁"的引领，"群雁"就有了"主心骨"。柘城县一批农民工返乡创业，化身"辣妹子""辣椒哥"，辣椒种植面积常年稳定在40万亩以上，每年吸引近20万人集聚在产业链上，有超过70万吨辣椒从柘城辣椒大市场销往全国各地及全球20多个国家和地区。

① 《河南省农民工工作领导小组关于公布河南省2022年农民工返乡创业示范园区（项目）和助力乡村振兴优秀项目名单的通知》，河南省人力资源和社会保障厅网站，2023年6月5日，https：//hrss.henan.gov.cn/2023/06-27/2768157.html；《河南省农民工工作领导小组关于表彰河南省优秀农民工和农民工工作先进集体的决定》，河南省人力资源和社会保障厅网站，2022年9月14日，https：//hrss.henan.gov.cn/2022/09-15/2607347.html。

三 河南返乡农民工就业创业存在的主要问题

（一）可用资金不足

作为返乡农民工创业路上最大的"拦路虎"，可用资金不足严重阻碍着企业的生存、发展与壮大。返乡农民工在外务工期间会有一定的资金积累，但大多数人依靠出卖体力取得的收入不高，与回乡创业所需资金还有较大差距。当返乡农民工缺乏创业启动资金，或在生产经营过程中遇到资金周转困难时，他们也曾寻求政策支持，或因为烦琐的申请手续，或因为苛刻的申请条件，最终选择放弃。于是，多数人会依靠自有资金或向亲朋好友借款融资，其次才是申请银行贷款。农民工自有资金和借款主要用于企业前期固定资产投资，导致企业运转时缺少流动资金，设备更新和技术改造就无从谈起，更无力扩大生产规模。尤其是在经济不景气和行业淡季时，企业易陷入资金困境。一些返乡创业农民工申请个人创业项目贴息贷款时，因可抵押资产有限或缺少机关、国有企事业单位人员担保，从金融机构融资较为困难。退一步讲，即便成功拿到银行贷款，有限的贷款额度仍难以满足庞大的资金需求。

（二）政策效果有限

在"大众创业、万众创新"的背景下，各级政府陆续出台了一些鼓励支持农民工返乡创业的政策，但其中不少政策夹杂在促进就业、支持小微企业发展、推进乡村振兴战略的政策中，且以资金支持为主要方式，专门针对农民工返乡创业的政策相对较少。农民工返乡创业是一项系统性工作，涉及人力资源和社会保障、农业农村、工商、财政、环保、税务等多个部门，各部门之间的政策衔接不够到位，政策执行不够灵活变通，包括住房、医疗、养老、技能培训、土地利用、项目对接等在内的配套政策支持体系有待进一步整合、优化。返乡创业农民工政策红利享受不够充分，部分基层政府部门制定的创业帮扶政策不够清晰透明，影响了税收优惠、信用担保和创业风险补偿等政策红利的享受，推动农民工返乡创业的"最后一公里"尚未打通。部分返乡创业企业离开了初创期的政策红利，加之创业能力不足，缺少中长期发展规划，易进入瓶颈期，欠缺发展动能，跟不上市场变化，面临倒闭风险。

（三）服务意识不强

返乡农民工普遍缺少创业实践和经验，受制于自身务工经历、文化素养、专业技能、社交能力等因素，对人员管理、法律法规、市场信息、商业行情等缺乏足够的了解，返乡后获取信息的渠道有限，面对瞬息万变的市场，难以及时、准确、有效地捕捉到与自身需求相匹配的信息，在选择创业项目上存在盲目跟风现象，产品服务同质化问题严重，在激烈的市场竞争中往往处于劣势。返乡就业的农民工也常常因无法第一时间获取全面的就业信息而产生一定的摩擦性失业现象。基层政府本应积极为返乡农民工打通信息不对称堵点，结合当地资源禀赋、产业优势、发展规划，对其就业创业方向加以引导，但有些地方对本地人力资源情况掌握不充分，加之承担引导农民工返乡就业创业工作的基层政府部门专职人员配备不足、业务能力不强、日常工作繁杂，个别工作人员对返乡农民工态度生硬、缺乏耐心，对其就业创业的咨询指导服务流于形式，引导农民工返乡工作还存在组织动员手段传统、瞄准对象方向单一等问题。

（四）整体环境欠佳

从硬环境来看，基础设施的不完善拖慢了河南农民工返乡的脚步。与城市相比，河南农村基础设施短板依然突出。高速公路在部分县市的覆盖面有限，连接村与村的道路状况不尽如人意，村内道路硬化率低，群众出行仍不够便捷。部分乡村供水保障能力有限，饮水安全保障不够到位，水利设施不够完善，抵御自然灾害的能力不强。截至2022年底，全省农村生活污水治理率仅为36.6%，仍有较大的提升空间。有些地方缺乏前期村庄规划，导致老旧基础设施的更新与改造困难重重。从软环境来看，社会对农民工返乡就业创业的认可度和支持度有待提高，有些地方对相关政策的宣传普及存在盲区，返乡农民工因无法深入、全面地了解政策而错失良机。相较于东部沿海地区，在深受中原农耕文化影响的河南，农民工创业的积极性和主动性不强，欠缺创业者必需的冒险精神和攻坚克难的勇气。

（五）人才支撑不牢

虽然有些返乡农民工具有较高的人力资本，但从整体来看，农民工的能力和素质仍有待提升。伴随着现代信息技术的广泛应用，中老年农民工通过手机、电脑获取信息的能力差，由于网龄短、学习机会少，他们对互联网等新事物的接受能力和接受程度有限，深陷"数字鸿沟"窘境。囿于自身思想观念、文化程度、行为习惯等因素，当前，河南返乡农民工创办企业的层次和质量普遍偏低，技术含量不高，规模较小，抵御市场风险的能力较弱。乡镇既难以提供利于人才成长的环境，也缺乏引进人才的足够财力，高层次人才短缺成为农村经济发展的瓶颈。因劳动力供求不匹配而产生的结构性就业矛盾凸显，"招工难"与"就业难"并存。随着年龄的增加，第一代农民工的身体状况已不适应某些工作，加上各地超龄农民工"清退令"的出台，加大了高龄农民工再就业的难度。新生代农民工更加看重职业发展和自我价值实现，不愿去环境艰苦、工资低的企业工作。此外，新生代农民工崇尚自由、频繁跳槽，就业稳定性较差。

四　促进河南返乡农民工就业创业的对策建议

（一）加大资金支持力度

资金问题是农民工返乡创业的一块"心病"，为此，必须下大力气啃下这块"硬骨头"。一是要统筹安排各级农民工返乡创业投资基金，探索省级母基金与各地子基金联合投资方式，加大对条件成熟、可行性高的创业项目的金融支持力度，扩大基金的覆盖面，放大基金的引导作用，撬动社会资本参与进来，切实增强返乡农民工融资的可获性。二是鼓励金融机构"送贷下乡"，基于返乡农民工创业需求，量身定制金融服务方案，积极创新金融服务产品，适度放宽抵押物贷款条件，考虑将房屋产权、土地使用权、机器设备、发明专利等纳入抵押物范围，探索农民工创业信用贷款新模式，并将为基层群众创业放贷情况纳入银行考评范围，确保金融支持政策落到实处。三是要进一步规范民间借贷行为，引导民间借贷透明化、合法化。作为银行借贷的有益补充，民间借贷以"短、简、快"的特点颇受返乡创业农民工的青睐。要严厉打击高利贷等违法行为，净化民间借贷市场，为返乡农民工创业注入民间资本的巨大活力。

（二）强化政策保障

农民工返乡就业创业，离不开强有力的政策保障。一是要深度摸排返乡农民工的实际情况，制定切实而科学的好政策。比如，对于开发区范围内达到一定集聚规模的农民工就业创业群体，在其工作地附近，建设配套的保障性租赁住房。二是要统筹谋划，进一步理顺政府部门职能，既要明确责任分工，又要完善各部门间的协同配合机制，加大政策整合力度，强化政策衔接，形成政策合力，保持政策的连续性与稳定性，真正让支持农民工返乡就业创业的配套政策体系落实落地。三是要善于借助传统媒体和新媒体，加大政策宣传推广力度，扩大政策宣传覆盖面，提升返乡农民工政策知晓度，吸引有返乡意愿的农民工返乡就业创业。四是健全返乡农民工就业创业政策反馈机制，一方面，政府可委托第三方机构对政策实施效果进行后续跟踪与持续评估；另一方面，政府可通过发放调查问卷、组织现场座谈会等方式对政策实施效果开展民意调查，根据反馈结果及时调整政策、改进工作，倒逼政策的科学制定与严格落实。

（三）提升服务效能

做好返乡农民工就业创业服务是基层政府的必修课。首先，基层政府要进一步增强服务意识、转变工作态度、提升服务质量，让数据多跑路，让群众少跑腿，建设人民满意的服务型政府。比如，在返乡农民工综合服务窗口提供办理情况登记表，方便农民工对基层政府提供的就业创业服务进行评价。其次，要从线上线下双向发力，强化引导服务和信息发布，搭建功能更完备的就业创业服务平台，打通求职创业信息不对称堵点，强化岗位开发和供需对接，提升信息推送精准度，引导返乡农民工到新产业新业态中就业创业。再次，建立健全返乡农民工动态监测体系，摸清底数，建立台账，及时响应其所急、所需、所盼，同时，吸纳政府领导、知名学者、行业精英、企业高管、专业能手等人员加入地方农民工返乡就业创业专家服务团，主动上门送服务。最后，定期举办返乡农民工经验交流会，选取优秀代表分享务工经验、创业困难、人生感悟及未来打算，在创业孵化、风险防控、技能提升、劳动维权等方面强化交流学习。

（四）优化发展环境

栽下梧桐树，引得凤凰来。要营造良好的发展环境，加快农民工返乡步伐。第一，加大基础设施建设投入力度，改善农村基础设施条件，加快补齐道路、物流、给排水、垃圾处理等突出短板，实施乡村"绿化、美化、净化、亮化"行动，稳步提升村容村貌，结合乡村规划，高质量建设一批返乡农民工创业园，促使农民工返乡创业由"单打独斗"向"抱团取暖"转变。第二，本着公开透明、择优评选、示范带动、服务社会的原则，多渠道、常态化征集返乡农民工创业项目，设立创业项目库，将市场前景好、发展潜力大、带动就业多的创业项目纳入其中，并进行动态更新。第三，完善关于返乡农民工就业创业的法律法规，既维护返乡农民工合法权益，又维护市场秩序稳定，为其安心就业创业保驾护航。第四，做好农民工返乡创业示范县、示范园区、示范项目评审工作，让返乡农民工在实现个人价值的过程中收获荣誉感，坚持典型引领、示范带动，营造见贤思齐的社会氛围，切实提升社会对返乡农民工创业的认可度。

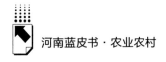
（五）挖掘人才资源

人才是第一资源，要通过"引才、育才、用才"来强化乡村人才支撑。一是引才，通过发传单、建微信群、设立服务台等方式，在外出农民工集聚地持续进行返乡人才就业创业政策宣传，同时，利用春节、中秋节等外出农民工阖家团圆的时刻，通过悬挂横幅、张贴宣传标语、召开返乡农民工座谈会、大喇叭广播等形式，以乡情呼唤人，以亲情感召人，提高外出农民工的归属感和幸福感，鼓励引导其返乡就业创业。二是育才，持续推进"人人持证、技能河南"建设，根据返乡农民工的性别、年龄、兴趣、文化程度进行分组，突出技能培训的针对性、实效性，尤其是要加强对中老年农民工的网络素养培训，丰富培训内容，创新培训模式，如将技能培训搬到田间地头、工厂车间，现场教学，以达到最佳培训效果。三是用才，对于超龄返乡农民工，严禁"一刀切"清退，要开发保洁员、水管员等"适老岗"助其就业，对于新生代返乡农民工，引导其树立正确的择业观、就业观，去基层锻炼成长，提升劳动力市场的供求匹配度。

参考文献

闫琳琳、李双双：《回流农民工助推乡村振兴的路径探析》，《党政干部学刊》2022年第12期。

杜连峰、李贵成：《乡村治理变迁与新乡贤崛起——基于返乡农民工创业精英的视角》，《天中学刊》2022年第1期。

喻新安、胡大白、杨雪梅主编《河南双创蓝皮书：河南创新创业发展报告（2018）》，社会科学文献出版社，2018。

王承哲、陈东辉主编《河南蓝皮书：河南社会发展报告（2023）》，社会科学文献出版社，2022。

B.7
河南省畜牧业高质量发展态势及对策

畜牧业高质量发展课题组*

摘　要： 河南是畜牧业大省，正加速由畜牧业大省向畜牧业强省迈进，产业发展呈现八大转变，即由"调活畜禽"向"调肉"转变，由传统设施向现代装备转变，由圈舍防疫向全过程防控转变，由粗放型生产向精细化管理转变，由遍地开花向集聚集约转变，由就近采购销售向"买全球""卖全球"转变，由传统繁引向现代育种转变，由技术引进向自主创新引领转变。同时，存在资金压力大、人才缺口大、用地落实难、设施装备弱、保险保障不足、知名品牌少等问题。针对存在的问题和未来发展趋势，本报告提出在"用地、治污、装备、业态、科技、结构、人才"七个方面实现突破，在"畜产品稳定安全供给、畜产品质量安全、不发生区域性重大动物疫情、畜牧业安全生产"四个方面守牢底线，做到"七突破四守牢"，力争走出一条独具河南特色的畜牧业现代化发展道路。

关键词： 畜牧业　高质量发展　河南

河南是农业大省，也是畜牧业大省，2022年肉蛋奶产量达1333万t，占全国的1/12，牧业产值达2832.3亿元，居全国第3位。党的二十大做出全面推进乡村振兴、加快建设农业强国重大决策部署后，河南省"三农"系统按照省委、省政府工作安排，围绕"二强两高"目标，正在抓紧研究编制加快建设农业强省规划。畜牧业作为农业农村经济的支柱产业，在加快

---

* 课题组成员：王承启，河南省社会科学院党委书记、院长；张全勇，河南省农业农村厅畜牧处处长；王彦华，河南省农业农村厅副处长；张小玲，河南省农业农村厅畜牧处一级主任科员。

建设农业强省进程中，肩负着率先实现现代化的历史重任。探索加快建设畜牧业强省的方法路径，需要系统梳理河南省畜牧业发展的特点亮点、面临的突出问题，找到建设畜牧业强省的切入点、着力点，从而为加快建设农业强省、全面推进乡村振兴提供参考。

一 河南省畜牧业高质量发展现状

近年来，河南省上下认真贯彻落实党中央、国务院和省委、省政府重要决策部署，积极克服"猪周期"、成本上涨等多重不利因素叠加影响，努力"调结构、提品质、转方式"，畜牧业综合生产能力、供应保障能力和市场竞争力不断增强，转型升级取得实质性进展，正加速由畜牧业大省向畜牧业强省迈进，产业发展呈现八大转变。

（一）由"调活畜禽"向"调肉"转变，链式发展水平显著提升

牧原公司作为全球生猪养殖头部企业，积极发展生猪屠宰，其在内乡县建设的 210 万头肉食产业综合体项目已全面投产运营，2022 年出栏生猪 123 万头，[①] 最终可实现"进来的是粮食，出场的是猪肉"。泌阳恒都公司年肉牛屠宰能力达 30 万头，进口牛肉深加工能力达 30 万 t，2022 年实现产值 48 亿元，带动夏南牛产业实现全口径产值 165 亿元。全省"调肉"与"调猪"的比例由 2020 年 0.8∶1 提高到 2023 年上半年的 1.71∶1，实现反转飞跃。

（二）由传统设施向现代装备转变，生产效率显著提升

全省家禽养殖由单层到 4 层，最高提升至 12 层，生猪养殖由单层到 3 层，最高提升至 6 层，挤奶、巡检、诱情、清粪等各类机器人得到广泛应用，畜牧业工业化、设施化特征越来越明显。双汇禽业 2021 年新建的 3500

---

① 本报告数据来源于工作统计或调查。

万只肉鸡养殖项目全部采用了 4 层笼养，比平层养殖节约用地 800 亩以上。新乡卓一牧业 100 万只蛋鸡场采用了 12 层笼养，单栋 16 万只鸡舍仅需工人 2 名。光山福牛牧业通过配备全混合日粮搅拌机、撒料车、清粪车等现代化设施装备，3000 头育肥牛舍仅需 8 名工人。牧原公司自主研发的智能装备覆盖了饲料生产、养殖、屠宰、无害化处理等全流程，1 名饲养员年饲养商品猪出栏量可达 10000 头。

（三）由圈舍防疫向全过程防控转变，生物安全水平显著提升

通过积极应对非洲猪瘟疫情，全省动物疫病防控能力和水平得到了全面升级，基本实现了从养殖到屠宰全链条兽医卫生风险控制。2023 年上半年，全省所有县和以农业为主的区级疫控机构实验室均达到 P2 实验室等级标准，移动监测采样车达 24 台，备案畜禽运输车辆 14393 辆，全部实现大数据监控，监测的灵活性、精准性大幅提升。牧原公司研发的新型智能生猪运输车，通过空气过滤和环境自动控制，实现了防疫病、防应激、防渗漏，最大限度地减少了运输应激疫病损失。2022 年，全省生猪存栏、能繁母猪存栏和生猪出栏分别居全国第 1 位、第 2 位和第 3 位，养殖规模已恢复至正常年份水平。

（四）由粗放型生产向精细化管理转变，质量效益显著提升

面对激烈的市场竞争，畜牧龙头企业积极修炼"内功"，推进精细化管理，实现节本增效。据调研，非洲猪瘟和饲料原材料价格上涨，导致养猪成本每千克增加 1~2 元。牧原公司通过优化饲料配方、提高猪舍智能化水平，将育肥猪配合饲料料肉比降至 2.8：1 左右，每公斤生猪养殖完全成本降至 14.9 元，2022 年逆势盈利 149 亿元，同比增长 96%；正阳乐源牧业通过严控青贮质量、优化饲料配方、使用国产苜蓿、淘汰低产奶牛等措施，奶牛单产达到 11.5t，每吨综合成本降低 500 元，每头增加收益 5000 多元。全省规模奶牛场全混合日粮，优质苜蓿使用率以及测料养牛、精准饲喂技术普及率已达到 90%以上，奶牛发情鉴定系统、环境自动化控制系统使用率分别达

到 80%、60%，有效提高了奶牛生产效率和生鲜乳质量。2023 年上半年，河南省生鲜乳质量优于欧盟标准、处于历史最好水平，2022 年全省参测奶牛单产提升至 9.7t，超出全国平均水平 0.4t。

（五）由遍地开花向集聚集约转变，产业素质显著提升

过去农村几乎家家户户都养几头猪、几只鸡，如今农村散养尤其是生猪散养已经少见，形成鲜明对比的是，规模养殖蓬勃发展。如沈丘县通过推广"村集体建场、养殖经营主体租赁"模式，近几年发展规模化牛羊养殖场 36 家，减少牛羊散养户 521 户，带动全县肉牛、羊规模养殖比重分别提升至57%、79%。全省规模以下养殖场户数量由 2016 年的 499 万户减少至 2022 年的 268 万户，降幅达 46.29%。区域布局更加集中，大型养殖场加快发展。2022 年驻马店市、南阳市生猪出栏量达到 1736 万头，占全省总量的 30%。伊利优然西平县 2.4 万头牧场已存栏奶牛 1.6 万头，单体规模全国第一；郏县雪花红牛 2 万头肉牛场已存栏肉牛 1 万多头。2023 年上半年，河南省畜禽综合规模化率达到了 72.5%，其中生猪 80%、蛋鸡 73%、肉鸡 81%，部分畜种已基本实现现代化。

（六）由就近采购销售向"买全球""卖全球"转变，对外开放水平显著提升

过去，畜牧原料采购和产品销售以就近就地为主。调研发现，随着畜牧业现代化水平提升，对外交流合作已融入产业各环节、全链条。在进口方面，全省普通奶牛场 60% 以上的首蓿来自进口，牧原、新航道等龙头企业用的豆粕和玉米从省外、国外购买的比例也在逐年提高。据海关统计，2022 年全国首蓿干草累计进口 179 万 t，是 2012 年 44 万 t 的 4 倍，主要来自美国、西班牙、南非；玉米进口量达 2062 万 t，主要来自美国、乌克兰，同时从缅甸、保加利亚、俄罗斯等共建"一带一路"国家的进口量也在逐年增加。在出口方面，河南省由过去高端牧业装备基本完全依赖进口，向目前部分牧业机械开始向欧美等发达国家出口转变。如驻马店金凤

生产的家禽养殖和粪污处理设施设备已远销至德国、法国、荷兰、西班牙等国家。

（七）由传统繁引向现代育种转变，制种供种能力显著提升

畜禽种业振兴深入推进，现代育种技术得到广泛应用。自主培育的"黄淮肉羊"于 2020 年通过国家审定，填补了全省肉羊育种领域空白。皮南牛、德南牛、豫东肉山羊等一批具有河南特色的新品种培育也取得实质性进展，有望通过新品种审定。河南鼎元公司采用基因编辑、基因组测序、胚胎移植、性别控制等现代育种技术，优质种公牛数量提升至 260 多头，年产冻精 600 万剂，已成为全国最大的种牛冻精生产企业，目前正积极在新疆、云南、甘肃等省份布局生产基地。牧原、丰源和普、谊发等生猪核心育种场育种水平国内领先。全省祖代种猪核心种源自给率提升至 94%，基础母猪基本 100% 采用人工授精配种，95% 以上的基础母牛采用冷配技术。

（八）由技术引进向自主创新引领转变，科技创新能力显著提升

河南省疫控中心获得新兽药注册证书 2 件、国家二级核酸标准物质证书 3 件，研发的猪塞内卡病毒疫苗已经完成了临床试验，猪流行性腹泻灭活疫苗、重组鸡 α 干扰素 2 个产品已进入临床试验阶段，在 2023 年第九届中国兽药大会上创科技成果转让签约数量第一。河南省奶牛生产性能测定中心对标国际，牵头制订了多项行业标准和规程，服务范围覆盖 8 个省份，综合服务平台涵盖 48 万头奶牛近 1000 万条数据，已成为全国规模最大、服务能力最强的生鲜乳第三方质量检测机构。普莱柯生物工程股份有限公司累计拥有发明专利 500 余项，发明专利授权 277 项，其中国际专利 29 项，行业科研实力国内第一，2023 年公司正全力推进 P3 实验室项目建设，建成后将成为中部省份规模最大、功能最全的高能级创新平台。郏县红牛成功培育出雪花牛肉，每千克售价可达 800～1500 元，带动每头红牛市场售价由 2 万元提升至 7 万元左右。

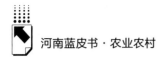

二 河南省畜牧业高质量发展存在的问题

虽然河南省畜牧业高质量发展取得了一定成效，但与畜牧业强省建设要求相比，产业发展还存在诸多短板、弱项。

（一）资金压力大

调研反馈问题的 45 家畜牧企业中，有 19 家企业反映融资难、资金压力大，占比达 42%。调研发现，中小畜牧企业从商业性、政策性金融机构贷款很少，主要从农商行、邮储银行、村镇银行等农村中小金融机构获得贷款，年利率普遍为 4%~6%，部分畜牧企业从民间借贷，年利率高达 12%。虽然近两年金融部门围绕畜牧业发展开发了一系列具有针对性的金融产品，在破解活体抵押难题等方面进行了有益的尝试，但目前还未全面推开，产品覆盖面还不够大。

（二）人才缺口大

调研反馈问题的 45 家畜牧企业中，有 12 家企业反映招人难、留人难，技术人才、管理人才缺乏，占比达 27%。某肉牛屠宰龙头企业反映，2022年以来为优化人才队伍，加快新产品研发和技术改造升级，公司计划招聘985 院校硕士及以上专业技术人才 50 人左右，除绩效工资外，硕士年薪 15万元、博士年薪 30 万元，但由于工作地点在县城，仅招到 3 名，且工作一段时间后均已离职，想留住急需的高端人才很难。基层技术推广机构也反映队伍力量薄弱。畜牧行业缺少吸引力的主要原因是工作环境差、工资待遇低、劳动强度高。国家统计局发布的数据显示，2022 年全国城镇私营单位就业人员年平均工资为 65237 元，而农、林、牧、渔业就业人员年平均工资为 42605 元，仅为全国平均水平的 65.3%，在 18 个行业门类中排倒数第一，较最高的信息传输、软件和信息技术服务业（123894 元）低 65.6%。

（三）用地落实难

调研反馈问题的 45 家畜牧企业中，有 7 家企业反映用地落实难，占比达 16%。一是新建养殖项目落地难。作为农业大省,河南省基本农田占比超过 90%,且从调研情况看,各地基本农田保护率还在不断提升,如某平原县基本农田保护率由 2017 年的 85% 提高至 2023 年上半年的 92%,全县一般耕地减少 7 万多亩。另一县虽然拥有 3 万多亩一般耕地,但连片超过 5 亩的很少,规模养殖项目难以落地。二是闲置养殖用地未盘活。如豫北某地共有各类畜禽养殖小区 321 个,处于停养状态的有 49 个,规模以上养殖场 136 个,停养 17 个,总养殖户数 7525 户,停养 4146 户,大量养殖小区荒废闲置,且圈舍未拆除,土地未得到有效利用。三是优质饲草种植流转土地难。土地政策持续收紧,使黄河滩区草业带建设步伐放慢,滩区县对滩区种草心存疑虑,现有饲草基地在滩内建设青贮加工场地、草棚、农机棚舍等配套生产设施困难重重,已建成的也被要求拆除,正常生产受到较大影响。

(四)设施装备弱

调研反馈问题的 45 家畜牧企业中,有 5 家企业反映需要升级设施装备,占比达 11%。调研发现,当前全省畜牧业发展还不平衡,主要表现为现代化生产方式与几乎原始生产方式并存,智能化大型龙头企业与小散养殖户并存。虽然河南大型龙头企业设施装备信息化、智能化水平国内领先,但数量众多的中小型畜牧企业还普遍存在设施设备简陋、硬件基础设施老化等问题。如一家常年存栏百头左右的肉牛育肥场,仅拌料时使用机械操作,撒料、清粪等全部依靠人工;一家母牛规模养殖场牛舍和运动场地面未硬化,一到雨天,场内泥泞不堪。

(五)保险保障不足

一是保险畜种少。目前,全省省级政策性养殖业保险仅包括能繁母猪、育肥猪、奶牛、基础母牛等四个种类,羊、家禽、育肥牛、犊牛等均无省级政策性保险。二是保额偏低、费率偏高。奶牛保额 1 万元、保费 400 元,政府承担 320 元,农户需缴 80 元;基础母牛保额 8000 元,仅在 40 个养牛大县实施,保费 320 元,政府承担 224 元,农户需缴 96 元,养殖户参保积极

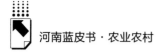

性不高。三是保障作用单一。畜禽保险仍以传统的"保疾病、保死亡"产品为主，在保障价格波动和预期收益的险种方面拓展较少。据行业统计，2022年河南省肉牛能繁母牛存栏达236万头，但参加省级政策性保险的数量仅为16.7万头，覆盖面不足8%。

（六）知名品牌少

河南省畜牧企业普遍产品创新不够、品牌意识不强，除生猪产业外，本土家禽、牛肉、乳品、牧草企业产品结构相对单一，市场占有率不高，缺少像伊利、蒙牛、正大、晓鸣、皓月、田园牧歌这样的全国知名品牌。全省肉牛企业年销售收入达20亿元以上的企业仅有1家；34家乳制品企业年产值约170亿元，不足伊利一家企业年产值的15%。

三 河南省畜牧业高质量发展对策建议

放眼全球，畜牧业已经进入全球化、工业化和资本化时代。综观全国，畜牧业正在由北方牧区向农业优势地区转移，种养加销一体化格局已初步形成。就河南而言，建设畜牧业强省，既是畜牧业高质量发展的内在要求，也是全省农业的优势所在、潜力所在，更是在更高层次上满足人民群众美好生活需要的现实要求。下一步，河南将以习近平新时代中国特色社会主义思想为指导，牢牢抓住全国畜牧业布局优化调整的重大历史机遇，将全面提升畜产品稳定安全供给能力作为首要任务，做强生猪产业、做大牛羊产业、做优家禽产业、做精特色养殖，在"用地、治污、装备、业态、科技、结构、人才"七个方面实现突破，在"畜产品稳定安全供给、畜产品质量安全、不发生区域性重大动物疫情、畜牧业安全生产"四个方面守牢底线，做到"七突破四守牢"。

（一）用地上，向"空中"突破

河南人多地少的资源禀赋、大省小农的现实起点，决定着产业用地落实难问题将长期存在。截至 2023 年上半年，国内生猪养殖最高发展到 26 层，南阳市卧龙区凯丰农场 3 层立体牛舍、南阳市内乡县牧原 210 万头肉食产业综合体 6 层楼房养猪、漯河市晖源蛋鸡 8 层笼养等也在楼房养殖、立体养殖上先行先试，取得了良好成效。为突破土地制约，河南必须打破畜牧业"横向平面"扩张传统，向"纵向立体"布局转变，全面贯彻落实《现代设施畜牧建设专项实施方案（2023—2030 年）》，因地制宜发展楼房养猪、叠层高效养禽等立体养殖，在更好守牢耕地保护红线、不与粮争地的同时，实现畜牧业的转型发展。

（二）治污上，向"零排放"突破

生态绿色是现代畜牧业发展的鲜明底色和必然要求。牧原公司探索出"零排放—无隐患—无臭气—减雾霾—碳减排"环保发展五台阶，构建了"养殖—沼肥—绿色农业"一体的循环经济发展模式，每头生猪全程用水 1.27t，仅相当于国家水冲粪标准的 1/4；累计铺设支农管网 1970 万 m，实现了"猪养田、田养猪、农田变良田"，仅 2022 年就替代化肥约 6 万 t，亩均节本增收 295 元，在减少养殖污染的同时，实现了企业的跨越式发展。为实现畜牧业健康可持续发展，河南必须在养殖污染治理上实现突破，重点通过种养结合、农牧循环等方式，实现畜禽养殖污染"零排放"，筑牢畜牧业发展绿色生态屏障。

（三）装备上，向"设施化"突破

当前，畜牧业正在朝装备化、智能化方向快速迈进，5G、人工智能、大数据、物联网等先进技术和智能化装备加速应用于畜牧业。据调研，使用挤奶机器人，人均养殖奶牛数量可由 30 ~ 50 头提高到 400 头左右；使用智能化养禽设施装备，人均蛋鸡养殖数量可由 5000 ~ 10000 只提高到 10 万只左右，在大幅提升生产效率的同时，无须更多人工干预，保障了产品质量。为增强产业竞争力，河南必须加快推进畜牧业设施装备改造升级，大幅提高智能化、信息化水平，加速提升畜牧业生产效率效能，助推畜牧业高质量发展。

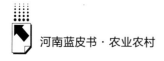

（四）业态上，向"多极化"突破

一方面要做大做强龙头企业。推进"两强带多极"，发挥双汇、牧原两个千亿级畜牧龙头企业作用，带动雨轩、花花牛、新航道、国润、启明等一批企业发展壮大、走向全国，培育一批行业领军企业。另一方面要改造升级中小养殖场户，支持中小养殖场户采取"五个"途径，即"小地块找出一批、空心村整理一批、大庭院发展一批、老场房改造一批、调小块为大块整合一批"等方式，突破土地制约，实现小地块、小规模遍地开花，由小做精，做出特色。同时，鼓励有实力的企业"走出去"，充分利用国内国际两个市场、两种资源，实现"买全球""卖全球"。

（五）科技上，向"畜禽种业"突破

2021年底，我国能繁母猪存栏4329万头，2022年我国生猪出栏7亿头，平均每头母猪每年提供的断奶仔猪头数（PSY）为16.2头，河南仅为15头；丹麦的PSY达到了34头，是我国的一倍多。2023年上半年，河南省奶牛平均单产为9.7t，低于美国的10.9t，更低于以色列的12t，肉羊投入产出率仅为澳大利亚、新西兰两国的1/5。为推进畜牧业提质增效，河南必须在提高畜禽种业质量水平上寻求突破，重点打造以河南鼎元为核心的种牛育种龙头，以牧原、谊发、丰源和普为核心的种猪育种龙头，培育国内一流、世界领先的畜禽种业企业，加快建设全国畜禽种业高地。

（六）畜种上，向"牛羊产业"突破

从现实需求看，随着人民群众生活水平不断提高，牛羊肉及乳品消费量大幅提升，市场生产供应处于紧平衡状态。2022年，全国进口牛肉269万t、羊肉35.8万t、乳品327万t，分别较2016年增长465%、163%、146%，即使这样，我国人均牛羊肉和乳品消费量仍远低于发达国家。从资源条件看，河南牛羊产业基础良好、秸秆数量充裕（全省年产可饲用秸秆6500万t、2023年上半年，饲料化利用率仅为26%），是农区的"大草原"，同时牛羊

种质资源丰富、气候条件适宜、地理位置优越，产业发展"天时、地利、人和"齐备。因此，河南应聚焦秸秆变肉换奶、增加农民收入、消费结构升级，将发展牛羊产业作为乡村产业振兴、巩固脱贫攻坚成果的重要举措强力推进，以实施秸秆饲料化利用等"十大行动"为主要抓手，通过建大县、育体系，全力推进牛羊产业成为全省农业的支柱产业、特色产业和品牌产业。

（七）人才上，向"新型职业农民"突破

2022 年，河南申报参评农业系列高级职称 936 人，评审通过 722 人，创历史新高，但新型职业农民仅申报副高级职称 43 人，评审通过 30 人，且大部分为农业技术推广机构人员，社会团体、个体经营者参评较少，与河南农业大省地位、与农业强省人才队伍建设需求极不相称。为加快打造高质量、实用型"三农"人才队伍，河南必须在乡土人才培育上进行突破，探索在新型职业农民职称评定上打破学历、年限、业绩条件等限制，实行"定向评价、定向使用"政策，对业绩特别优秀、示范带动作用明显、创建特色品牌的"田秀才""土专家"等有突出贡献的人员实行直接申报评审政策，吸引高素质人才投身乡村振兴战略。

（八）管理上，守牢"四条底线"

一是畜产品安全供给底线。生猪产业要在稳定的基础上持续做强，重点落实好生猪产能逆周期调控机制和省负总责及"菜篮子"市长负责制，推动生猪产业向高效、环保、低成本、绿色方向转变；家禽产业向鲜供、特色、品牌、精深加工方向转变。二是畜产品质量安全底线。坚持质量兴牧，强化源头治理、过程管控、全链追溯，积极实施药物饲料添加剂退出和兽用抗菌药使用减量化行动，严厉打击违法添加"瘦肉精"等违禁物质的行为。三是不发生区域性重大动物疫情底线。重点抓好重大动物疫病防控、人畜共患病防控和防疫体系建设三项重点工作，突出抓好东部区、无疫小区和净化场区"三区"建设，切实保障畜牧产业发展安全、公共卫生安全和生态安

全"三个"安全。四是畜牧业安全生产底线。按照"管行业必须管安全、管业务必须管安全、管生产经营必须管安全"的要求,抓好重点环节安全生产工作,实现重点区域、重点对象的安全监管全覆盖。建立健全屠宰环节安全生产风险分级管控机制,特别要强化以沼气池、化粪池、青贮池、房屋圈舍、用电线路为主的风险隐患排查治理,切实做好雨、雪、风等突发情况预警监测工作,确保全省畜牧业安全生产形势稳定。

参考文献

河南省人民政府:《河南省"十四五"乡村振兴和农业农村现代化规划》,2021年12月31日。

中共河南省委、河南省人民政府:《关于做好2023年全面推进乡村振兴重点工作的实施意见》,2023年3月10日。

冯丽丽、段俊枝、杨翠苹等:《农业大数据在河南省生猪生产中的应用分析》,《河南农业科学》2020年第7期。

B.8
河南加快建设农业全产业链的路径与对策建议

宋彦峰*

摘　要： 近年来，河南贯彻落实国家关于农业全产业链建设的相关要求，加大对农业全产业链的培育力度，取得了显著成效。本报告深入分析了农业全产业链的基本内涵，认为当前河南建设农业全产业链面临支持政策不断完善、特色产业不断壮大、三产融合纵深推进、"链主企业"不断壮大等现实基础，也面临农业强省战略引领、消费结构升级、数字经济迅猛发展等战略机遇，同时面临农业全产业链发展投入支持不够、小农户经营与农业全产业链有效对接难、新型农业经营主体领导带动能力不够等挑战。基于此，本报告提出河南加快建设农业全产业链的推进路径，为更好地保障河南农业全产业建设，要强化统筹推进、强化产业培优、强化平台建设、强化主体培育、强化要素保障等，以实现乡村产业高质量发展。

关键词： 县域　农业全产业链　农业农村现代化

2023年中央一号文件提出建设农业强国，其中一个特征是产业韧性强。实现乡村产业振兴，增强乡村产业韧性，构建农业全产业链是关键。近年来，国家高度重视农业全产业链建设，将建设农业全产业链作为保障重要农产品供给、促进县域经济发展、加快农业农村现代化和实现共同富裕的重要

---

* 宋彦峰，管理学博士，河南省社会科学院农村发展研究所副研究员，主要研究方向为农村组织与制度、贫困治理。

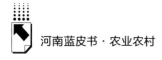

举措。河南省作为农业大省，加快建设农业全产业链，对于促进城乡融合发展、加快推进农业强省建设、推进河南乡村振兴和农业农村现代化走在全国前列具有重要意义。

一 农业全产业链的基本内涵

农业全产业链是推动乡村产业由单一产业发展为融合产业、由低级产业转向高级产业并形成现代产业体系的重要途径。推动农业全产业链发展的目的在于拓展产业增值空间、实现农业多功能性和提高农业经营效率，最终为乡村振兴、农民增收提供基础支撑，其本质上与乡村产业高质量发展具有一致性。新形势下，农业全产业链具有更丰富的内涵。

一是乡村产业形态高级化的具体表现。培育发展农业全产业链遵循乡村产业和市场经济规律，着眼于农村产业的融合发展，推动一产向后延、二产连两端、三产走高端，农村全产业链是乡村产业高质量发展的产物。通过补齐乡村产业链的短板，解决"卡脖子"问题，突破中低端的产业链锁定风险，通过锻造乡村产业链的长板，实现乡村产业高质量发展。

二是囊括了更广泛的环节和主体。农业全产业链更加突出"全"字，集纵向一体化和产业融合发展于一体。从纵向一体化来看，以"链主企业"为核心，带动上下游不同主体之间的分工合作，形成基本的产业链条。从产业融合角度来看，围绕区域农业主导产业的发展，打破一二三产业之间原有的明显界限，通过培育和发展组织链、物流链和信息链，不断拉长拓宽产业链，实现农村一二三产业环节的有效衔接。

三是有效提升农业全要素生产率。农业全产业链的发展能够推动资源和要素的有效聚合、整合、融合，围绕农业全产业链的发展完善政策链，畅通信息链，配置资金链、资源链、技术链等，充分释放生产率潜力，通过生产率革命激发乡村产业的发展动能和驱动创能，促进乡村产业的技术创新、产品创新、模式创新和管理创新。

四是乡村产业增值效应更加明显。培育和发展农业全产业链就是要不断集聚农业多功能性，不仅要做好农业食品保障功能，而且要不断融合农业的生态涵养、休闲体验和文化传承等功能，最大限度地挖掘农业产业价值，顺应经济社会发展和满足人民日益增长的美好生活需要。同时通过农业全产业链稳定的利益联结机制让农户分享更多产业增值收益，有效保障农民的权益和提高农民收入。

二 河南建设农业全产业链的现实基础

（一）支持政策不断完善，为农业全产业链发展营造环境

河南积极培育农业全产业链，一方面沿袭国家促进农业全产业链的基本做法，培育主导产业、建设农业全产业链典型县等，另一方面结合河南农业发展实际出台了一些支持政策，积极促进农业全产业链的发展。2021年12月省政府印发了《河南省"十四五"乡村振兴和农业农村现代化规划》，着重提出"推进全产业链发展"，培养"五十百"重点产业集群产业链。其内容是：按照"一群多链、聚链成群"原则，培育面、肉、油、乳、果蔬等五大重点食品产业集群；围绕十大主导产业，打造十大优势农业全产业链；培育100家全产业链"链主"企业，做强做优高效种养业和绿色食品业。围绕这些措施，到2025年，全省要打造10个以上国家全产业链典型县，形成小麦、生猪、花生等省域全产业链价值超过千亿元的重点链等。

（二）特色产业不断壮大，为农业全产业链发展夯实基础

河南依托乡村特色优势资源，重点推动十大优势特色产业链式发展，这些优势特色产业成为发展农业全产业链的基础。2022年，全省优质专用小麦种植面积达1700万亩左右，占全省小麦种植面积的近20%。2022年畜牧业产值达2832.3亿元，居全国第3位。肉蛋奶总产量达1333万吨，占全国的1/12。其中肉产量达659万吨，占全国的1/14，居全国第3位；禽蛋产

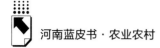

量达 456 万吨,占全国的近 1/7,居全国第 1 位;奶类产量达 218 万吨,居全国第 7 位。2022 年河南生猪出栏 5918.8 万头,居全国第 3 位。2022 年末,河南生猪存栏量为 4260.52 万头,居全国第 1 位;2022 年生猪净外调量为 1694 万头,居全国第 1 位。全省肉制品加工居全国第 1 位,生猪屠宰加工能力达到 8800 万头。2022 年,全省十大优势特色农业产值占农林牧渔业总产值的 55.8%。[①]

(三)三产融合纵深推进,为农业全产业链拓展发展空间

农村一二三产业融合的既有路径也为农业全产业链的构建提供了选择,特别是在横向或纵向链式融合特征鲜明的农村三产融合实践中,农业全产业链的发展也极易推动。近年来全省依托丰富的农产品资源,大力推进农业企业转型升级,强化载体建设,加快农业全产业链发展。三产融合模式日益多元化,特别是随着乡村振兴战略的实施,农村电商、休闲农业等新业态迅速发展。2022 年,全省农村网络零售额达 1516.3 亿元,同比增长 7.7%,全省农村电商应用水平高于全国平均水平,农村电商持续快速发展。[②] 截至 2022 年底,全省休闲农业营业收入达 457.31 亿元,接待游客达 1.99 亿人次,2023 年上半年全省休闲农业经营收入达 283 亿元,接待游客达 1.09 亿人次,农村宜居宜业,成为人们向往的美丽家园。[③]

(四)"链主企业"不断壮大,为农业全产业链打造中坚力量

农业全产业链强不强,关键看"链主"企业,农业企业是培育建设农业全产业链的重要力量,"链主"企业在产业发展中起到的是号召、引导、示范的作用。近年来,河南省充分发挥优质农业企业的带动作用,围绕

① 《河南统计月报》。
② 《全力拼经济 奋战开门红丨全省农村网络零售额增长 7.7%》,河南省人民政府网站,2023 年 1 月 19 日,https://www.henan.gov.cn/2023/01-19/2676166.html。
③ 《2023 中国美丽乡村休闲旅游行夏季推介活动在济源举行 上半年我省休闲农业经营收入达 283 亿元》,河南日报客户端,2023 年 7 月 6 日,https://app-api.henandaily.cn/mobile/view/news/19832195179243110440617 2。

"链主"企业的发展搭建各类平台和载体,实现了各种要素和资源聚合、融合和整合,各类涉农企业和新型农业经营主体与"链主"企业通过产业链实现了有机协同和互利共赢,形成了多样化产加销、贸工农等相互配套、协调发展的农业全产业链。2023年初,新调整后的河南省农业产业化省级以上重点龙头企业1169家,其中国家级重点龙头企业102家、省级重点龙头企业1067家,龙头企业的发展壮大带动产业链上各类主体融合发展,形成了龙头企业引领、农民合作社和家庭农场跟进、小农户广泛参与的产业主体"雁阵"。这些"链主"企业在带动农民增收方面的作用更为关键,企业发展与农民增收结合起来,在完善同农户等利益相关者的利益联结机制方面进行了多样化探索。

三 河南建设农业全产业链面临的机遇与挑战

由于河南乡村产业发展基础薄弱,要素和资源对农业全产业链的发展保障不足,龙头企业和新型农业经营主体数量不多、质量不高,以及农村基础设施依然存在短板等问题,河南加快建设农业全产业链还面临一些挑战和机遇。

(一)河南建设农业全产业链面临的战略机遇

1. 农业强省战略的引领

党的二十大提出加快建设农业强国。对应农业强国战略的推进,2023年河南省委一号文件提出加快建设农业强省。建设农业强省是一个长期的渐进过程,应做好战略谋划和时序安排,把农业强市强县强镇建设作为农业强省建设的主要抓手,扎实稳步推进。依托乡村振兴示范县建设、农业强镇建设、乡村建设示范县示范镇建设等,探索建设种业、粮食、畜牧养殖、特色经济作物等不同类型的强市强县强镇。根据全省农林牧渔等不同产业的现有基础和条件,明确产业发展优先序,分产业有序推进农业强省建设,实行差别化的推进策略。

2. 我国食品消费面临从中等收入向高收入迈进的临界点

美国经济学家班尼特最早发现食物消费结构变化与经济发展之间的规律，被称为班尼特定律。其内容为，随着收入的增加，人们对米面等淀粉类主食的消费逐步减少，而对营养丰富的肉类、蔬菜和水果的消费会大幅增加。当前，我国正面临从中等收入向高收入迈进的临界点，消费结构升级的趋势显著。针对我国居民消费特征，结合班尼特定律，我国食品消费在确保粮食供给的同时，要保障肉类、蔬菜、水果等各类食物的有效供给。这与我国建设农业全产业链既要保障粮食等重要农产品的供给和安全，还要为居民提供高品质的农产品相契合。

3. 数字经济发展强化动能升级

数字经济以其强势的赋能效应渗透到农业全产业链的各个环节、各个主体。在生产端，数字经济作用于生产领域的各个环节，将5G、人工智能等信息技术与农业生产充分结合，加快乡村产业各个环节的转型升级，数字经济的发展必将为建设农业全产业链提供战略机遇。在供给端，通过直播带货、短视频等方式，实现了"卖全国"和"买全国"，从田间到餐桌中间环节大幅减少，降低了交易成本和流通成本，尽可能将收益留给农民。

（二）河南建设农业全产业链面临的挑战

1. 农业全产业链发展投入支撑不足

近年来，全省农村新产业、新业态、新模式发展迅速，尤其是随着城镇居民新消费需求的不断增长，绿色、安全、生态食品的生产成为一些涉农企业转型的方向，但是整体竞相发展的态势尚未形成。同时，对农业农村领域的投资增长疲软，不断下滑。2021年下半年以来，全省第一产业投资呈现持续下降态势，2022年全省第一产业投资下降11.2%，低于全国平均增速11.4个百分点,[①]影响农业发展后劲和农业强省建设的推进。此外，一些农村的水电路气、网络通信、烘干仓储、冷链物流等设施配套滞后，特别是冷链物流体系不健全，

①《河南统计月报》。

农村具备冷链功能的运输车辆少，适合前端冷链收储、末端冷链配送的冷藏车更是不足，直接影响了高端农产品的供给和农业全产业链的发展。

2. 小农户经营与农业全产业链有效对接难

河南农业存在小农户经营与农业全产业链的发展对接难的问题。一是小农户经营与农业全产业链的规模化要求不适应。农业全产业链的构建需要主导产业形成规模化经营，这是培育发展农业全产业链的基础。河南省第三次全国农业普查数据显示，河南省共有1844.68万户农业经营户，全省耕地面积为1.2亿亩，户均耕地面积不到7亩。农户经营规模小、土地细碎化的特点与发展农业全产业链需要的规模化经营存在矛盾，不利于形成规模效应，也不利于农产品标准化和品牌化的建设，最终难以进一步提升农户的农业产出和农业经营收入。二是小农户素质与农业全产业链高质量生产的要求不适应。小农户的素质能力与条件关系能否与农业全产业链生产实现对接，也关系农业全产业链能否带动小农户生产实现提质增效和增收。但是，从河南省小农户的实际情况看，其文化水平和技能水平与乡村产业高质量发展的要求有一定的差距。

3. 新型农业经营主体领导带动能力不够

一是新型农业经营主体整体质量有待提升。农业龙头企业整体实力不强，2022年全国农业企业500强中河南企业仅有17家，而排第1位的山东有76家，差距较大。农民合作社、家庭农场普遍存在规模小、带动能力弱等问题，与成熟市场主体相比，其标准化和品牌化建设不足，市场竞争力偏弱。新型农业经营主体的质量不高，对建设农业全产业链的促进作用不够。二是新型农业经营主体规范化发展水平有待提升。如农民合作社财务管理薄弱，没有按交易量、作业量返还盈余。有的合作社只是把流转土地的承包户作为社员，承包户不参与分红，没有实现业务报告、信息共享。

四　河南建设农业全产业链的推进路径

（一）河南建设农业全产业链的总体思路

加快建设农业全产业链是一个系统的工程，为确保农业全产业链建设的有序推进，对照农业全产业链发展的现实基础与新时期"三农"工作推进的总要求，以及建设现代农业强省的要求，需要进一步明确发展思路。未来一段时间，河南加快推进农业全产业链建设要立足自然资源禀赋和产业发展基础，按照全产业链的发展理念完善工作推进机制，以保障国家粮食安全和重要农产品供给为目标，以建设农业全产业链典型县为抓手，打造"一县一业""一乡一品"，实施"五十百"工程，重点培育面、肉、油、乳、果蔬五大绿色食品产业集群，重点培育小麦、玉米等20条优势特色产业链，重点建设培育一批创新能力强、产业链条全、绿色底色足、安全可控、联农带农紧的农业全产业链，为乡村全面振兴和加快建设农业强省提供坚实基础。

（二）河南加快农业全产业链建设的实现路径

结合河南农业农村发展现状，对接农业强省建设，推进农业全产业链发展，要盯紧"一个目标"，优化提升"三大支撑体系"。

一是以建设农业全产业链典型县为目标。将建设农业全产业链典型县作为建设农业强县的主要抓手，将农业强县作为建设农业全产业链典型县的最终目标。在省级层面做好建设农业全产业链典型县的统筹推进工作，明确将粮食大县、畜牧大县、特色经济作物强县等作为建设农业全产业链典型县的重点培育对象。在县级层面，健全领导责任机制，加强对建设农业全产业链典型县的全面领导，成立建设农业全产业链典型县领导小组，由县级领导任"链主"，做好建设农业全产业链典型县的整体谋划，明确建设目标、实施步骤和阶段性任务。围绕建设农业全产业链典型县完善政策支持体系，制定行动计划。依托乡村振兴示范县建设、农业强镇建设、乡村建设示范县示范镇建设等，稳妥推进农业全产业链典型县建设，不断提高县域乡村产业发展的影响力、竞争力和控制力，探索各具特色的农业全产业链典型县建设模式。

二是优化提升现代农业产业体系。当前对接农业强省建设、国家新一轮千亿斤粮食产能提升行动、做强生猪产业、做大牛羊产业、做优家禽产业、发展设施农业、发展优势特色产业、建设国家粮食安全产业带，加快推进"一县一业"，推动全省农业产业区域布局更加合理。顺应区域发展规律和演变趋势，推进农业供给侧结构性改革，根据不同县域发展现状、区位条件、资源禀赋等，建设沿黄农业农村生态发展示范带，包括原阳等共计38个农业县，发展粮食、肉类产业，强化生态治理和传承黄河文化；建设郑洛许都市农业发展先导区，包括巩义等13个农业区县，重点以服务中心城市的现代都市农业为主；建设豫西北特色农业带动区，包括西峡县等共计25个农业区县，以发展特色农业为主；建设豫东南粮食生产功能区，包括太康县等共计42个农业区县，发展粮食及重要农产品供给。

三是优化提升现代农业生产体系。对接国家新一轮千亿斤粮食产能提升行动，整县推进高标准农田建设，探索创新投融资机制，坚持新建与提升并重，分类分区域大规模开展高标准农田建设和提质改造，到2025年建设1500万亩高标准农田示范区。持续提升生猪大县生产能力，稳定生猪和能繁母猪存栏，建设一批年出栏3000头以上的省级和国家级生猪产能调控基地。做大牛羊产业，大力发展肉牛肉羊，深入推进奶业振兴，扩大牛羊养殖规模，推进种养加全产业链协同发展。做优家禽产业，大力发展肉鸡、蛋鸡和鸭鹅产业，推进自动化、智能化养殖和精深加工，打造一批百亿级和50亿级产业集群。大力发展设施农业，在蔬菜优势产区建设一批日光温室、塑料大棚和设施蔬菜集约化育苗中心，在大城市郊区（县）发展植物工厂、垂直农场。在蔬菜大县推动设施农业数字化升级，建设一批智慧农（牧、渔）场。加快发展优势特色产业。

四是优化提升现代农业经营体系。以提升农业规模化、集约化、标准化、绿色化水平为核心，以土地托管为切入点，探索适度规模经营。持续开展农民合作社质量提升整县推进工作、家庭农场示范县推进工作，全面提升农民合作社和家庭农场发展质量。强化县域农业品牌建设，实施品牌培育计划。加快推进县域内农村一二三产业融合，积极培育农业新产业新业态新模式，推动农业的全环节升级、全链条升值。

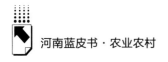

五　河南加快农业全产业链建设的对策建议

在建设农业强省的背景下，以重塑农业竞争力为目的，以改革发展为动力，以县域为基本单位，聚焦制约乡村产业发展的体制机制障碍，立足河南乡村产业发展布局和现状，要强化统筹推进、产业培优、平台建设、主体培育和要素保障，加快推进农业全产业链建设，实现乡村产业高质量发展。

（一）强化统筹推进

从实践上看，推动农业全产业链的发展是农村产业结构调整与农村经济改革的重要手段，涉及农业农村经济的各产业和各领域，相关政府部门应形成合力，用改革创新的思维加强前瞻性和全局性谋划，共同推动农业全产业链的发展。应以县域为单位构建农业全产业链，打破城乡界限、工农界限和产业界限，实现农业产前、产中和产后各环节的耦合衔接和交叉融合，推动劳动力、资本、土地、技术等要素的跨界渗透。以县为单位成立农业全产业链建设领导小组，强化顶层设计，制定农业全产业链建设规划，确定路线图、施工图和时间表，扎实推进实施。建立"链长制"，由县级领导任"链长"，加强指挥协调，针对农业全产业链建设中跨区域、跨环节和跨业态的问题进行协调。围绕全产业链主导产业绘制产业链图谱、企业分布图谱、核心技术图谱、市场分布图谱，紧盯产业链的关键环节、缺失环节进行补链、延链、强链，提出全产业链发展的技术路线、应用领域、区域布局等，提出相关支持配套政策，为全产业链发展提供"保姆式"服务。

（二）强化产业培优

产业发展是建设农业全产业链的基础，要持续推进农业供给侧结构性改革，提高农业综合效益和竞争力，走绿色化、优质化、特色化和品牌化发展道路。一是坚持特色发展，夯实县域产业发展根基。要立足县情、资源禀赋、区位条件和环境容量等，发展优势乡村特色产业，找准产业发展定位。如豫东南粮食生产功能区，包括太康县、固始县、舞阳县等农业县，发力发展粮食产业，豫西南特色农业带动区，包括栾川县、西峡县、内乡县等，推进"一县一业"，充分发挥比较优势，挖掘价值潜力，探索独具特色的县域乡村高质量发展路径，形成竞相发展、互补的县域产业发展新格局。二是坚持首位发展，提升县域产业发展能级。坚持首位主导产业发展不动摇，做大做强主导产业，围绕首位产业发展壮大龙头企业，不断提升首位产业的集聚度，推动产业链的延链、补链、强链，出台一系列支持首位产业发展的保障政策。三是坚持融合发展，激发县域产业发展新活力。打破农村产业界限，推动农村一二三产业融合，打造各具特色的县域产业融合示范区，创新农文旅、产加销等新产业新业态。

（三）强化平台建设

强化县域各种平台载体的主阵地、主战场、主引擎作用，强化产业发展的规模效应、集聚效应和示范效应，打造产业生态、创新生态，促进县域内产业的提质增效。一是推进"一县一产业园"建设，发展壮大农产品加工业，带动农业全产业链典型县建设。紧抓国家建设农业现代化示范区的机遇，加快构建示范区体系，重点强化"五化"引领，打造农业现代化标杆。支持在产粮大县、畜牧大县、特色农产品县布局建设农产品加工产业园，引导农产品加工企业向产地下沉、向园区集中。支持已认定的省级现代农业产业园持续完善功能、提升层级，支持空白县创建省级现代农业产业园，实现一县一个省级产业园。以现代农业产业园建设为支撑，创建一批食品名城、食品名县。争创国家级现代农业产业园、优势特色产业集群、农业产业强镇，以现代农业产业园建设为抓手带动农业全产业链建设。二是支持开发区建设，推动主导产业的升级。重点支持县域农业首位产业、主导产业的培育和发展，吸引产业链相关企业集聚，打造竞争优势突出的产业集群。支持开发区布局建设各类创新平台，完善创业创新孵化和成果转移转化机制，推动开发区融合县域内产业链供应链。

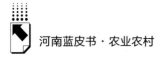
（四）强化主体培育

紧盯提质增效目标，强力推动链式发展。建设农业全产业链需要选育能够起主导作用的龙头企业担任"链主"，构建农业产业化联合体，实现产业主体联合、要素聚合、产业融合，带领小农户共同闯市场，建立紧密型利益联结机制，增强产业链发展韧性。一是认定一批产业链"链主"企业。聚焦十大优势特色产业，出台含金量高的支持政策，设立产业发展基金，与现有助企政策形成叠加效应，重点做优一批具有全产业链掌控能力的"链主"龙头企业，构建多层次、多维度的农业企业发展梯队。二是加快农业产业化联合体培育，培育创新能力强、示范带动好的产业集群，加快形成一批百亿级、千亿级农产品加工优势产业集群，实现延链增值。三是实施新型农业经营主体质量提升工程。做好农民合作社整县推进工作、家庭农场示范县建设工作，依托"链主"企业建立"龙头企业+新型农业经营主体+农户"模式，保障新型农业经营主体和农户的利益。

（五）强化要素保障

贯彻落实农业农村优先发展的总方针，以县域内城乡融合发展为契机，积极优化营商环境，为农业全产业链发展提供各种要素保障。一是在政策方面，重点解决人、地、钱等关键要素问题，构建系统化、常态化政策支持体系，破解用地、融资和人才流动等痛点。在制度改革方面，要加快推进土地、劳动力、资本等要素市场化配置改革，实现要素在城市与农村的有效、双向流动。其中，土地是农业全产业链发展的要素，要通过农地流转、废弃土地利用、集体建设用地制度改革、宅基地有偿退出等，实现农业产业的规模化生产、满足农业全产业链发展项目建设用地需求。二是在融资方面，设立农业全产业链发展投资基金，吸引社会资本投资农业全产业链发展；以"链主"企业为核心创新供应链金融在乡村产业中的应用，着力解决中小经营主体融资难的问题，优先保障农业全产业链主体的融资。三是在人才引进方面，实施乡村吸引人才提升工程，营造乡村吸引人才的基础环境，引导城市专业人才下乡服务乡村，实行以增加知识价值为导向的分配政策，鼓励企业采用股权、期权、分红、绩效奖励等手段，奖励对农业全产业链发展有突出贡献的人才。

参考文献

《中共中央　国务院关于做好 2023 年全面推进乡村振兴重点工作的意见》，新华网，2023 年 2 月 13 日，http：//www. xinhuanet. com/politics/2023-02/13/c_ 1129362160. htm? comments = 1。

高杨、姚雪、白永秀等：《有为"链长"赋能绿色低碳农业产业链：内在机理与实现路径》，《经济学家》2022 年第 12 期。

朱齐超、李亚娟、申建波等：《我国农业全产业链绿色发展路径与对策研究》，《中国工程科学》2022 年第 1 期。

王小兵、钟永玲：《农业全产业链大数据的作用机理和建设路径研究》，《农业经济问题》2021 年第 9 期。

尚杰、陈玺名：《全面推进乡村振兴背景下区块链与农业产业链融合》，《理论探讨》2022 年第 1 期。

初侨、燕艳华、翟明普等：《现代农业全产业链标准体系发展路径与对策研究》，《中国工程科学》2021 年第 3 期。

秦楼月：《构建发展共同体下的中国农业产业链安全保障机制》，《理论学刊》2022 年第 2 期。

B.9
以现代农村服务业发展推动
河南农业强省建设

侯红昌*

摘　要： 党的二十大对加快建设农业强国做出了战略部署。2023 年河南省委农村工作会议强调，"努力在农业农村现代化上走在全国前列，在建设农业强国上展现更大河南担当、贡献更多河南力量"。河南要在推进农业强省建设进程中走在全国前列，必须加快现代农村服务业的发展，以推动农业强省建设进入新阶段。近年来，河南农村服务业稳步发展，农林牧渔服务业整体稳中向好，农产品流通服务业稳中有进，农村服务业基础设施条件稳中蓄势，为实现"两个确保"提供有力支撑的同时，夯实了河南农业强省建设的基础。河南农村服务业发展虽然面临一些传统的挑战，但也面临新的机遇。要从深化改革开放、加大资金投入力度、强化科技创新、推动农业生产性服务业大发展等角度来全面推动河南农村服务业的现代化发展。

关键词： 农村服务业　农业强省　农产品流通

党的二十大对建设农业强国做出战略部署，习近平总书记在中央农村工作会议上指出，"我们要建设的农业强国、实现的农业现代化，既有国外一般现代化农业强国的共同特征，更有基于自己国情的中国特色"。这既为农业强国建设指明了方向，也是河南建设农业强省的基本遵循。2023 年 2 月，河南省委农村工作会议强调，"努力在农业农村现代化上走在全国前列，在建设农

---

*　侯红昌，河南省社会科学院农村发展研究所副研究员，主要研究方向为现代服务业。

业强国上展现更大河南担当、贡献更多河南力量"。河南要在推进农业强省建设进程中走在全国前列，展现河南担当，必须要高度重视现代农村服务业的发展，这既是河南建设农业强省的关键支撑，也是河南建设农业强省的重要内容。

一　河南农村服务业发展态势分析

2023 年以来，全省上下以习近平新时代中国特色社会主义思想为指导，全面贯彻落实党的二十大精神和中央农村工作会议部署，坚持农业农村优先发展，全面实施乡村振兴战略，加快农业强省建设，粮食安全更加稳固，乡村产业加快发展，脱贫成果巩固提升，乡村建设有序推进，乡村治理得到加强，有效发挥了农业农村"压舱石"作用。夏粮产量为 3550.1 万吨，占全国夏粮总产量的 1/5 强，[1] 为实现"两个确保"提供有力支撑。全省农村服务业发展呈现稳中向好、稳中有进、稳中蓄势的良好态势。

（一）农林牧渔服务业整体稳中向好

2023 年上半年，河南农林牧渔服务业实现增加值 134.03 亿元（见图 1），同比增速为 8.7%，比第一季度提高了 1.3 个百分点，这说明河南农村服务业正恢复以往的发展态势。党的十八大以来，河南农村经济快速发展，2012 年以来，全省农林牧渔服务业年均增速保持在 16.41% 的水平，[2] 高于全省经济的平均增速。稳中向好的农村服务业成为河南在建设农业强国上走在全国前列的重要支撑。

（二）农产品流通服务业稳中有进

近年来，作为农村服务业重要内容的农产品流通服务业发展稳中有进，主要表现在，2023 年上半年，全省限额以上涉农商品销售额实现 2453.52 亿

---

① 《国家统计局关于 2023 年夏粮产量数据的公告》，国家统计局网站，2023 年 7 月 15 日，http：//www.stats.gov.cn/sj/zxfb/202307/t20230715_ 1941239.html。
② 《河南统计月报》。

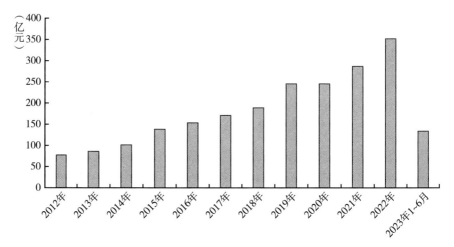

图1　2012年至2023年6月河南省农林牧渔服务业增加值

资料来源：根据历年《河南统计年鉴》及《河南统计月报》整理。

元，其中粮油、食品类销售额为989.22亿元，比上年同期增长0.1%；增速最快的是种子饲料类，销售额为53.14亿元，增速为26.2%，高于近年的平均增速；中草药及中成药类销售额为129.81亿元，同比增速为19.4%，为近年来的最高增速；烟酒类销售额为943.71亿元，同比增速稳定在7.6%（见图2）。

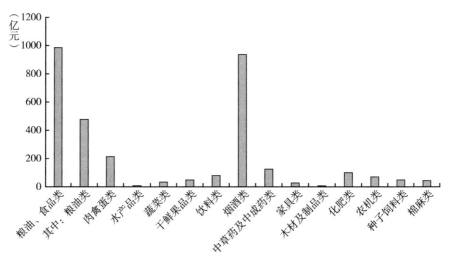

图2　2023年上半年河南省限额以上批发零售业涉农商品销售额

资料来源：根据《河南农业统计月报》整理。

在全省农村社会消费品零售总额方面，2022 年全省农村社会消费品零售额为 4076.99 亿元（见图 3），增长 0.4%，占当年全省农村社会消费品零售总额的比重为 16.70%，比上年下降 1.1 个百分点。稳步发展的农村流通服务业在为全省农村服务业发展提供有力支撑的同时，为河南农业强省建设奠定了重要基础。

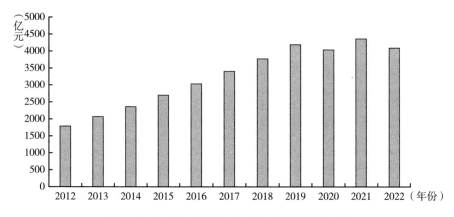

图 3　2012~2022 年河南农村社会消费品零售总额

资料来源：根据历年《河南统计年鉴》及《河南统计提要（2022）》整理。

（三）农村服务业基础条件稳中蓄势

党的十八大以来，河南农村服务业基础条件日益改善。截至 2021 年底，全省农机总动力为 10650.20 万千瓦，居全国第 2 位，仅次于山东，其中 80 马力以上拖拉机 22.6 万台，居全国第 1 位；主要农作物耕种收的综合机械化率为 86.32%，较全国平均水平高 14 个百分点。[①] 农业生产抗灾减灾能力不断提升，提升了全省农村服务业发展的基础条件，也提高了河南建设农业强省的保障水平。

---

① 《非凡十年　农业发展实现新跨越——党的十八大以来河南农业发展成就》，河南省人民政府网站，2022 年 10 月 11 日，https：//www.henan.gov.cn/2022/10-11/2620574.html。

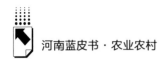

二 河南农村服务业发展挑战分析

近年来，虽然河南农村服务业稳步发展，但农村服务业的现代化建设还面临一些挑战，这些挑战成为推动河南农业强省建设的制约因素，主要体现在以下几个方面。

（一）农村服务业总体规模仍有提升潜力

河南是全国农业大省，农业生产水平较高，2022 年，全省农林牧渔业总产值达到 10952.24 亿元，稳居全国第 2 位。全省粮食面积常年稳定在 1.6 亿亩以上，总产量连续 6 年稳定在 1300 亿斤以上，居全国第 2 位。2022 年，全省牧业产值达到 2832 亿元，居全国第 2 位。这样的农业发展基础必然对农村服务业的发展提出较高的要求，但河南农村服务业的总体规模和占比都较小，明显不能匹配河南的整体农业生产水平。2022 年，河南农林牧渔服务业实现增加值 352.02 亿元，占农林牧渔业增加值的比重仅为 5.71%。相应的，2022 年河南第三产业的增加值为 30062 亿元，所占比重为49.0%。[①] 无论是提升全省农业生产水平，还是提高农业生产效率，都离不开农村服务业在总体规模和所占比重上的进一步提升。农业强省建设的推进，必然会对农村服务业的发展规模、内部结构、质量与效益等方面提出更高的要求。

（二）农村服务业内部结构仍有优化空间

河南农村服务业内部结构不优主要体现在两个方面，一是农村服务业内部产业结构有待优化，二是全省农村服务业地理空间分布有待优化。农村服务业总体上可分为农业生产性服务业和农村生活性服务业，其中比较典型的农业生产性服务业就是农机维修服务业和农业生产培训服务业，目前来看，

---

① 数据来源于工作统计或调查。

河南的农业生产培训服务业发展较好，特别是随着新型农业经营主体的大量涌现，农业种植的技术服务有了较大发展，但仍有一定的提升空间。河南的农机具维修服务业，发展水平参差不齐，亟待提升档次。农村服务业地理空间分布不优，表现在两个方面：一是各地市的农村服务业发展水平不均衡，如郑州市的农村服务业发展相对较好，而其他地市的农村服务业发展较为缓慢；二是一些农业大市的农村服务业发展水平与其农业总体产值不匹配，如黄淮四市（周口、驻马店、信阳、商丘）的农业产值较高，但农村服务业的发展水平却与其不相匹配。推动农村服务业的内部结构优化，也是高质量建设农业强省的重要内容。

（三）农村服务业数字化和信息化水平不高

农业发展的数字化和信息化不仅是建设农业强国的重要方向和内容，也是推动农业技术创新发展、抢占农业强国建设制高点的战略举措。河南农村服务业发展数字化和信息化水平不高主要表现在，数字技术在农业中的应用推广还不够广泛，农业信息技术标准和信息服务体系还不健全，数字经济市场服务主体的培育力度还不够。存在一些关键领域"卡脖子"技术，比如农业物联网生命体感知、智能控制、动植物生长模型和农业大数据分析挖掘等核心农业生产性服务技术尚未攻克，具有较大影响力的农业高新技术服务企业相对较少。此外，农民的思想观念、文化素质、技术技能与农村服务业的数字化和信息化发展要求差距较大，数字化服务的市场还未培育起来，同时，专业技术人才严重缺乏，使得数字化农村服务业的发展水平参差不齐。

上述农村服务业发展面临的挑战，原因是多方面的，但对农村服务业发展不重视是首要原因，其次就是河南城乡发展的二元化和差异性问题，使得发展水平本就不高的现代服务业在农村地区的发展更加滞后。随着"双循环"新发展格局的构建，农业高质量发展方式的转换，以及现代农业强省建设的推进，作为农业大省的河南在农村服务业发展方面还有很大的提升空间，同时，农村现代服务业的发展在农业强省建设中具有不可或缺的关键作用。

三 以现代农村服务业发展推动河南
农业强省建设的建议

河南要在推进农业强省建设进程中走在全国前列，展现更大河南担当、贡献更多河南力量，必须加快现代农村服务业的发展，推动农业强省建设进入新阶段。

（一）进一步深化对农村服务业的改革开放

深化农村改革和农业对外开放是推动农业高质量发展、建设农业强省的重要举措。作为农业强省建设的重要内容，农村服务业的发展同样需要进一步深化改革和扩大对外开放，从而更好地推进河南农业强省建设。

一要提升农村服务业的顶层设计。建议由省发展改革部门牵头统一对河南农村服务业在推动农业强省建设中的路径和机制进行专门的顶层设计，充分发挥产业发展政策和规划的强大导向作用。要从农村服务业要素的释放、机制的优化、产业的壮大等视角，创新河南建设农业强省过程中农村服务业的发展模式。重视培育农村服务业的市场主体，并设计专项政策孵化培育农村服务业企业，助力其发展壮大。优选省内现有的农村服务业企业，按照龙头企业的模式进行培育，在政策、税收、人才等方面给予倾斜。鼓励小农户加入各类农民合作社，积极融入农村服务业龙头企业的产业链条。重视优化农村服务业发展的营商创业环境，鼓励大中专毕业生、转业退伍军人等回乡创办农村服务业小微企业，在发挥安置就业功效的同时，进一步推动全省农村服务业繁荣发展，从而更好地为河南的粮食生产和农业强省建设提供服务性保障。

二要加大农村服务业的改革力度。深化改革是解放农村生产力的关键，建设农业强省必须全面推进农村综合改革，持续增强农村改革的系统性和协同性，从根本上破除城乡二元结构性差异，在深入推进农村土地制度、集体产权制度等重点领域改革的同时，进一步加大农村服务业领域的改革力度。

稳步推进农村土地使用制度改革，在对宅基地制度进行试点改革时，可在涉及农村服务业的产业园区土地使用方面进行探索尝试。深化农村集体产权制度改革，对村集体农村服务业企业的设立、扩大以及产权归属和分红等领域加大改革力度，在确保村集体经济成员分红权利的同时，推动村集体农村服务业企业进一步做大。加强村级农村服务业的治理架构和经营方式等领域的变革，探索物业出租、居间服务和资产参股等各种形式的新型农村服务业发展模式。

三要提升农村服务业的对外开放水平。提升农业对外开放水平是河南推动农业高质量发展和加快建设农业强省的关键性举措之一。当前，河南农业发展进入新阶段，扩大农业对外开放，包括提升农村服务业的对外开放水平，对于河南转变农业发展方式、增加农民收入、实现高质量发展、建设现代农业强省具有重要意义。要深入实施农业领域的开放带动战略，在提升河南农业对外开放水平和层次的同时，稳步提升农村服务业的对外开放水平和层次。整合现有涉农开放政策，有序推进县级农村服务业对外开放合作的试验区试点，在河南申建的沿黄国家级农业对外开放合作试验区的内部试点设立农村服务业的对外开放试验区。鼓励省内农村服务业龙头企业"走出去"，在境外开展农村服务业项目的购并与合作，加强与共建"一带一路"国家和地区的合作，支持省内各类农村服务业组建境外农村服务业产业联盟，打造境外农业产业园区和农村服务业发展示范基地。

（二）进一步加大对农村服务业的资金投入力度

世界各国的农业发展证明，政府主导的资金投入对农村地区各类产业，包括农业生产和农村服务业的发展起到关键作用，对农业生产和农村地区的发展具有不可替代的作用，因此，建设农业强省，促进农村服务业的发展，必须加大包括财政资金在内的各类资金的投入力度。

一要加大财政资金对农村服务业的倾斜力度。持续完善各级各类涉农财政扶持政策。随着现代农业强国战略的推进，财政支农的资金不仅向粮食生产领域倾斜，也将向围绕农业生产和农村发展等的农村服务业领域倾斜。随着国外国内两个大市场的建立，不仅是农村生产性服务业的发展，农村生活性服务业的发展也将迎来各类扶持性财政资金的投入。因此，必须在农村服务业的项目选择、财政引导和补贴资金的使用上做好科学谋划，确保在财政资金投入力度持续加大的同时，全省农村服务业的自身"造血"能力逐步加强。

二要鼓励农村服务业在资本市场募资。鼓励和引导银行等资本市场的资金进入农村服务业领域，支持河南农村服务业做大做强。财政倾斜性资金进入农村服务业领域，必然会对以商业银行为代表的资本市场的资金进入全省农村服务业领域带来示范效应。因此必须要规范和强化商业银行、保险和基金等进入农村服务业领域的相关金融政策法规，确保其在享受各类优惠性和便利性政策的同时，能严格遵守资本市场的投融资法规。审慎推进资本市场在农村服务业领域的各类金融创新，稳步构建包括信贷、保险、基金等农村服务业金融产品在内的金融支撑体系，确保"普惠金融"能够在农村服务业领域结出美丽硕果。稳步推进地方政府在农村服务业领域的债券发行，加大对农村服务业发展的支持力度。

三要引导民间资本进入农村服务业领域。服务业的特定属性就是对就业的吸纳量较大，相较其他产业，对民间资本的吸引力也更强，因此引导民间资本进入农村服务业领域要做到未雨绸缪和规范严谨。创新河南现代农村服务业发展项目的 PPP 模式，稳步探索以不动产投资信托基金等各类创新型金融产品的形式进入农村服务业领域的渠道和途径。对属于农业生产的农业生产性服务业和属于农村生活消费的农村生活性服务业要分开制订监管政策，分开监管。在引导和鼓励各级各类社会闲散资本进入农村生活性服务业领域时，要因地制宜给予地方较大的自主量裁权。对农业生产性服务业领域民间资本的进入、发展和壮大，要加强督促和监管，使其严格遵循国家的金融市场法律法规。

（三）进一步强化对农业服务业的科技支持

农村服务业的发展不是齐头并进的，往往会在某些行业和领域实现"单兵突进"，其中推进农业科技服务的创新发展至关重要。要对河南农业科技服务创新体系进行重塑，不断提升河南科技服务的支撑能力，不断加强对全省农业科技服务人才队伍的培养等，唯其如此，才能真正实现河南农业强省建设走在全国前列的宏图设计。

一要重塑重构农业科技服务创新体系。大力整合河南现有的各级各类农业科技服务创新资源，打造任务型、开放式的农业科技服务创新联合体。培育农业科技服务创新主体，尊重科研规律，遵守市场竞争法则，发挥好现有的"神农种业"实验室、中原食品实验室、河南牧原实验室等各个创新平台的农业科技服务创新主体作用，充分发挥其创新主观能动性。打造农业科技服务创新联合平台，设立联合创新目标，在正向激励机制设计充分的前提下，做好农业科技服务创新的容错性补仓机制设计。在此基础上，把农业科技服务创新平台打造成既有省内的农业科技服务创新主体，又有国内和国外的农业科技创新服务主体的开放性联合平台，聚焦种业、农机、绿色等农业发展的关键环节和重点领域进行联合攻关。

二要提升农业服务业的科技支撑能力。农业科技服务的创新必须落地，这对农业科技服务支撑能力提出了较高的要求。要围绕农业生产中的关键环节和易出错环节，精准设立农业科技服务体系。如聚焦高效种养和绿色有机生产等，设立以农业科技攻关专家为首的科技服务团队，确保最新的农业科技创新成果能落地生根，并且开花结果，做到农业科技的"研学用"一体化推进。对现有的农业科技社会化服务体系不断进行优化提升，在面上要打造完整的省、市、县、乡、村五级农业科技服务网络，强化各级农技站等"正规军"的机构履职能力，同时鼓励和引导各类农业科技社会化服务主体（"游击队"）积极参与各地的农业科技服务体系建设。要系统梳理全省以新型农业经营主体和小农户为代表的农业种植者在农业生产中的农技需求（如播种、施肥、收割等），开展针对性强的农技服务。在农闲时节，有针对性地开展农技成果宣传推广活动，加快农业科技成果转化，不断提升河南省农业绿色发展科技服务能力和水平。

三要强化农村科技服务人才队伍建设。农业科技服务业的两大门类，农技创新和农技服务都需要专门的人才队伍。唯有两支队伍的建设都做到首席迭出、梯队科学有效，才能确保河南农业强省建设在全国走在前列，并长久保持。要大力培养河南农业科技服务的后备人才以及领军人才。在现有的一些农林人才教育培养计划，如"中原英才计划"等重大人才计划中，加大对农业科技人才的倾斜力度。重点培养和引进农业科技创新人才，通过制定相关人才优惠政策，使河南成为现代农业强国建设中农技人才的高地，为河南农业强省建设和农业绿色发展提供强有力的人才支撑。要以"人人持证、技能河南"活动的开展为契机，加强基层农业科技人才队伍建设。按照"稳定队伍、提升素质、回归主业"要求，打造新时期"农技、农机、农经"三支农村科技服务"正规精英部队"。实施"一村一名大学生"培育、"三支一扶"和高校毕业生基层成长计划，多途径吸引广大"三农"人才积极加入农村科技服务业的人才队伍。

（四）进一步推动农业生产性服务大发展

作为农村服务业的重要门类之一，农业生产性服务业是农村服务业现代化的重要前导主体产业，也是河南建设农业强省的关键内容和重要基础性支撑产业。

一要大力培育各类农业生产性服务组织。河南作为农业大省，粮食总产量连续6年稳定在1300亿斤以上，在建设农业强省中走在全国前列，河南不仅有担当，更有基础有能力。为此，必须在农业生产的各个环节培育壮大各类农业生产性服务组织，以提高农业每个环节的生产效率。各地要实事求是依据土地流转和集中生产实际情况，梳理"耕、种、管、收、加、贮、销"等农业生产过程各个环节的生产性服务需求，并依次归纳整理和公开需求品质和价格，通过扩大市场需求来进一步降低相应各类生产性服务组织/企业的供给价格，确保粮食稳定增产的同时，广大农民和农业生产经营者的收入同步增加。

二要加快推行农业生产的托管服务。作为释放农村劳动力和提高农业生产效率的重要途径，农业生产托管服务，既是深化农村改革的重要内容，也是农业生产性服务业的主要组成部分。为此，一方面要科学合理地引导各类小农户对农业生产托管服务的需求；另一方面要加强对托管农业经营主体的监督管理和政策倾斜，使其能在合理、及时兑付对小农户种植收益的同时，实现农业生产高效并获益。大力扶持培育家庭农场和农民合作社等新型农业经营主体，健全管理制度和财会制度，将信用评级、标准绩效等指标作为给予新型农业经营主体政策扶持的认定条件，不断提升新型农业经营主体在农业生产中的托管服务能力，科学引导其持续规范农业生产经营行为，带动农民增收致富。

三要加快农村生产性服务业数字化。当前，全球新一轮科技革命和产业变革正在深入发展，数字信息技术已经快速渗透到经济社会发展的各个领域，并产生了深远影响，引发产业新变革，重塑区域竞争新格局。河南要实现在农业强省建设中走在全国前列的宏伟蓝图，必须加快全省农村生产性服务业的数字化进程。要优化完善全省农业农村的大数据建设，实现农业农村基础数据"上图入库"。健全农村基础地理信息数据；建设农村产业、农村经济、农村管理、农民生活大数据平台。要加强农业智能装备的应用建设。加快发展大田作物精准播种、施肥/药和收获等智能装备，大力发展设施农业的育苗移栽、水肥一体、绿色智能防控等智能化装备，推动农产品加工、冷鲜物流等设施的智能化建设。

参考文献

习近平：《加快建设农业强国　推进农业农村现代化》，《农村工作通讯》2023 年第 7 期。

李红松：《乡村振兴视野下农业生产性服务业的发展策略研究》，《农业经济》2020 年第 1 期。

郝爱民：《农业生产性服务业外溢效应：乡村振兴背景下的思考》，社会科学文献出版社，2019。

张天佐：《农业生产性服务业是振兴乡村的大产业》，《农业经营管理》2018 年第 12 期。

姜长云：《农业生产性服务业发展的模式、机制与政策研究》，《经济研究参考》2011 年第 51 期。

B.10
农业强省目标下河南农业绿色
发展路径研究

乔宇锋*

摘　要：　农业绿色发展是河南建设农业强省的必由之路，是农业高质量发展的必然选择，对推进乡村全面振兴、实现农民共同富裕具有重要的现实意义和时代价值。河南建设农业强省，实现农业绿色转型发展，需要重点解决耕地质量不高、约束激励不足、科技创新能力不强、"大省小农"等一系列现实问题。基于河南省情和农业资源禀赋，河南农业绿色发展应着重突出比较优势，重点发展特色农业，强化整体转型改革，建立农业绿色发展的制度优势，坚持大农业观，全省整体推进，狠抓农业绿色科技创新，实现绿色要素全覆盖。

关键词：　绿色农业　农业强省　绿色科技创新　河南

党的二十大报告明确提出："加快建设农业强国。"农业在国民经济中具有基础性地位，农业强国是我国建设社会主义现代化强国所必须完成的历史任务，对实现高质量发展、保障国家安全、满足人民社会需要，都具有决定性的作用。2023年中央一号文件指出："强国必先强农，农强方能国强。"没有农业强国，就没有现代化强国。河南是全国重要的农业大省和粮食主产区，更需要主动加快从农业大省向农业强省跨越，立足高质量发展，构建绿色农业新发展格局。

---

* 乔宇锋，博士，河南省社会科学院农村发展研究所副研究员，主要研究方向为科技创新、农村经济。

河南农业资源类型广、农产品品种多、农产品总量大，用不足全国1/16的耕地面积产出了全国 1/10 的粮食，具备建设农业强省的基础条件。但是河南农业长期以来"大而不强"，与农业发达国家和国内先进地区相比，仍存在较大的差距，主要表现在农业竞争力弱、科技支撑不足、绿色转型缓慢等方面，特别是在新质生产力方面更存在突出的短板。

在建设农业强省的背景下，以农业绿色发展为重点和突破口，既是落实党的二十大"推动绿色发展"和 2023 年中央一号文件"推进农业绿色发展"的具体行动，也是解决河南农业"大而不强"这一问题的现实路径。发展绿色农业是河南建设农业强省的根本出路，在农业绿色发展的总体框架下，不断推动河南农业发展方式由过去的高消耗、高投入向科技农业、绿色农业转变，不断提高农业的综合效益和整体竞争力，对河南建设农业强省具有重大意义和时代价值。

一 绿色农业在建设农业强省中的时代价值

农业强国、农业强省都是一个比较概念，魏后凯等认为，农业强国是指一国农业或其优势部门位居世界前列，能够引领世界农业发展方向。[1] 黄祖辉等认为，农业强国的基本内涵是农业强、农民富、农村美，具体体现在农业竞争力强、农业供给保障能力强、农业科技创新能力强、农业可持续发展能力强、产业链延伸能力强。[2] 耿鹏鹏等认为，中国式农业强国应具备以下几个特征：保障国家粮食安全、人与自然和谐共生、物质文明和精神文明相协调、人民群众福利最大化。[3] 因此，农业强国和农业强省都是一个综合概念，从横向看，要求农业强、农民富、农村美；从纵向看，要求具有较强的

① 魏后凯、崔凯：《建设农业强国的中国道路：基本逻辑、进程研判与战略支撑》，《中国农村经济》2022 年第 1 期。
② 黄祖辉、傅琳琳：《建设农业强国：内涵、关键与路径》，《求索》2023 年第 1 期。
③ 耿鹏鹏、罗必良：《在中国式现代化新征程中建设农业强国——从产品生产到社会福利的发展模式转换》，《南方经济》2023 年第 1 期。

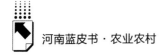

粮食安全保障能力、市场竞争能力、可持续发展能力和科技创新能力。

对河南而言，建设农业强省是在现实条件下对党中央号召的积极响应，也是对省委十一届五次全会聚焦高质量发展的主动呼应，绿色农业是河南在建设农业强省和农业新发展格局中做出的重要战略抉择，具有鲜明的时代价值。

（一）绿色农业是深入贯彻习近平生态文明思想的内在要求

习近平生态文明思想深刻回答了为什么要建设生态文明、建设什么样的生态文明以及如何推进生态文明建设等问题，对加快经济社会全面绿色转型具有重要的引导作用，是农业绿色发展的根本指导思想。

长期以来，河南人多地少，耕地质量总体等级低于全国平均水平。农业在发展过程中经营方式粗放，主要依赖资源消耗实现增长，农药、化肥的使用量居高不下，大量化肥和农药的投放，导致土壤有机质锐减，不仅加剧了对生态环境的危害，也对食品安全和粮食安全构成了威胁。农业绿色发展就是遵循和践行"两山"理念和高质量发展，有助于提升农业发展与生态环境资源的匹配度，为实现农业强国和农业强省建设创造良好的外部条件。

（二）绿色农业是全面推进乡村振兴的现实路径

全面推进乡村振兴是农业农村现代化的重要组成部分，是破除城乡二元结构、促进农民共同富裕的关键。全面推进乡村振兴既要有"产值"，也要有"颜值"，在经济层面，要实现产业兴旺和生活富裕；在生态层面，要实现生态宜居美丽乡村。农业绿色发展在本质上是农业促进新质生产力发展的过程，不仅能够改善农村生态环境，更为农业注入发展新动能，有助于实现共同富裕。

农业绿色发展以绿色科技创新为先导，将绿色技术引入农业生产。节水、节肥、节药等环境友好型、资源节约型技术装备，不仅可以降低农业生产成本，也能够提高农业生产效率，提升农产品质量，扩大绿色农产品供给，实现质量农业和品牌农业，以农业综合效益的大幅提升带动农民增收富裕。农业绿色发展借助现代信息技术对传统农业进行数字化改造，打造绿色低碳农业产业链和绿色低碳循环农业体系，能够减少农业废弃物对农村生态环境的污染，降低农业能源消耗和碳排放，有助于实现农民生活富裕和农村环境优美的有机结合。

（三）绿色农业是实现农业"双碳"目标的根本措施

"碳达峰碳中和"是以习近平同志为核心的党中央经过深思熟虑做出的重大战略决策，是高质量发展的重要内容，是一场广泛而深刻的经济社会系统性变革。与其他产业不同，农业在"双碳"方面有其自身的特殊性。碳元素是农业生产中不可或缺的必要投入成分，但同时成为农业碳排放的重要源头。碳一方面促进了农业发展，另一方面所产生的非预期物质和相关废弃物又会对农业和农村生态环境造成不利影响。农业活动会产生大量的温室气体，使农业成为重要的碳排放源；农业生产的生态特征又有明显的碳汇作用，农作物、森林、草地通过光合作用可以进行生物固碳，通过改善农田管理、建设农林复合系统、人工植树造林等方式形成碳汇，这是工业所不具备的优势，且农业这种生物的减排固碳方式成本更低、作用面积更大。

从减少碳排放方面看，大力推动农业绿色发展，可以在保障国家粮食安全的前提下，通过技术手段实现化肥农药的减量增效，提高农业资源利用效率，依托物联网、大数据等数字化手段，打造绿色低碳的农产品流通体系。从实现碳中和方面看，农业绿色发展可以优化种养模式，通过绿色农业产业体系和生产方式，逐步提升土壤固碳和生物固碳能力，最终建立"碳汇"型农业生产体系。

二 河南农业绿色发展面临的主要挑战

近年来，河南农业积极推进绿色低碳转型，自2016年起全省农业碳排放总量开始呈现下行趋势，与农用物资的消耗趋势相符，但是在农业绿色发展的过程中，河南农业始终面临两个方面的挑战。一是农产品的质量和数量面临双提升的压力，这意味着农业生产规模还必须扩大，开发强度还必须提高,在此过程中必然会提高的农业现代化和机械化水平,也会加大能源消耗,为巩固和减少碳排放带来不确定性和压力。二是河南全省大多数地区农业经营模式以小农户为主,普遍存在规模小、效益低的问题,"大国小农"建设农业强国尚未有先例,河南"大省小农"建设农业强省也需要"摸着石头过河"。就现实省情而言,河南发展绿色农业面临以下几个方面的挑战。

(一)农业耕地资源问题亟待破解

根据第三次全国国土调查数据,河南耕地面积为11271万亩,与10年前"二调"的12288万亩相比,减少了1017万亩。耕地作为农业生产最基本的要素,发展绿色农业必须做到稳定耕地数量、提升耕地质量,严格执行耕地保护制度,科学利用土地资源,不断提升耕地等级和有机质含量,提升农业生态系统的固碳能力,在保障国家粮食安全的同时,同步提升农业的经济效益和生态效益。

随着工业化、城镇化的推进,不仅耕地面积呈逐年减少的趋势,耕地质量也成为阻碍农业绿色发展的另一个因素。土壤有机质平均含量为19.2g/kg,远远低于全国24.4g/kg的平均水平;耕层厚度普遍较浅,大部分在15~20cm,低于全国21.6cm的平均厚度。① 此外,河南还存在局部地区土壤酸化突出的问题,特别是豫南和豫西南地区土壤酸化有加重趋势,与第二次土壤普查相比,局部地区土壤pH值降低了1~2个单位。耕地面积减少,耕地质量不高,优质耕地紧缺,成为河南农业绿色发展亟待破解的问题。

(二)农业绿色技术创新亟待提升

习近平总书记在黑龙江考察时指出,要"坚持绿色发展,加强绿色发展技术创新"。发展绿色农业离不开绿色农业技术创新,技术进步是推动农业绿色发展的核心动力,也只有绿色农业技术创新才能擦亮绿色农业的底色。河南农业生产具有分散化种植、高复种耕作等特点,重用地轻养地、重无机

---

① 数据来源于工作统计。

轻有机。2021 年，全省氮肥使用量为 172.6 万吨，每公顷耕地使用量达 230 公斤，是全球平均水平的 3 倍。[①] 主要依赖资源投入的粗放式经营，不仅造成土壤污染退化、农药残留超标，也导致氮氧温室气体的大量排放。因此，河南农业亟须从资源消耗型向科技创新驱动型转变，实现绿色低碳转型。

河南农业绿色转型发展当前面临绿色技术创新水平不高、原创性成果匮乏、关键技术"卡脖子"等几个主要问题。全省农业科技投入约占农业生产总值的 0.7%，仅为全行业平均科技投入强度的 1/3，远低于发达国家农业科技投入 2%~3% 的水平。[②] 绿色农业技术创新不同于工业技术创新，在本质上具有公共品属性，其创新活动面临成本内部化和收益外部化的失衡问题。在农业强省目标下，提升农业绿色科技创新水平，解决农业科技人才短缺问题，成为绿色农业发展过程中的当务之急。

（三）绿色发展约束激励机制亟待完善

为推动农业绿色发展，中央和河南分别出台了不同的政策法规，特别是《中华人民共和国土地污染防治法》，以及《中共河南省委 河南省人民政府关于做好 2023 年全面推进乡村振兴重点工作的实施意见》，为农业绿色发展提供了顶层设计。农业绿色转型发展，需要激发政府、市场、金融、科技等各类主体参与绿色农业的积极性，构建与此相适应的约束激励机制。河南地域广阔，农业类型较多，目前的政策大多为宏观层面的指导意见，与各地绿色农业发展存在契合度不高的问题，可操作性不强，仍存在"重政策出台、轻政策执行"的问题，影响绿色转型政策的执行效果和效率。

农业绿色发展是一个系统工程，不仅要求产业体系绿色化，也要求质量体系绿色化。就河南农业的实际情况看，其与绿色发展还存在较大的差距，具体表现为：农业面源污染防控综合标准偏低、农兽药残留标准和检测方法与发达国家和地区相比还存在差距、针对农业污染物管控的质量标准欠缺

---

① 根据《河南统计年鉴（2022）》整理所得。
② 数据来源于工作统计。

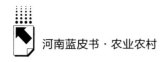

等。"从农田到餐桌"的绿色农产品质量监管体系建设还处于初级阶段，绿色农产品市场体系尚未建设到位，农民参与农业绿色转型的内生动力不足。

三 河南农业绿色发展的基本路径

党的十八大之前，农业绿色发展、农业环境保护政策基本上是空白的，鲜有涉及农业污染物和温室气体排放控制的政策法规。党的十八大之后，党中央开始重视农业绿色发展，立足新发展理念，逐步搭建起农业绿色发展的战略框架体系，为建设农业强国奠定了坚实的基础。农业绿色发展的关键是实现农业的可持续增长和高质量增长。在建设农业强省的背景下，针对发展实践中的痛点和难点，发展的基本路径应注意以下几个方面。

（一）立足比较优势，实现绿色农业的特色发展

河南要实现农业绿色发展，不是在一片空白上从零开始，而是应积极吸纳国内外一切先进经验，用好后发优势。根据新结构经济学的观点，欠发达地区应根据资源禀赋结构所决定的比较优势来发展经济，利用后发优势取得更大的竞争力，取得比先进地区更快的发展速度。农业绿色发展首先要认清河南的农业资源要素禀赋特点和优势产业，借鉴发达国家和地区的先进技术和经营模式，在较短的时间内实现高质量发展。

基于上述思路，推进农业绿色发展需要明确两个基本政策方向。一是完善农业区域分工格局。河南各地区之间农业资源禀赋存在较大差异，有平原、丘陵、山区、水田等不同耕地条件，应充分考虑现实基础进行差异化经营，宜粮则粮、宜畜则畜、宜经则经，在保障粮食生产功能区和重要农产品保护区的前提下，实现绿色农产品生产的区域化和专门化，促进形成一批规模化的绿色农产品集群。二是增强优势农产品市场竞争力。以具有河南地方特色的果蔬、中药材、茶叶等农产品为重点，标准引领、品牌驱动，打造具有高附加值的农业产业链，通过品牌农业和质量农业摆脱优质低价、名声不响的被动局面，培育出河南农业在市场上的"拳头产品"，将特色资源转化为竞争优势和经济效益。

（二）强化整体改革，实现绿色农业的制度优化

农业绿色发展是一场深刻的制度变革，从制度变迁的视角看，需要进一步深化农村经济制度改革，充分激活农业经营主体、农业生产要素和农业市场体系，用实打实的预期利润驱动制度变迁，以绿色制度变迁引导农业绿色发展，推动各类农业经营主体主动参与绿色转型发展。

按照深化、集成、带动的思路，一是深化重点领域改革，基于河南"大省小农"的基本省情，以小农户为基础，以家庭农场和农民专业合作社为核心，以涉农企业为重点，以农业社会化服务体系为支撑，打造复合式绿色农业产业体系，提升对小农户的带动作用。二是强化绿色转型集成，以顶层设计为核心，注重不同政策之间的统筹规划和协同配合，使各个部门、各级政府出台的绿色低碳转型政策在取向上能够协调一致，在实施过程中能够互相促进，在工作成效上能够同频共振。三是注重绿色转型发展经验的转化，加强对各地区在农业绿色发展方面的成果跟踪，设立具有导向作用的试验点、试验区，提炼经验、互动促进，将各地在绿色转型中的成功经验及时进行推广普及。

（三）坚持大农业观，实现绿色农业的整体推进

"大农业的思路离不开以工补农和以工促农"，在农业强省目标下，农业绿色发展需要跳出农业看农业，"率先在县域内破除城乡二元结构"，在城乡和工农关系的结构性转换中实现农业的绿色增长。破除妨碍城乡要素平等交换、双向流动的制度壁垒，促进发展要素、各类服务更多下乡，将城市和农村、工业和农业作为一个整体对待，以城带乡、以工促农，为农业绿色转型发展提供良好的外部条件和基础支撑。

绿色转型发展不只是农业和农村，工业和城市也在不断进行绿色转型发展，以城带乡、以工促农，就是主动将工业和城市绿色发展的外溢效应转化为农业和农村绿色发展的新动能。一是强化绿色要素驱动，构建绿色要素在城乡之间、工农之间自由流动、平等交换的体制机制，引导绿色金融和绿色

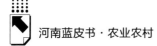

资本向农业农村倾斜，有效导入外部优质要素促进农业绿色转型发展。二是强化绿色经营驱动，农业绿色转型是在传统农业基础上，工业绿色成果不断渗透的过程，既要将数字经济引入农业发展，发展智慧农业、精准农业，也要将全产业链的理念引入农业发展，形成绿色农产品产销一体全产业链，还要将标准化生产的理念引入农业发展，实现农产品生产环节可控、生产过程可追溯，为质量农业奠定基础。三是强化先导产业驱动，利用现代工业技术为农产品加工业绿色转型提质增效，发展与绿色农业相匹配的良种培育、农机制造等先导产业，完善现代化的绿色农业产业体系。

（四）狠抓科技驱动，实现绿色农业的要素升级

习近平总书记在黑龙江考察时指出，要"把发展农业科技放在更加突出的位置"，① 科技进步是农业绿色发展的关键。发展绿色农业离不开绿色农业技术创新，技术进步是推动农业绿色发展的核心动力。根据内在增长理论，农业增长最关键的是获得并使用现代生产要素，农业绿色转型应充分重视绿色科技创新、科技创新人才等现代生产要素的引入。

从内生增长的视角看，建设农业强省、发展绿色农业，一是要强化绿色科技创新，以形成新质生产力为导向，重点整合高校、科研院所、涉农企业和新型农业经营主体，打造多元协同的绿色农业科技创新与推广体系。二是建设绿色农业产业园区，以农业科技园区、农业产业园区、特色村镇为载体，引导科技、人才、资本、数据等各类生产要素集聚，通过供应链进一步带动各类载体的辐射作用，让绿色生产要素流向广大农村。三是培育新型职业农民，没有懂绿色农业的农民，就没有农业的绿色转型发展，既要提升小农户的经营素质，也要积极引入城镇人才，培育出懂绿色、会经营的高素质农民队伍。

---

① 《习近平在黑龙江考察时强调：牢牢把握在国家发展大局中的战略定位 奋力开创黑龙江高质量发展新局面》，中国政府网，2023 年 9 月 8 日，https：//www.gov.cn/yaowen/liebiao/202309/content_ 6903032. htm？device＝app。

B.11
河南省数字经济赋能乡村产业
融合发展的机制与路径研究

马银隆*

摘 要： 数字经济是继农业经济、工业经济之后的又一种主要新经济形态。数字经济以指数型的增长速度、跨界式的辐射范围，深刻影响着乡村产业结构、经济结构和生产方式的演变。河南作为农业大省，近年来，乡村数字化基础设施不断完善，数字经济与乡村三产不断融合发展，有力促进了农业强省建设。本报告以乡村产业融合为切入点，研究了河南省数字经济赋能乡村产业融合发展的机理，进一步分析发现，当前河南省存在地区和行业数字经济发展不均衡、数字经济整体竞争力不强、乡村数字经济发展不充分等问题。建议河南加强统筹规划、做好顶层设计，完善乡村农业数字化发展管理机制，加强乡村数字人才培育和引进，建立健全乡村数字治理体系，促进河南数字经济赋能乡村产业融合发展。

关键词： 数字经济 乡村产业融合 河南省

河南作为农业大省、粮食大省，用占全国 1/16 的耕地，生产了全国 1/4的小麦、1/10 的粮食，但是长期以来，由于资源依赖、技术水平、产业边界、经济结构、政策偏向等因素，河南省乡村农业产业链短，价值链水平低，乡村一二三产业的融合度不够，无法形成耦合协调的乡村产业链网络。河南乡村自上而下的"科层+俘获"型产业结构形态，使农业一直

---

* 马银隆，河南省社会科学院农村发展研究所研究实习员，主要研究方向为农业经济。

难以突破发展瓶颈。近年来，随着信息科技的快速发展，数字经济不仅以其先进的信息技术，更以数字本身作为基础要素，为乡村产业发展注入新的内生动力，由此乡村产业结构的桎梏被数字经济打破。河南要建设农业强省，就必须充分发挥数字经济效能，大力促进乡村一二三产业融合发展。2021年12月，河南省第十三届人民代表大会常务委员会第二十九次会议通过《河南省数字经济促进条例》，提出了促进数字经济发展、全面建设数字经济强省的发展目标。2023年河南省委一号文件《中共河南省委 河南省人民政府关于做好2023年全面推进乡村振兴重点工作的实施意见》指出要大力推进数字乡村建设，加强物联网、大数据、人工智能、卫星遥感、第五代移动通信等信息技术在农业生产、农产品加工、冷链物流、农机作业等方面的应用，大力发展智慧农业。分析当前河南省数字经济和乡村产业融合发展的现状及存在的问题，厘清数字经济赋能乡村产业融合发展的机理，构建数字经济赋能乡村产业融合发展的路径，不仅能够为河南建设农业强省提供建设性意见，而且能够丰富乡村产业高质量发展的理论体系。

一 河南省数字经济和乡村产业融合发展的现状

整体来看，2021年，河南省数字经济规模突破了1.7万亿元，占GDP总量接近30%。较"十三五"初期增长了近一倍，规模连续6年稳居全国前十。除了省会郑州，洛阳数字经济规模也达2000亿元，南阳、许昌、新乡数字经济规模均突破900亿元，呈现并驾齐驱，多点开花的局面。2022年，河南的数字基础设施指数跻身全国第10位、中部6省第3位，数字经济对河南经济增长的贡献率已超过70%。2023年第一季度，河南的数字基础设施指数同比增长43%，增速列全国第4位、中部6省第2位。[①] 从乡村层面来看，数字经济和产业融合也实现了快速发展。

[①] 《2022河南省互联网发展报告》。

（一）乡村数字化基础设施设备不断完善

一是乡村广播电视网络基本实现全覆盖。截至 2022 年底，基本实现农村广播电视户户通，地面电视全面进入数字化时代。二是农村互联网应用快速发展。截至 2022 年上半年，全省行政村通宽带比例达到 98%，农村宽带接入用户数达到 1.39 亿户，比上年末净增 488 万户，增长 3.64%。三是 5G网络覆盖面逐步扩大。截至 2022 年底，新建 5G 基站 21471 个，5G 基站总数达到 15.32 万个，居全国第 5 位，已实现全省县城以上城区及 2053 个乡镇（街道）5G 网络覆盖。四是移动政务服务能力显著提升。"豫事办"上线 5449 个事项，注册用户数达到 7241.6 万户。[①] 2022 年，河南省电信固定资产投资完成 194.5 亿元，全省电信业务总量完成 1007.7 亿元，均居全国第 5 位。[②] 由此可见，河南当前数字化基础设施设备的发展为乡村数字经济赋能乡村产业融合发展奠定了坚实基础。

（二）河南乡村三产融合快速发展

一是河南各地广泛应用数字科技，不断推进农村三产融合发展。河南坚持以"粮头食尾""农头工尾"为抓手，推进"三链同构"，加快农产品加工业转型升级。实施企业升级、延链增值、绿色发展、质量标准、品牌培育行动，推动农产品加工业朝高端化、绿色化、品牌化方向转型升级。2022年，全省规模以上农产品加工企业近 6000 家，营业收入达 1.2 万亿元。[③] 二是河南农村在三产融合发展过程中，将绿色、环保理念引入农业生产，减少农业对自然环境的污染，推动农村生态文明建设。通过休闲农业、创意农业的发展，完善农村基础设施建设，保存乡村传统文化，美化农村生活环境，

---

① 《河南数字化赋能乡村治理的路径与思考》，河南日报客户端，2023 年 5 月 5 日，https：//baijiahao. baidu. com/s？id＝1764985738304835005&wfr＝spider&for＝pc。

② 《2022 年全省信息通信业经济运行总体平稳　5G 用户新增数居全国第二》，河南省通信管理局网站，2023 年 2 月 2 日，https：//hca. miit. gov. cn/xwdt/gzdt/art/2023/art_ 8b5c12c95f784488ab12713648683b64. html。

③ 《河南省加快预制菜产业发展行动方案（2022—2025 年）》。

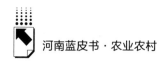

从而推进河南美丽乡村建设。截至 2022 年 8 月底，全省创建"四美乡村"9200 个、"美丽小镇"500 个、"五美庭院"183 万个。①

（三）数字经济不断为乡村产业融合发展注入新活力

一是数字经济推动种植业信息化集成管理平台建设。河南建成一批设施农业物联网技术示范应用基地，开发网约农机系统，推出了"滴滴农机"App，为全省近 6000 台土地深松作业机械配备智能终端，实现 100%信息化监测，让农民在很大程度上摆脱农业生产的空间和时间限制，大力提升农民在农业生产中利用农机的效率。二是数字经济促进河南智慧养殖的快速发展。河南在全国率先实现动物检疫电子出证，登记备案的 2 万多辆生猪运输车辆全部实现 GPS 定位跟踪。三是搭建 5G 云端助农可视化综合服务平台，实现"技术+资源"的集成整合，做到远程点对点、点对面的技术咨询、病虫害诊断等移动式可视化服务，开创农业技术服务新模式。四是搭建农业"产销学"一体化云端平台，运用"农业+直播+专家"一体化的形式，探索农业发展新业态。2022 年全省实现农村网络零售额 1516.3 亿元，同比增长 7.7%，其中农产品网络零售额 985 亿元，同比增长 8.1%。全省农村电商应用水平高于全国平均水平，零售额保持较快增长。② 五是农业数字化产业不断壮大，形成了以农信通和新农邦公司为核心的数字农业企业集群，省内建设益农信息社 43693 个，运营商开展的运营服务辐射全国 7 个省 10 万个行政村。③ 一批农业平台企业快速成长，全丰植保无人机产业资源协同云平台，上线接入无人机 7800 多台，在全国累计完成飞防作业 2 亿亩次。④

---

① 《"河南这十年"主题系列第二十三场新闻发布会（乡村振兴专场）》，河南省人民政府网站，2022 年 10 月 10 日，https：//www. henan. gov. cn/2022/10-10/2619895. html。

② 《全力拼经济　奋战开门红｜全省农村网络零售额增长 7.7%》，河南省人民政府网站，2023 年 1 月 19 日，https：//www. henan. gov. cn/2023/01-19/2676166. html。

③ 《【大河网】2025 年底，河南将力争县域内 5G 基站达 5 万个　农业生产数字化水平提至 30%以上》，河南省农业农村厅网站，2021 年 5 月 12 日，https：//nynct. henan. gov. cn/2021/05-12/2143246. html。

④ 《对省十三届人大六次会议第 444 号建议的答复》，河南省发展和改革委员会网站，2022 年 7 月 7 日，https：//fgw. henan. gov. cn/2022/09-16/2607909. html。

数字经济为乡村产业发展不断注入新活力，农业数字化转型稳步推进，数字技术成为农业生产经营活动的重要推力，农业数字化已见成效。

二　河南省数字经济赋能乡村产业融合发展的机理

马克思认为社会生产和社会再生产是由生产、分配、交换和消费四个环节共同组成的有机统一体系，在这个体系中，一定的生产决定一定的消费、分配、交换以及与这些不同环节之间的相互关系。生产不仅支配着其他环节，也支配着与其他环节相对而言的生产自身，因为社会再生产过程总是从生产开始循环进行的。[1] 所以以生产、分配、交换和消费四个环节为理论起点，能够更深刻地揭示数字经济赋能河南乡村产业融合发展蕴含的理论逻辑。

（一）数字经济赋能河南乡村社会生产各环节相互融通

一是数字经济赋能生产要素在乡村生产各环节间自由流动。首先，人才要素是各种生产要素的核心，乡村人才振兴是河南省建设农业强省的迫切需要。从一般空间要素流动视角来看，通过数字经济赋能，河南乡村人力资本需求信息数据可以在大数据平台上高效汇集，为不同专业的人才提供信息共享平台和精准的信息整合，从而促进人才在河南乡村各产业间的高效流动。另外，数字经济催生出一批具有现代信息化技能和互联网思维的"新农人"，他们能将现代网络化思维和数据知识技能应用到农村农业生产中，从而消弭人才流动的物理空间阻碍，有效实现人才要素在河南乡村各产业间的数字化配置。其次，土地要素是基础，河南利用数字技术建设农村土地智能数据库，能够为农村承包地、宅基地、经营性用地的合理高效流转提供技术支持、产权保护和制度保障。更进一步的，因为家庭农场、专业大户、农民合作社等新型农业经营主体具备现代信息化生产技术，所以数字经济赋能土

---

① 《马克思恩格斯全集》（第30卷），人民出版社，1995，第40页。

地要素流动能够促进与数字经济自身适配性更高的新型农业经营主体快速发展，从而完成土地要素更深层的数字化配置。最后，资本要素是动力，数字普惠金融以其资金供需数据处理的实时性、精准性以及数据的可追溯性，有效解决了资本投资在河南乡村各产业发展过程中识别难、收益率低、风险大等历史难题，从而积极引导资本要素在河南乡村一二三产业间的高效配置。

二是生产要素自由流动促进乡村产业形成融合发展机制。数据要素与土地、劳动力、资本等传统农业生产要素相结合，能够发挥"乘数效应"，推动河南传统农业实现智能化、数字化生产，打造基于数字经济的河南乡村数字农业产业链，形成乡村产业融合发展新模式。从数字经济赋能乡村产业融合的供给侧视角来看，数字经济能够优化创新乡村产业间要素配置方式，降低乡村产业间生产主体交易成本，打破乡村产业传统发展边界，促进河南乡村产业实现规模经济和范围经济。数字经济通过促进乡村农业产业链纵向延伸和农业价值链横向拓展，推动河南乡村一二三产业融合发展，从而助力河南乡村产业结构升级。从数字经济赋能乡村产业融合的需求侧视角来看，数字经济能够打破河南乡村产业供需两侧信息不完全、不对称的壁垒，实现市场对乡村产业更大范围、更加精准的多元化需求，从而拉动河南乡村产业融合发展。数字经济所创造出的多极化、多元化、多层化的市场需求，能进一步提升河南乡村产业融合效率。

（二）数字经济赋能社会分配机制改善

一是从乡村农民收入分配角度来看，数字经济能够通过赋能河南乡村农业数字化和数字产业化发展，助推乡村产业融合实现长效增收机制。首先，数字经济能够极大地促进河南乡村经济发展，快速提高河南乡村经济总量，为河南农民增收做大"蛋糕"打下基础。其次，在初次分配过程中，数据作为新的生产要素参与分配，以及农业数字化所引致的农业多样化，不仅能够缩减分配的中间环节，减少财富分配过程中的福利损耗，而且可以使河南农民拓宽增收渠道，获得更多增量财富，从而推动存量财富公平分配。在二次分配过程中，数字经济以其过程精准、结果可追溯的特性，可以有效地通过税收、转移支付等方式缩小初次分配过程中收入和财富在乡村一二三产业间的分配差距。

二是从生产资料分配角度来看，数字经济能够通过赋能河南乡村基础设施建设，使乡村产业发展获得更多优质的物质生产资料。长期以来，河南农村地区产业经济的发展动能聚焦农业加工业和农业服务业，在具体工作中各级政府主要侧重于乡镇食品产业园、电商物流园、农机科技园的建设和发展，大部分优质生产资料集聚在乡村的第二产业和第三产业，作为第一产业的农业却一直处于被物质资料边缘化的地带。在数字经济赋能作用下，河南依托乡村5G网络和大数据，大力发展数字化农业，通过建设高标准农田、数字农田、现代化农场、数字化农业观光村等项目，使农业农民分配到更多优质的物质生产资料，由此促进生产资料在乡村一二三产业间的公平合理分配。

（三）数字经济赋能乡村社会生产公平合理交换

一是数字经济赋能商品在河南乡村产业间自由合理交换。长期以来，河南乡村农业生产结构单一、功能单一且产品附加值低。河南乡村一二三产业间传统的商品交换是以收购—批发—零售模式进行的，这种从前端到后段的科层式交换模式对农业生产而言，本质上只有交，而没有换。数字技术支持下，河南乡村数字交换平台的搭建，表面看是为了减少乡村产业间商品交换的成本，提高乡村产业间的商品交换效率，本质上则是农业特色化、多元化、创意化发展对产业间商品自由合理交换的内在要求。数字经济形态下，河南特色农业、创意农业提高了传统农业的价值链势能，使乡村农业打破了原有的"低端锁定"，数字交换平台应运而生，其不仅成为乡村产业间商品流通的"高速通道"，更是从真正意义上实现了商品在乡村农业和二三产业间自由合理的交和换。

二是数字经济赋能农业商品交换突破乡村产业闭环。河南乡村农业生产一直以来以小农模式为主，其小规模、单一化生产经营的特性，使农业生产和交换处于在乡村内部产业间和城乡产业间"双重锁定"的态势。数字经济形态下，数字交换平台以其开放的态势，打通城乡间的交换堵点，减少城乡间交换的中间环节，增强农业生产交换的抗风险能力。河南淘宝村、乡村直播带货等新兴业态快速发展，线上业务监管和数字支付手段的不断完善，使城市居民可以跨过厂商收购、批发和商店零售等中间环节，直接购买自己心仪的农产品，从而更加便捷地享受高品质农村产品与服务。数字交换平台通过打破河南城乡间供需两端的信息壁垒，一方面可以使农产品直接从田间地头流向城市，从而解决农产品积压滞销的困境；另一方面能促进城市工业制成品以更低价格、更加便捷的方式流向乡村，从而在一定程度上缩小河南工农产品的"剪刀差"。数字经济赋能乡村商品在城乡间自由交换，亦是河南现代农业数字化发展的内在要求，通过数字交换平台河南乡村农业生产可以跨过传统路径，直接融入更加高级的城市产业链，从而使农业价值链势能倍速提升，由此跨越式促进乡村农业与二三产业融合。

（四）数字经济赋能乡村产品消费扩量升级

一是从扩大乡村产品消费量的视角来看，数字经济不仅能够通过做大河南乡村经济"蛋糕"，优化河南乡村生产要素分配结构，直接提高乡村农民的收入水平，从而扩大农民对乡村产品的需求量，而且能够赋能河南城乡打破传统的消费壁垒，使田间地头的农产品直接面向城市居民销售，从而扩大河南乡村产品的消费范围。对于前者而言，乡村内部农民消费量增加，主要体现在对城市工业品、乡村加工业和服务业需求的增加，对农产品需求量影响较小。对于后者而言，城市居民对乡村产品的消费有一种明显偏好，那就是侧重对绿色、纯天然、无加工、无公害农产品的消费，而非青睐加工食品，由此城市居民不仅能够从量上扩大对农产品的消费，更能从质上激励农民提高种植养殖技术。通过数字经济赋能，河南乡村农业可以将资本、人才、研发引进田间地头，从而生产出更加健康、更加营养的优质农产品，倒逼乡村一二三产业融合。

二是从催生河南乡村消费新业态的视角来看，一方面，随着数字经济的快速发展和居民生活水平的提高，市场对农产品的消费需求不仅满足于生存和健康，更多的是个性化、多元化消费需求，这就要求乡村农业必须进行多样化、特色化生产。数字经济赋能作用下，河南乡村农业进行技术、模式创新，催生出定制化农业、休闲农业等一系列农业新业态，由此推动农业生产和二三产业融合发展。例如，河南数字辣椒、数字小麦，不仅能够生产出具有不同口感、不同食味、不同用途的特色产品，而且可以与文旅产业相融合实现跨界经营，发展种植采摘、休闲观光等辣椒、小麦文旅产业。另一方面，数字经济形态下，人民对美好生活的需求，也促使河南乡村积极发展线上农业消费。乡村利用数字技术打造农业线上虚拟场景，发展线上休闲、数字文旅、农业直播讲堂和场景直播带货等数字化农业新业态，从而极大地促进乡村一二三产业融合发展。究其本质，数字经济赋能下，河南农业实现了价值链势能的提升，河南乡村农产品开始真正作为商品被消费，而不是作为工业基础原料被收购，所以河南乡村农业重构产业链，是数字经济赋能下农业价值链势能提升的客观要求和必然结果。

三　河南省数字经济赋能乡村产业融合发展存在的问题

一是数字经济整体竞争力有待提升。在整个"十三五"期间，河南数字经济增速年均超过14%，对 GDP 增长的年均贡献率超过50%。[①] 中国电子信息产业发展研究院的研究显示，数字经济发展指数全国各省区市平均值为 32.0，广东省以总指数 69.3 居全国榜首，河南为 35.3，居第 9 位。河南数字经济产业指数为 23.3，低于全国平均水平（24.0），和第 1 名广东省的数字经济产业指数 95.4 相比差距更大。2022 年，我国一二三产业数字经济渗透率平均值分别为 10.5%、24.0%和 44.7%，河南省一二三产业的数字经济渗透率分别为 5.6%、17.9%和 34.5%，由此可以看出，河南数字经济发展和全国平均水平相比差距较大。

二是河南数字经济发展存在地区和行业分布不均衡。2022 年，河南省

---

① 《河南省数字经济发展报告（2021）》。

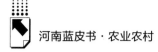

互联网企业新增 1152 家，同比增长 14.7%，总数达到 8986 家，居全国第 3 位。① 河南省监测的电子商务平台共计 90 个，在电商平台上实现的交易金额为 4220.22 亿元。分地区来看，郑州市独占鳌头，拥有 42 个平台，实现交易金额 3151.45 亿元，分别占全省的 46.7% 和 74.7%。第 2 名漯河市的电子商务销售额达到 460 亿元，最低的是济源市，只有 20 亿元左右。城乡之间数字资源和数字经济发展差距更为显著，形成了省内城乡间明显的数字鸿沟。从行业来看，制造业的网站数量最多，达到 10900 家，实现了 2100 亿元的销售额，其次是食品批发零售业，实现了 1800 多亿元的销售额，然后是建筑业和房地产业。其他行业的电子商务销售额则没有明显提升，建筑业、卫生、社会工作行业电子商务销售额都在 5000 万元以下。②

三是乡村数字经济发展不充分。第一，农村土地资源的数字化管理不完善。当前，我国仅有浙江、江苏、贵州等部分数字经济和经济基础较为发达的地区完成土地数字化管理工作。河南乡村土地数字平台尚未建成，无法实施土地的数字化管理，影响农地三权分立和流转效率，限制了土地要素流动在乡村一二三产业融合发展中的重要作用。第二，乡村数字经济投资不足，数字农业发展滞后。河南农村经济发展相对落后，社会资本对投资数字农业的热情不高，市场参与率较低。虽然近年来，河南财政投入不断偏向农业农村发展，但数字农业投入比例偏低。目前，河南数字农业除电子商务发展比较迅速外，农业产业链其他环节的数字化程度不高，造成数字经济赋能乡村农业与二三产业融合发展的效果并不显著。第三，数字人才匮乏，数字化技术供给不足。从政府部门视角看，河南相关政府机构缺乏乡村数字经济发展规划、数字经济管理等方面的人才。从生产经营主体视角看，河南新型农业经营主体还未发展壮大，乡村缺乏数字农业生产和管理运营的人才。从教育视角来看，河南省设置数字经济相关专业的高校不多，和发达地区存在明显差距，数字人才匮乏是制约河南数字农业发展最突出的问题。

---

① 国家统计局网站，http：//www.stats.gov.cn/sj；《2022 河南省互联网发展报告》。
② 《2022 河南省互联网发展报告》；河南省统计局网站，https：//tjj.henan.gov.cn/tjfw/zxfb/。

四 数字经济赋能乡村产业融合发展的路径

根据数字经济赋能乡村产业融合发展的机理，结合当前河南省数字经济与乡村产业融合发展的现状和存在的问题，构建以下促进数字经济赋能乡村产业融合发展的实现路径。

（一）加强统筹规划、做好顶层设计

数字经济赋能乡村产业融合发展涉及社会的各个方面，需要政府各机构和市场各部门有机协调推动。首先，建议河南省设立乡村数字农业发展工作办公室和领导小组，全面负责、统筹协调全省乡村农业的数字化发展工作。其次，建议由农业农村部门牵头，联合省发改、财政、国资、国土、工信、大数据、科技、教育、文旅等相关部门，建立乡村农业数字化发展联席会议制度，联席会议负责人由省级领导担任。最后，政府应加强对农村农业数字化发展的顶层研究和战略规划，立足具体省情，编制乡村农业数字化发展总体规划，促进各关联部门业务协同，鼓励引导社会各界积极参与农业数字化建设发展，从而实现乡村农业数字化进程中各环节的协调推进，为数字经济赋能乡村产业融合发展打下坚实基础。

（二）完善乡村农业数字化发展管理机制

一是制定乡村农业数字化发展管理条例，规范乡村数字资源的开发和利用。对土地确权、三权分置、土地流转和技术专利等敏感数据进行数据脱敏处理。在明确权责的基础上，加强协调管理，打破不同部门、不同主体间的权责分割，协同推进农业数字化发展相关业务。二是建立健全各类农业数字化平台，完善农业信息资源流通与共享机制，消除数字孤岛，实现全省农业数据资源共享和互联互通。三是建立全维度、动态化、自反馈式农业信息管理服务模式，提高农业数据分析和应用效率，提升相关业务协调度，从而降低数字经济赋能乡村产业融合发展的社会成本。

（三）加强乡村数字人才培育和引进

一是加强相关机构、职能部门管理人员的数字经济培训，增强其数字经济发展意识，提高其数字经济治理水平和数字经济管理效率。二是持续培育壮大新型农业经营主体，新型农业经营主体是数字农业技术应用和乡村产业融合发展的载体，通过加强新型农业经营主体数字经济培训，提高其现代化数字农业运营效率。三是鼓励高校、职校设置数字农业相关专业，积极引导各类社会培训主体参与数字农科人才培育，从而实现对各类涉农群体的多元化、异质性数字农业培训。四是河南应全方位出台人才引进政策，加大人才引进力度，吸引各类数字经济人才参与河南乡村农业数字化发展，为数字经济赋能乡村产业融合提供强有力的人力资本保障。

（四）建立健全乡村数字治理体系

数字经济赋能乡村产业融合发展不仅是产业层面的问题，更是乡村治理层面的问题，建立健全乡村数字治理体系是数字经济赋能乡村产业融合发展的必要保障。一是深入贯彻省委《关于创建"五星"支部引领乡村治理的指导意见》，全面落实党建工作对数字乡村建设和乡村产业融合发展的引领促进作用，以实施"乡村治理能手培育"为抓手，切实提高新时代基层干部的乡村数字化治理能力。二是建立健全村民共建共治共享的乡村社会治理机制，通过建设互联网村民互动交流平台，鼓励村民积极参与数字乡村治理，全面提升乡村社会治理效能。推广鹤壁市浚县新镇镇创新推出的"户团工作法"，通过构建户户关联的互联互保机制，让村民成为乡村治理的主要参与者、最大受益者和最终评判者。三是制定乡村数字治理体系标准，其中包括基础设施、治理内容等乡村数字治理体系的建设标准和乡村数字治理效果的评价标准。乡村数字治理体系，在数字经济赋能乡村产业融合发展过程中具有基础性、保障性作用。

参考文献

胡嘉慧、周笑梅：《乡村振兴战略背景下推进农村一二三产业融合发展研究》，《农业经济》2022 年第 8 期。

周立、李彦岩、罗建章：《合纵连横：乡村产业振兴的价值增值路径——基于一二三产业融合的多案例分析》，《新疆师范大学学报》（汉文哲学社会科学版）2020 年第 1 期。

申云、李京蓉：《数字普惠金融助力乡村产业融合发展的共富效应及空间分异》，《华南农业大学学报》（社会科学版）2023 年第 4 期。

张嘉实：《数字经济驱动乡村产业多元化发展的内在机理与实证检验》，《经济问题》2023 年第 9 期。

田野、叶依婷、黄进等：《数字经济驱动乡村产业振兴的内在机理及实证检验——基于城乡融合发展的中介效应》，《农业经济问题》2022 年第 10 期。

王定祥、冉希美：《农村数字化、人力资本与农村产业融合发展——基于中国省域面板数据的经验证据》，《重庆大学学报》（社会科学版）2022 年第 2 期。

姜长云：《发展数字经济引领带动农业转型和农村产业融合》，《经济纵横》2022 年第 8 期。

吴江、陈坤祥、陈浩东：《数商兴农背景下数智赋能乡村农商文旅融合的逻辑与路径》，《武汉大学学报》（哲学社会科学版）2023 年第 4 期。

B.12
推动现代农业产业园提质增效
赋能农业强省建设

——基于豫南 7 个园区的调研与思考

陈明星*

摘　要： 建设现代农业产业园是全面推进乡村振兴的重要措施，现代农业产业园是加快建设农业强国和农业强省的重要载体。经过连续多年的建设，各地产业园聚焦特色发展主导产业，聚焦优势服务发展大局，聚焦融合创新发展模式，聚焦效能优化扶持举措，基本形成了上下联动、梯次推进的建设格局。但总体上看，在基础设施、资源要素、产业发展、统筹管理、利益联结等方面仍存在一些突出短板，在加快建设农业强省的进程中，要充分发挥现代农业产业园的赋能作用，必须切实强化基础支撑能力，增强产业发展动能，提升产业发展韧性，释放集聚示范效应，优化产业发展生态。

关键词： 现代农业产业园　农业强省　河南

一　基本情况

现代农业产业园是在规模化种养基础上，集聚现代要素，延伸产业链条，深化产业融合，示范带动区域现代农业发展的重要平台。2017 年以来，

---

* 陈明星，河南省社会科学院农村发展研究所所长、研究员，主要研究方向为农业经济。

我国先后支持创建 288 个全产业链发展、现代要素集聚的国家现代农业产业园，带动各地创建了 5000 多个省、市、县产业园，形成了上下联动、梯次推进的建设格局。截至 2023 年上半年，全省创建国家级、省级现代农业产业园分别达到 12 个、100 个（见表 1），并建设了 274 个市级、278 个县级现代农业产业园，培育了延津小麦、泌阳夏南牛、灵宝苹果、正阳花生、内乡生猪等全国知名品牌。信阳、周口、南阳、商丘、驻马店、新乡、洛阳等地的省级现代农业产业园创建数量较多。本报告拟选择地处豫南信阳、驻马店的 7 个省级现代农业产业园为样本，探讨如何通过现代农业产业园的提质增效来赋能农业强省建设。

表 1 河南创建国家级、省级现代农业产业园情况

类别		产业园
国家级		正阳县、温县、延津县、泌阳县、灵宝市、内乡县、平原城乡一体化示范区、永城市、浉河区、临颍县、柘城县、郸城县
省级	2019 年	扶沟县、清丰县、西峡县、柘城县、卢氏县、禹州市、杞县、灵宝市、永城市、临颍县、汝州市、浉河区、项城市、平舆县、长垣县、遂平县、郏县、内乡县、夏邑县、新蔡县、浚县、原阳县、兰考县、省黄泛区农场、淮滨县、鹿邑县、郸城县、固始县、范县、孟津县
	2020 年	新郑市、祥符区、宜阳县、伊川县、舞钢市、汤阴县、滑县、淇滨区、平原示范区、获嘉县、孟州市、长葛市、鄢陵县、舞阳县、邓州市、淅川县、社旗县、唐河县、民权县、虞城县、罗山县、光山县、新县、潢川县、西华县、沈丘县、太康县、西平县、确山县、正阳种猪场
	2021 年	荥阳市、通许县、新安县、洛宁县、鲁山县、安阳县、内黄县、卫辉市、辉县市、博爱县、武陟县、台前县、濮阳县、建安区、镇平县、宁陵县、平桥区、商水县、汝南县、济源示范区
	2022 年	惠济区、中牟县、兰考县、嵩县、宝丰县、林州市、淇县、新乡县、修武县、南乐县、襄城县、郾城县、渑池县、卧龙区、南召县、睢县、息县、淮阳区、上蔡县、济源示范区

注：济源示范区有 2 个省级现代农业产业园。
资料来源：根据河南省农业农村厅、省财政厅相关年份省级现代农业产业园创建名单整理。

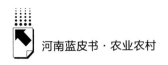

二 实践与成效

（一）聚焦特色发展主导产业

现代农业产业园是立足当地优势特色农业而打造的农业生产、加工、物流、研发、示范、服务等相互融合和全产业链开发的产业载体，特色是现代农业产业园的"灵魂"，因而依托资源禀赋比较优势，聚焦特色发展主导产业，是凝练现代农业产业园创建主题的必然选择。例如，光山县是我国油茶分布的北缘区、国家划定的长江中下游名优绿茶重点区域，种茶历史悠久，是古代著名的淮南茶区，除主导绿茶外，还相继开发了白、红、黑、黄、青等茶类，茶叶品种齐全。罗山县依托灵山茶叶国家植物功能成分研究中心及省级河南毛尖系母树繁育工程技术支撑，构筑以现代农业科技创新与农产品示范中心为主的"一心、两轴、五片区"的现代农业产业园空间布局。平舆县是全国白芝麻的集中产区，白芝麻种植历史久、面积大、品质优，种植面积、产量和出口量均居全国之首，是全国白芝麻生产第一大县，在河南省市场占有率达到25%，在国内市场占有率达到12%。[1] 新县作为典型的山区生态农业县，是著名的油茶之乡、中药材富产地，是全国100个油茶产业发展重点县之一、河南省中医药健康旅游示范区，中药材与油茶均为产业园生态群落的主要植被，并占据不同的生态区位，发挥各自的生态优势，形成互补的生态共同体（见表2）。

表2 河南省部分现代农业产业园主导产业情况

产业园	产业园创建主题	主导产业及发展情况
罗山县	茶叶	园区总面积138.3万亩、总产值37.9亿元,主导产业面积27万亩、值28.5亿元,园区内农民人均可支配收入2.1万元
光山县	油茶和茶	园区总面积126万亩、总产值46.1亿元,油茶面积24.5万亩、茶园面积22.5万亩、产值25.5亿元,园区内农民人均可支配收入2.20万元

---

① 如无特殊说明，数据来自各产业园发展情况调研。

续表

产业园	产业园创建主题	主导产业及发展情况
新县	中药材、油茶	园区总面积 69.2 万亩、总产值 45.5 亿元,中药材面积 7.3 万亩、油茶面积 20.9 万亩、产值 36.4 亿元,园区内农民人均可支配收入 2.19 万元
潢川县	虾稻共作	园区总面积 122.9 万亩、总产值 102 亿元,稻虾共作面积 38.2 万亩、产值 90.5 亿元,小龙虾加工能力达到 3.5 万吨,稻米尤其是糯米加工量达到 30 万吨,园区内农民人均可支配收入 2.55 万元
平舆县	白芝麻	园区总面积 40 万亩、总产值 65 亿元,主导产业种植面积 25 万亩、产值 35.7 亿元,园区内农民人均可支配收入 2.1 万元
新蔡县	奶牛生态循环	园区总面积 13.6 万亩、总产值 53.4 亿元,奶牛存栏 1.8 万头、乳制品加工量 19.1 万吨,主导产业产值 36.6 亿元,园区内农民人均可支配收入 2.81 万元
正阳种猪场	生猪养殖	园区总面积 3.85 万亩、总产值 5.65 亿元,年出栏生猪 22.2 万头,主导产业产值 3.01 亿元,园区内农民人均可支配收入 2.25 万元

注:数据截至 2022 年底。

(二)聚焦优势服务发展大局

现代农业产业园围绕特色资源,依托主导产业,聚焦比较优势,发挥龙头带动作用,发展强县富民产业,服务县域乃至市域高质量发展大局。例如,罗山、光山、新县、潢川四个县的现代农业产业园均围绕信阳市"两茶一菜"四化工程和中药材保护开发工程①谋划创建主题,其中,罗山聚焦"两茶"中的茶叶,提出锚定茶文化、茶产业、茶科技"三茶融合"大文章;光山围绕"两茶",推进前沿化科研、标准化管理、科学化监管、多元

---

① 由 2021 年 9 月信阳市第六次党代会提出。其中,"两茶一菜"四化工程即推动茶叶、油茶、信阳菜品牌化、标准化、基地化、数字化发展,构建完整产业链,形成拳头产品和优势产业,助推绿色食品产业集群向千亿级迈进,建设"食尚信阳";中药材保护开发工程即加强对巅茄草、猫爪草、息半夏、商桔梗、苍术等特优品种的保护、开发与利用,建设一批设施标准、管理规范、特色鲜明的道地药材生产基地,培育一批创新力强、规模大的中药企业,创响一批有信誉、有影响的中药知名品牌,打造豫南百亿级中药产业集群。

化服务、品牌化经营、信息化提升、国际化发展，扩新园、改老园、提单产、促发展，特别是在外贸出口上，在服务"一带一路"的同时，也服务以国内大循环为主体、国内国际双循环相互促进的新发展格局，四季香牢牢占领蒙古国青砖茶市场，出口量从 2016 年的 61.3 吨稳步增加到 2022 年的 680 吨，成为"一带一路"紧压茶出口领军品牌；辰龙公司拓展"一带一路"中亚、非洲市场，外贸出口持续增长，年报关出口 4100 吨，创汇 1200 万美元，成为我国最具影响力的外销眉茶加工出口企业之一；新县围绕"两茶"和中药材推进产业一体化、种植生态化、发展绿色化、经营品牌化、园区景区化、产村融合化；潢川则围绕"一菜"强化"产+学+研"体系和"产+加+销"体系双轮驱动，着力做强小龙虾和稻米产业。平舆、新蔡和正阳种猪场的现代农业产业园均围绕驻马店市"国际农都"布局建设，驻马店所辖 9 县都是生猪调出大县，有 6 个县是肉牛、奶牛养殖大县，平舆县围绕白芝麻主导产业，推进白芝麻秆、白芝麻壳的饲料化利用，实现种养结合。

（三）聚焦融合创新发展模式

优势特色明显、产业链条健全、一二三产融合，是建设现代农业产业园的内在要求。围绕产业融合，各地产业园持续创新发展模式。一是围绕主导产业促进一二三产业融合发展，培育全产业链条。例如，光山围绕油茶，延伸发展山茶油、茶皂素、二脂油加工、乡村旅游等，实现了油茶产业繁育、种植、加工、销售、文旅等全链条开发；围绕茶旅融合，丰富乡村旅游产品，大力发展休闲农业和乡村旅游，打造了多条精品旅游线路，年接待游客 306 万人次，其中油茶园、茶乡游客占 70%以上，相关综合收入达 12.36 亿元，晏河乡帅洼村、文殊乡东岳村先后被评为"全国美丽休闲乡村"，光山县入选全国农村一二三产业融合先导区、全国休闲农业重点县。平舆县大力发展白芝麻休闲旅游业，完善芝麻小镇内白芝麻主题公园、白芝麻博物馆、平舆白芝麻文化商务区等一批休闲农业示范点，将平舆打造成为全国著名的白芝麻文化名城，推动价值链重构和升级，实现经济效益和生态效益双丰收，产业园年接待人数达到 40 万人次，年实现旅游销售收入 2 亿元。罗山推进茶旅融合发展，走出一条"茶区变景区、茶园变公园"的茶旅融合发展之路，实现生态建设、环境保护与旅游产业协调发展。2022 年，全县茶叶旅游直接从业人数 4000 余人，间接从业人数 2 万余人，年接待游客 26 万人次以上，综合收入 3 亿元以上。二是围绕产业融合创新生产经营模式，拓展产业发展空间。新县积极探索"药材+油茶"的山区种植新模式和"颠茄草+晚稻"的稻药轮作模式，油茶与喜阴类中药材可以高低搭配、间作套种，有效发挥生态空间优势，在管理油茶的同时兼顾药材，提高了土地利用率和土地产出率，减少了用工量，还可以药养茶、以耕代抚、以短养长，效益大大提升；探索杂交晚稻和颠茄草水旱轮作，实现同一地块经济作物和粮食作物生产两不误。潢川县探索"虾稻共作"的种养结合模式，通过优势互补的生物链条，小龙虾和水稻的品质均得以提升，实现了"一田两用、一水两养、一季双收"，出产"稻米虾""虾米稻"。平舆县积极发展循环经济，探索白芝麻秆、白芝麻壳的基料化、肥料化、饲料化利用，构建"白芝麻秆—畜牧饲料—有机肥""白芝麻秆—环保碳"等多种产业循环发展模式，促进生产要素在一二三产业中循环。新蔡县和正阳种猪场探索种养结合、循环利用机制，采取"种植—养殖—废弃物处理资源转换—种植—养殖"的循环模式，实现畜禽粪污综合利用和秸秆综合利用。三是围绕产业融合大力发展特色节会和电商直播，赋能产业提质增效。信阳市举办"中国茶都·信阳国际茶文化节"，新县举办茶旅电商文化节，潢川县召开稻米粉食品产业发展大会，平舆县每年召开白芝麻产业发展大会、举办白芝麻文化节，开展产品展销、园艺景观营造、乡村游乐活动。光山县建成电子商务孵化园，与腾讯公司合作建立"光山号"协同创新平台，利用互联网、抖音、直播等，带动直播经济发展，实现电商、微商、店商"三商"融合营销，已形成"互联网+"销售新业态，产销率达 95%，被评为"全国电商扶贫十佳县"。平舆县在京东、淘宝等购物网站开设平舆白芝麻农产品专营店，每年销售额达 7000 万元以上；利用白芝麻专业电商平台"我爱芝麻网"，对线上线下资源进行整合，线上建立大型的垂直电商网站，线下在青岛港、天津港等派驻业内专家，逐步建成"立足平舆、辐射全国、走向全球"的白芝麻贸易网络。

（四）聚焦效能优化扶持举措

现代农业产业园本质上是对土地、劳动力、资本、技术、数据等要素的集聚，因而离不开政策的引导和支持。在实践中，各地产业园围绕提升园区发展效能而持续优化扶持举措。一是优化科技创新扶持。各地产业园均注重在全链条、全环节强化创新驱动，加强研发创新、技能培训、机械化推广、数字化应用和信息化溯源等。如罗山县扩大生产机采机制茶，23%的茶园可实现机采，30%的生产企业实现连续化加工，茶产业的规模化、标准化、机械化、组织化程度不断提高，仅红茶年总产量就达36万公斤，年增加茶叶产值1.6亿元；建设数字茶叶，建成何家冲农产品交易平台，实现采茶、加工、销售全产业链数字化运行和全程信息化溯源。二是优化财政金融扶持。新县设立1000万元农业发展专项基金和1000万元产业化发展专项基金，通过基金引导金融部门扩大贷款投放，重点支持农业产业化龙头企业、新型经营主体和特色产业园建设，先后整合油茶产业发展专项资金5000万元，新建油茶基地9万亩，改造低产油茶林2.32万亩，坡改梯1.5万亩，建成高标准育苗温室大棚2000平方米。罗山县设立茶产业发展基金200多万元，整合涉农项目和社会资金7000多万元，重点奖补机械化采摘技术推广、质量安全体系建设、商标品牌创建、产业化升级、市场开拓等，撬动社会资本投入2.4亿元以上。光山县加大财政扶持力度，新发展油茶每亩补助1100元，油茶低改投入资金1220万元；强化金融服务，争取国开行油茶优质示范林贷款3.4亿元，每亩贷款3400元，县财政配套资金8639万元。三是优化市场体系扶持政策。加强市场流通体系建设，罗山县规划建设茶叶流通市场，大力发展连锁经营、直供直销、网上交易，茶叶经营门店、茶馆达260多家，网络直销店达50多家，年营业收入7.8亿元；潢川县建设信阳市小龙虾交易中心和乡镇分交易中心，形成全省最大的小龙虾交易市场，完善电子商务和网上销售渠道，网上销售额突破2亿元；平舆县围绕生产、加工、收储、物流、销售等环节，打造河南省重要的白芝麻加工基地及白芝麻交易流通中心，建成并运营了豫南最大的农特产品交易和仓储物流综合体——中原农博汇，设立了以互联网为基础的农产品现货交易平台——天元国际商品交易市场。四是优化用地保障扶持政策。各地产业园均强化用地保障，坚持依法自愿有偿的原则，鼓励农村集体经济组织、新型经营主体及农户以土地承包经营权入股参与产业园建设和经营。建立土地承包经营权流转风险防范制度，促进土地向产业园集中，扩大产业园建设规模。新增建设用地计划优先保障产业园建设需求，城乡建设用地增减挂钩等用地指标优先安排产业园建设。五是优化体制机制扶持。罗山县、光山县将茶叶产业从林业局管理划归到农业农村局管理；平舆县把芝麻产业列为五大产业之一，成立白芝麻产业协会和产业联盟；新县着力打造中医药产业链，设立引导资金和奖补资金、中药材种植补贴，并拟出台《关于支持中医药产业发展的意见》。

三　问题与思考

（一）补齐基础设施短板，强化基础支撑能力

基础设施是现代农业产业园的基础，各地现代农业产业园通过创建，在基础设施方面均有较大提升，有力推动了产业园发展，但总体来说，仍有较大提升空间，面临补齐短板与提档升级的双重任务。一些地方供水、供电、供气条件差，道路、网络通信、仓储物流等设施未实现全覆盖。一些产地批发市场、产销对接、鲜活农产品直销网点等设施相对落后，物流经营成本高，先进技术要素向乡村扩散渗透力不强。比如，2023年春季干旱，豫南茶叶普遍受到较大影响，相对而言，产业园中建有滴灌或喷灌设施的茶园受影响较小。但由于地处丘陵，地形地貌复杂，加之各地水利工程分布不均且不配套，土地整理成本较高，光山县油茶和茶园滴灌设施亩均建设成本达到8000～10000元。再如，潢川县小龙虾加工的产成品面向消费终端时均需低温冷藏运输，整个供应链物流成本偏高，尤其是冷链物流成本过高。

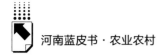
因此,要补齐基础设施短板,强化产业园基础支撑能力。一是加快公共基础设施建设。持续加大对产业园水、电、路等公共基础设施建设的投入力度,采取股权投资引导基金、事后补助、以奖代补、贷款贴息、保费补偿、风险补偿等方式,撬动社会资本更多投入产业园建设。二是加快产业基础设施建设。围绕主导产业发展,在品种繁育、检验检疫、冷链物流、仓储冷藏、批发市场、绿色发展、农文旅融合等方面,加强针对性配套基础设施建设。三是探索基础设施"投融建运管"长效机制。借鉴部分地区在高标准农田建设上的"投融建运管"实践,以园区为平台载体,在现代农业产业园积极探索基础设施"投融建运管"长效机制,在财政投入、平台融资、工程建设、规模化运营、全过程监管维护等方面探索新经验。

(二)补齐资源要素短板,增强产业发展动能

现代农业产业园建设本身就是集聚资源要素的过程,各地均在保障资源要素供给方面做了大量工作,但由于各地发展基础、资源禀赋等不尽一致,一些地方还存在一些亟待补齐的突出短板。比如,用地难、融资难、人才短缺,是很多产业园普遍面临的突出问题。设施农业、冷库、乡村旅游等配套设施用地难以保障;融资难、融资贵、融资慢;高端人才严重缺乏,农村实用人才培养难,且园区企业在发展过程中缺乏专业人才,地方性高校过少等。特别是一些特色农业,由于自身特征和历史沿革的因素,在科技推广、机械化等方面还存在瓶颈,比如,小麦、玉米、大豆、花生等农作物基本实现了全过程机械化,而芝麻生产机械化程度偏低,尤其是缺乏适应机械化的抗落粒性强的品种,造成芝麻收获机械化水平低,种植人工成本高且容易减损,制约芝麻种植面积扩大和农民增收增效,直到2022年才开始实现抗落粒型宜机收芝麻品种突破,进而实现从"全人工"向"全程机械化"转变。再如,目前茶叶大部分仍为手工采摘,适宜机采机制的也只有部分品类,如低档绿茶、绿片茶、红茶、碾茶、抹茶、乌龙茶、白茶饼等。

为此,需要加快补齐资源要素短板,增强产业园主导产业发展动能。一是强化创新驱动。在作物及动物育种、种养殖、田间管理、收割、农产品深

加工等环节，创新推广智能设备、机器人技术、农业物联网技术等，加强良种良法良机配套，提升全环节机械化，加快数字监测平台和追溯体系建设。二是强化用地保障。落实县乡级国土空间规划和省级土地利用年度计划中一定比例的建设用地指标用于保障乡村重点产业和项目用地。积极盘活闲置宅基地，有序推进集体经营性建设用地入市，积极探索农民农村土地权益依法有偿退出机制，创新点状供地保障新产业新业态发展。三是强化投入保障。加大财政涉农资金整合投入力度，优化财政贴息、奖补、税收减免等方式，创新金融扶持产品和服务，探索地方特色险种，优化营商环境，拓宽社会工商资本投资渠道。四是强化人才保障。加强农业创新人才培养引进，推进农业科研成果使用、处置、收益管理和科技人员股权激励改革，加强产业园与农业院校、科研机构开展全方位尤其是紧缺领域和环节的科技合作。加强农业创业人才培养引进，鼓励支持各类人员尤其是返乡创业人员围绕产业园主导产业开展各种延链补链强链的创新创业。创新柔性引进机制，在产业服务体系、信息化等方面加强技术合作和成果转化。

（三）补齐产业发展短板，提升产业发展韧性

产业发展是现代农业产业园提质增效的重点所在，也是难点所在。各地产业园围绕主导产业进行谋划和推进，并取得了较好的进展，但仍在不同程度上面临一些突出短板，影响产业发展质量和韧性。比如，产业链条短、产业链增值效应不强，一些关键环节还存在缺失或短板，培育发展农业全产业链存在一定难度。再如，大宗作物保险险种开发和理赔机制相对健全，但特色作物进展不一，如潢川县出台小龙虾养殖政策性保险工作实施方案和理赔界定办法，实现小龙虾地方性补贴保险全覆盖，全县最高每亩可赔付1500元，为群众减少损失2760万元；正阳种猪场根据国家和省相关保险政策，坚持实施园内农业自然灾害救助、生猪保险、无害化处理补贴、能繁母猪补贴、生产经营贷款贴息等优惠政策，确保有效化解农牧产业发展风险，有效保障产业健康持续发展；而茶叶多未纳入保险，在2023年春季干旱中遭受不同程度的损失。此外，一些产业园品牌效益尚不明显，还没有形成具有较

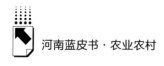

强影响力和竞争力的区域公共品牌。

为此，需要加快补齐产业发展短板，持续提升产业发展韧性。一是持续推进产业融合发展。持续延伸育种、种养、收贮、深加工、销售等产业链条，构建产前、产中、产后从前端到终端的完整产业链条，拓展研学、休闲康养等业态。二是持续加大品牌培育力度。深入挖掘资源、产品特色，推进品种培优、品质提升、品牌打造和标准化生产，积极举办会展、节庆、赛事等品牌活动，着力打造区域公共品牌、企业品牌和产品品牌。三是持续提升风险防范化解能力。围绕特色产业，建立健全由政府、链主企业、规模经营主体、农户、银行、保险公司等共同分担的风险基金，创新保险产品和服务，优化"保险+期货"模式，加强产业园发展风险研判，建立应急处置机制和风险化解预案。四是持续推动绿色低碳发展。顺应绿色发展理念和健康食品市场需求，强化生产加工等全环节的绿色环保，创新生态农业模式，构建农业循环经济体系，倡导有机农业、推广生物技术防治，促进生态环境保护和可持续发展。

（四）补齐统筹管理短板，释放集聚示范效应

现代农业产业园建设涉及农业农村、交通、水利、财政、文旅等多个部门以及县、乡镇、企业等多类主体，如何加强统筹管理、形成建设合力，关乎产业园建设成效。一是进一步提升对发展现代农业产业园重要性的认识，持续推进产业园建设。按照普惠性、竞争性、政策性相结合的原则，全面推动省市县级产业园建设，扩大产业园覆盖面，实现涉农县产业园全覆盖。推动实施现代农业产业园建设专项行动，突出创新驱动、绿色转型、品牌引领、联农带农，积极推动各级现代农业产业园提档升级。二是进一步提升现代农业产业园要素集聚和示范带动能力。引导产业园创新投融资、科技人才入园、龙头企业引育等，撬动金融和社会资本参与建设，招引专业技术人员入园，促进更多的金融资本、政府专项债用于符合条件的现代农业产业园建设，推动产业园打造具有自身特色的发展模式，发挥产业园示范带动作用。三是进一步提升现代农业产业园管理水平。加强产

业园建设监测评价和绩效考核，完善奖优罚劣机制，发挥好产业园对乡村产业振兴的引领示范作用。

（五）补齐利益联结短板，优化产业发展生态

现代农业产业园各利益主体的利益联结程度，是决定产业园能否有效运行及运行效率的重要因素。目前，农户参与分享农业产业园建设成果，主要还是通过劳务、农产品买卖及土地租赁等方式，分红型、股权型、契约型等紧密型利益联结形式还较少，农户分享乡村产业高质量发展带来的收益有限，对农户持续增收的支持不够。此外，现代农业产业园与所在地能否有效互动融合，也是影响产业园建设成效的重要因素。

因此，要强化利益联结，构建促进产业园高质量运行的良性产业发展生态。一是健全与农民的利益共赢机制。大力发展龙头企业牵头、家庭农场和农民合作社跟进、广大小农户参与的产业联合体，促进农业生产与加工、流通、销售、旅游等产业的融合，健全订单生产、股份合作、产销联动、利润返还等利益联结机制，引导农业龙头企业与基地农户之间的对接，从简单的产品收购逐步向育种、种植、加工、营销、物流配送等农业全产业链环节延伸，实现纵向一体化和横向规模化的有机结合。二是打造多元服务体系。积极探索建设新型农业综合服务体系，创新农业综合服务方式，支持服务主体与生产主体合作，采取服务主体加农户、加基地、加新型生产经营主体等方式，在农业生产各环节开展合作式服务。明确服务重点，支持开展病虫害统防统治、农产品市场信息、包装储运、冷链储藏、品牌推广、产品销售等服务，鼓励和引导社会资本投资农产品流通、农技服务、农资供应、检验检测等领域，形成公益服务强动力、经营服务增效益、广大农民得实惠的利益共享机制和实现机制。三是强化产村融合推动园地共生。结合当地资源禀赋，持续深化产村融合，利用乡村的土地、人力、农业资源等优势，将主导产业发展的种养基地、加工厂房、物流园等基础功能设施扎根在美丽的乡村，通过租金、薪金、股金、种植收益等方式持续带动当地村民致富增收，真正实现以产业兴旺撬动乡村振兴的目的。充分利用好"互联网+"现代农业行

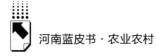

动、大力实施信息进村入户工程，借力各类涉农电商企业开拓现有产销衔接渠道，提升农业产业化经营的广度和深度，提高产品附加值，并将产业链增值收益更多地留在产地、留给农民。

参考文献

肖琴、罗其友：《国家现代农业产业园建设现状、问题与对策》，《中国农业资源与区划》2019 年第 11 期。

李和平、张晓晓：《农户视角下现代农业产业园利益联结机制探析》，《农村经济》2019 年第 7 期。

许萍、郑金龙、孟蕊等：《国家现代农业产业园发展特点及展望》，《农业展望》2018 年第 8 期。

郑坤、梁玉琴：《我国现代农业产业园发展历程及未来趋势》，《现代农业科技》2019 年第 23 期。

蒋黎、蒋和平、蒋辉：《"十四五"时期推动国家现代农业产业园发展的新思路与新举措》，《改革》2021 年第 12 期。

崔永伟：《国家现代农业产业园竞争力研究》，《农业经济》2021 年第 2 期。

刘子萱、李国景、罗其友：《现代农业产业园联农带农效应及其区域差异研究——基于 114 个国家现代农业产业园的实证分析》，《中国农业资源与区划》2022 年第 12 期。

赵海燕、严铠、刘仲妮等：《现代农业产业园产业融合发展水平研究——基于北京 8 家园区的实证分析》，《中国农业资源与区划》2021 年第 8 期。

乡村建设

B.13

河南建设宜居宜业和美乡村的态势及对策研究

张 瑶*

摘 要： 建设宜居宜业和美乡村，是党的二十大报告对乡村建设提出的新任务和新要求。本报告在厘清河南建设宜居宜业和美乡村现状的基础上，针对乡村建设短板突出、要素投入保障不足、产业发展动能不强、农民主体缺位、数字赋能不足等现实阻滞，从实施乡村建设行动、强化要素资源保障、优化乡村产业体系、提升乡村治理效能、突出数字全面赋能等五个方面提出对策建议，以加快河南建设宜居宜业和美乡村进程，统筹实现乡村人与自然和谐共生、人业和合相宜、人人美美与共。

关键词： 宜居宜业和美乡村 农村现代化 河南

---

* 张瑶，河南省社会科学院农村发展研究所研究实习员，主要研究方向为农村经济。

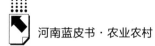

全面建设社会主义现代化国家，既要建设繁华的城市，也要建设繁荣的农村。建设宜居宜业和美乡村，是党的二十大报告对乡村建设提出的新任务和新要求。在实现第二个百年奋斗目标的新征程上，建设宜居宜业和美乡村是全面推进乡村振兴的一项重大任务，是农业强国的应有之义，更是实现中国式现代化的重要举措。河南作为农业农村大省，在全面推进乡村振兴和高质量建设农业强省的进程中，需要扎实推进宜居宜业和美乡村建设，努力实现乡村人与自然和谐共生、人业和合相宜、人人美美与共。

一　河南建设宜居宜业和美乡村的现状

党的十八大以来，河南坚持农业农村优先发展总方针，把乡村建设摆在现代化河南建设的重要位置，针对乡村基础设施和公共服务提升、美丽宜居乡村建设出台《河南省乡村建设行动实施方案》《河南省贯彻落实〈乡村建设行动实施方案〉工作方案》《河南省乡村建设示范创建方案》等文件，成立乡村建设行动领导小组和多个专项行动专班，立足地域特色，科学规划、整体推进，在乡村基础设施建设、公共服务提升、人居环境改善、乡村产业发展、乡村治理等方面取得了明显成效，农村面貌发生明显变化，群众幸福感获得感显著提升。

（一）乡村基础设施提档升级

河南通过持续实施乡村道路补短板、农村电网巩固提升、乡村信息通信等工程项目实现农业基础设施建设稳步推进、生活基础设施趋于完备、网络通信设施建设加速，促进城乡基础设施互联互通，推动乡村基础设施提档升级。2022 年，河南省按计划完成 26 处大中型灌区续建配套与现代化改造任务，恢复和改善有效灌溉面积 117.38 万亩;[①] 新建高标准农田 756 万亩，同

---

① 董飞、于娇燕、李乐乐：《坚持民生为本　切实办好民生水利》，《河南日报》2023 年 4 月 24 日，第 4 版。

步发展高效节水灌溉面积 285 万亩，累计建成高标准农田 8330 万亩、发展高效节水灌溉面积 2350 万亩；① 累计新建和改造乡村公路 9789 公里，"四好农村路"全国示范县数量位居全国第一方阵；② 统筹推进 5G 和千兆光网协同发展，实现乡镇以上区域 5G 网络连续覆盖和千兆光网全覆盖，网络规模位列全国第一方阵。③ 截至 2022 年底，全省乡村集中供水率达到 94%，自来水普及率达到 92%。④

（二）乡村基本公共服务提标扩面

河南坚持以增进人民福祉、促进人的全面发展为目标，聚焦民生重点领域和关键环节，积极推动公共服务供给侧结构性改革，不断加大对乡村公共服务的投入和保障力度，在硬件和体系建设上取得了明显进展。一是医疗卫生服务不断进步。高质量推进县域医共体建设，建立家庭医生签约服务制度，2022 年末全省共有基层医疗卫生机构 77904 个，其中社区卫生服务中心（站）1847 个、卫生院 2003 个、村卫生室 59858 个、诊所 11333 个。⑤二是乡村教育快速发展。聚焦"创新驱动、科教兴省、人才强省"战略，深入推进乡村教育振兴，通过完善乡镇教育设施，积极探索学区制、集团化、一体化、名校办分校等办学模式，盘活市域教师队伍等措施，促进乡村教育质量大幅提升、资源全面扩充、服务能力显著增强，推动城乡教育一体化均衡发展。三是公共文化服务加快普及。探索"乡村文化合作社"等乡村公共文化服务新模式，已基本建成覆盖城乡、保基本、促公平的公共文化服务体系，基本解决了"有没有"的问题，为乡村群众享受文化、

---

① 《开启新征程　加快现代化农业强省建设》，大河网，2023 年 2 月 15 日，https：//baijiahao. baidu. com/s？id=1757826718557250836&wfr=spider&for=pc。
② 《2022 年河南累计新建和改造农村公路 9789 公里"快递进村"覆盖率达 72.8%》，河南省人民政府网站，2023 年 2 月 20 日，https：//www. henan. gov. cn/2023/02-20/2691902. html。
③ 《2022 河南省互联网发展报告》。
④ 董飞、于娇燕、李乐乐：《坚持民生为本　切实办好民生水利》，《河南日报》2023 年 4 月 24 日，第 4 版。
⑤ 《河南省卫生健康事业发展概况》，河南省人民政府网站，2023 年 3 月 23 日，https：//www. henan. gov. cn/2023/03-23/2712565. html？eqid=f4d46f48000c09cc00000006643fb7e6。

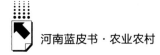

参与文化、创造文化提供了更多便利条件。四是社会保障能力明显提升。推进全民参保，养老保险实现制度和人群全覆盖，城乡居民基本养老保险基础养老金最低标准提高至每人每月123元，乡村养老服务能力和保障水平稳步提高。

（三）乡村人居环境明显改善

河南把人居环境整治与"五星"支部创建相结合，开展"治理六乱""六清"集中整治行动，有序推进厕所革命，全面推进垃圾治理，梯次推进污水处理，持续推进示范村镇创建，取得重要阶段性成效。2018年以来，全省乡村共完成无害化卫生厕所改造882万户，无害化卫生厕所普及率达到69%，其中，孟州市"改厕治污一体推进、村容乡风同步提升"的改厕模式在全国推介。农村生活垃圾收运处置体系覆盖所有行政村和97%的自然村，初步建立了"扫干净、转运走、处理好、保持住"的农村生活垃圾治理体系。[1] 河南认定2022年度农村生活垃圾分类与资源化利用示范县（市、区）10个、示范乡镇50个。[2] 截至2022年底，全省农村生活污水治理率达36.6%，稳居中西部省份前列。全省已创建"四美乡村"11200个、"美丽小镇"500个、"五美庭院"183万个。[3]

（四）乡村产业蓬勃发展

河南持续深化农业供给侧结构性改革，扛稳粮食安全重任，培育壮大县域富民产业，"国人粮仓""国人厨房""世人餐桌"的地位不断提升。

---

① 《农村人居环境深刻重塑（学思想 强党性 重实践 建新功 记者微调研）》，《河南日报》2023年5月25日，第4版；《开启新征程 加快现代化农业强省建设》，"大河网"百家号，2023年2月15日，https：//baijiahao.baidu.com/s？id=1757826718557250836&wfr=spider&for=pc。
② 《河南农村生活垃圾分类和资源化利用示范县、示范乡镇名单公布》，河南省人民政府网站，2023年6月1日，https：//www.henan.gov.cn/2023/06-01/2753625.html。
③ 《农村人居环境深刻重塑（学思想 强党性 重实践 建新功 记者微调研）》，《河南日报》2023年5月25日，第4版。

2022 年，河南粮食产量为 1357.87 亿斤，居全国第 2 位，累计建成高标准农田 8330 万亩，综合机械化率达 87%，主要粮食作物良种覆盖率达 97%，优质专用小麦种植面积达 1628 万亩，优质花生种植面积达 1939 万亩，食用菌产量达 178 万吨，均居全国第 1 位。① 全省已经创建 10 个国家级、100 个省级现代农业产业园，创建 6 个国家级优势特色产业集群、80 个国家级农业产业强镇。② 河南优化环境、完善政策、出台文件，实施"数商兴农"和"互联网+"农产品出村进城工程，乡村旅游、休闲农业、文化体验、健康养老、电子商务等新产业新业态方兴未艾，农民返乡创业态势良好。阿里研究院数据显示，2022 年河南共有 144 个淘宝镇、209 个淘宝村。截至 2022 年底，河南已创建 236 个乡村康养旅游示范村，创建"快递服务现代农业"省级金牌项目 25 个，快递电商实现深度融合，协同发展成效明显。③ 2022 年认定 30 个农民工返乡创业示范园区、50 个农民工返乡创业示范项目、101 个农民工返乡创业助力乡村振兴优秀项目。④ 截至 2022 年，河南省新增返乡创业 137 万人、带动就业 900 多万人。⑤

（五）乡村治理改善提升

乡村治，百姓安，国家稳。近年来，河南把乡村治理作为乡村振兴的有力抓手，一是不断建强农村基层党组织，2021 年换届后，新一届村（社区）"两委"成员中本村致富能手、外出务工经商返乡人员、本乡本土大学毕业

① 《开启新征程 加快现代化农业强省建设》，"大河网"百家号，2023 年 2 月 15 日，https://baijiahao.baidu.com/s? id=1757826718557250836&wfr=spider&for=pc。
② 《"河南这十年"主题系列第二十三场新闻发布会（乡村振兴专场）》，河南省人民政府网站，2022 年 10 月 10 日，https://www.henan.gov.cn/2022/10-10/2619895.html。
③ 《2022 年河南累计新建和改造农村公路 9789 公里 "快递进村"覆盖率达 72.8%》，河南省人民政府网站，2023 年 2 月 20 日，https://www.henan.gov.cn/2023/02-20/2691902.html。
④ 《河南省农民工工作领导小组关于公布河南省 2022 年农民工返乡创业示范园区（项目）和助力乡村振兴优秀项目名单的通知》，河南省人力资源和社会保障厅网站，2023 年 6 月 5 日，https://hrss.henan.gov.cn/2023/06-27/2768157.html。
⑤ 《河南：稳住"双千万"就业，托起农民增收基本盘》，"新华社客户端"百家号，2023 年 2 月 17 日，https://baijiahao.baidu.com/s? id=1758035501283854804&wfr=spider&for=pc。

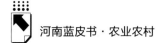
生、退役军人占比达到 71.7%。^① 二是广泛开展文明实践，持续推进移风易俗，摒弃陈规陋习，弘扬文明新风。截至 2022 年底，全省普遍建立了新时代文明实践中心（所、站），50%以上的乡镇和村达到县级以上文明村镇标准，^② 文明乡风、良好家风、淳朴民风蔚然成风，农村安定和谐局面日益巩固。三是探索自治、法治、德治、数治相融合的基层治理体系，建成覆盖省、市、县、乡、村五级的河南政务服务网。

二　河南建设宜居宜业和美乡村的现实阻滞

建设宜居宜业和美乡村是国家在推进农业农村现代化进程中的重大实践，涉及农村生产、生活、生态等多个领域，是一项长期任务、系统工程。当前，在推进宜居宜业和美乡村建设进程中，逐渐暴露出乡村建设、要素保障、产业发展、农民参与、数字赋能等方面存在的一些短板弱项。把握好当前建设宜居宜业和美乡村面临的现实阻滞，为加快建设农业强国、全面推进乡村振兴找到根本着力点。

（一）乡村建设短板突出

党的十八大以来，河南省在乡村规划、基础设施建设、基本公共服务、人居环境整治等方面取得了较大进展，但是与宜居宜业和美乡村的目标要求相比，还存在很多薄弱领域和短板。一是乡村规划引领作用不强。从整体来看，在全省 4.58 万个行政村中，过半数的乡村还没有形成科学合理的乡村规划，缺少指引。同时，已有的一些乡村规划科学性、前瞻性不强，比如，部分乡村盲目照搬城市规划的思路和理念编制村庄规划，导致规划的"城市味道"过重，也有部分乡村在规划时对乡村发展规律的认识不足，导致

---

① 《头雁引领　群雁高飞——我省高质量完成村（社区）"两委"换届工作》，《河南日报》2021 年 5 月 13 日，第 1 版。
② 《孙巍峰：加快建设农业强国，河南要展现更多担当、贡献更多力量》，顶端新闻网站，2023 年 7 月 19 日，https：//www.dingxinwen.cn/detail/4450D2B744BF4871B4669161CE970E？categoryId＝-2。

土地资源粗放使用，一些项目重复建设，造成资源浪费。二是基础设施仍较薄弱。一方面，由于城乡二元结构的长期存在，基础设施以城市为"绝对中心"，在农村的延伸性和覆盖面明显不足，城乡公共资源配置不均衡，农民日益增长的美好生活需要与农村基础设施建设水平之间的供需矛盾日益突出。另一方面，乡村基础设施建设存在向重点村、示范村过度集中、重复建设的情形，导致普通乡村基础设施建设存在投入少、层次低、质量低、功能弱等现象，乡村内部发展不平衡。三是基本公共服务水平亟待提升。与农村居民美好生活需求相比，教育、医疗、养老等农村公共服务供给数量不足、质量不高、结构不优，乡村基本公共服务的均衡性和可及性亟待增强。四是人居环境整治水平亟待提升。不仅农村人居环境整治整体水平不高，乡村之间差距较大，而且后续的设施管护、运营等投入机制不健全。

（二）要素投入保障不足

一体推进农业现代化和农村现代化，实现乡村由表及里、形神兼备的全面提升，关键在于落实。河南在推进宜居宜业和美乡村建设的过程中，面临人、地、钱等要素投入保障不足的困境。一是人才匮乏。河南乡村青壮年劳动力外流、农村人口老龄化现象比较严重，加之人才培养机制建设滞后，乡村引才难、育才难、留才难，普遍存在人才总量不足、质量不高、结构不优的发展瓶颈，出现了劳动力断代、年龄结构断层的问题，村庄发展活力不足，一些乡村规划的产业项目由于缺乏人才和劳动力支撑，难以落地。二是土地资源稀缺。河南乡村空闲地和闲置宅基地大多零星分散，整治腾退难度大、成本较高。一些农村集体建设用地因碎小地块、村民意愿、政策要求等方面的制约，存在粗放利用、闲置浪费现象。另外，乡村新产业新业态对设施农用地和建设用地提出了新的更高要求，一些乡村二三产业用地指标不足，难以满足乡村产业发展需求，即便是一些地方在乡镇土地利用规划中为乡村产业发展预留了少量用地指标，但由于缺少细化的村级规划，难以发挥实效。三是资金投入短缺。河南乡村数量多、面积大、范围广，乡村地区的财力有限，并且长期以来乡村建设投入少、欠账多，基础设施建设、环境治

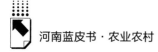

理、农业发展等方面存在巨大的资金缺口。然而，乡村建设的资金投入主体力量不足，村集体财力有限，社会资本参与不足，单靠财政资金支持还无法满足宜居宜业和美乡村建设的需要。伴随部分地方财政困难，县乡两级也无法提供足够的资金支持，会出现财政资金支持不足而无法开展工作的情况。另外，存在资金分配不均的现象，资金大都向有条件、有基础的村庄倾斜，导致一些基础设施比较薄弱、真正需要建设资金的村庄，却难以获得大量的资金支持。

（三）乡村产业发展动能不强

乡村产业是农业农村各项事业发展的物质基础，乡村产业发展的重点在于形成现代产业体系与合理的产业结构。目前，无论是产业体系构建，还是产业结构调整，河南都比较滞后。从乡村产业体系来看，河南是传统的农业大省，不少地区还是以第一产业为主，农产品加工多停留在初次加工环节，精深加工程度不够，农产品加工转化率较低，产业链、要素链、创新链、供应链、政策链耦合不紧密，农村产业现代化服务仍然乏力，普遍存在产业链发展整体水平不高、链条较短、"补链""延链"步履缓慢等问题，导致绿色优质农产品、生态健康畜牧产品供给不足、产品附加值不高、产品品牌不优，产业融合层次不深，产业发展协同性不够，产业带动性不强。河南乡村存在产业结构同质化现象，缺乏个性特色和核心竞争优势，产业结构调整难度比较大。部分乡村主导产业定位不清晰，特色资源挖掘不深入，休闲农业和乡村旅游大多停留在农家乐、采摘园等层面，没有形成农商旅、农文教、农文养、农餐游等多功能立体式农业休闲和乡村旅游良性融合发展模式，同质化现象严重，游客重游率比较低。

（四）农民主体缺位

农民既是宜居宜业和美乡村建设的主体，又是受益主体。乡村建设资本化、技术化与行政化导致农民主体缺位的结构困境。主要表现在，一方面，乡村建设过程中农民被客体化、被边缘化，存在政府干农民看、农民不想参与、农民参与不了的情况。比如，一些基层政府以购买服务的市场外包方式取代了农民对村庄环境治理的参与，部分乡村直接将本应由村民主导的村庄规划变成了由政府主导，一些乡村引进商业资本提供市场化服务的经营模式发展乡村旅游，这些做法对农民需求缺少关注，导致农民被边缘化。还有部分乡村则是乡村集体组织力量薄弱，基层党组织软弱涣散，没有能力把农民组织起来参与村庄治理，导致自治、德治建设空化问题。另一方面，从农民自身来看，大量中青年劳动力候鸟式的乡村生活淡化了乡村情结，常年留守在农村的老人、妇女和儿童因为自身能力不够，难以对乡村发展和建设提供建议和想法，往往都是听从村干部的安排，长此以往，逐渐失去了表达自身意愿和想法的能力，参与乡村建设的积极性进一步降低。一些农民则是个人权利意识淡薄，公共精神缺失，参与意识不强、热情不高，总觉得会有其他村民参与和村委会兜底，自身只是宜居宜业和美乡村建设的观望者。

（五）数字赋能不足

数字赋能宜居宜业和美乡村建设离不开新技术、新场景的叠加作用，但是在数字经济与河南乡村建设不断互嵌和融合的过程中，普遍存在数字技术对农业农村发展的支撑能力不强，数字应用尚停留在初级层次的现象，影响数字对宜居宜业和美乡村建设赋能效应的充分发挥。具体来看，一是数字农业等方面的关键核心技术创新不足，数字农业的发展水平有待进一步提高，覆盖范围有待进一步扩大，数字防汛防灾的能力需要进一步提高。二是数字技术融合应用场景有限，由于乡村数字基础设施比较薄弱，农业产业数字化、数字产业化和乡村数字软件服务发展相对滞后，极大地限制了数字技术在宜居宜业和美乡村建设各个领域的嵌入和渗透，乡村地区难以充分共享数字红利。三是缺乏数据要素整合平台，存在"数字孤岛"，数字农业、数字乡村、数字治理等数据资源分散、共享不畅，甚至一些部门不愿共享数据、不敢共享数据、不知道如何共享数据，数据资源整合难度较大，数据分析和应用方面也存在较大的技术挑战和壁垒。四是农民数字素养低，数字化应用场景有限，农民更多的是运用微信、抖音、淘宝、拼多多等平台进行社交、

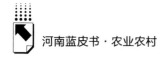

购物、娱乐等，将"数"之力转化为生产力的能力较低；对部分农民群体而言，数字技术会造成"排斥效应"和"挤出效应"，导致新的数字化贫困。

三 河南建设宜居宜业和美乡村的对策建议

在新的发展阶段，必须将宜居宜业和美乡村建设放在推进中国式现代化大背景下来审视，着眼新的目标要求，把握新的变化趋势，与建设农业强省、全面推进乡村振兴统筹起来，深化推广浙江"千万工程"经验，坚持硬件软件两手抓，一体推进乡村发展、乡村建设、乡村治理，从实施乡村建设行动、强化要素资源保障、优化乡村产业体系、提升乡村治理效能、突出数字全面赋能等五个方面系统发力，高水平建设宜居宜业和美乡村，将现代版"富春山居图"在中原大地镌刻呈现。

（一）实施乡村建设行动，夯实乡村全面振兴根基

建设宜居宜业和美乡村，要以乡村振兴为农民而兴、乡村建设为农民而建为根本原则，科学编制村庄规划，统筹乡村基础设施和公共服务布局，扎实推进人居环境整治，不断缩小城乡发展差距，持续提升乡村宜居水平。一是科学规划乡村建设，彰显中原乡村特色。要秉持乡村建设为农民而建的原则，客观分析乡村建设的现实基础和推进步骤，综合研判乡村资源禀赋、产业发展、农民素养等现状，科学布局乡村生产、生活、生态空间，尤其要注重保护传统村落和乡村特色风貌，突出地域特色、乡土底色，制定各具特色的差异化乡村建设规划。二是推进农村基础设施建设，弥合城乡发展硬鸿沟。持续加快补齐农村基础设施建设短板，完善水利、电力、道路、网络、物流等生产生活配套设施，推进城乡基础设施互联互通，满足农民现代化生产生活需要。扎实推进农田水利和高标准农田建设，坚持建管并重，强化后续管护，进一步提升农业防灾减灾抗灾能力。三是推进农村人居环境整治，建设绿色低碳乡村。重点聚焦农村厕所革命、农村生活污水和生活垃圾处理等，开展农村人居环境集中整治行动；统筹县、乡、村三级生活垃圾收储体

系，推进垃圾分类减量与利用；建设农村污水处理系统，建立健全促进水质改善的长效运行维护机制，全面提升农村人居环境整治水平，让农村尽快净起来、绿起来、亮起来、美起来。四是推进基本公共服务均等化，丰富农村公共服务供给。推动基本公共服务资源下沉乡村，积极探索构建城乡教育共同体、医疗卫生共同体、文化共同体，大力推进"互联网+教育""互联网+医疗"等项目，增强农村公共服务供给，促进城乡基本公共服务均等化。

（二）强化资源要素保障，提升乡村内生发展能力

当前，补齐宜居宜业和美乡村建设领域短板，需要着力破解要素制约，做好人、地、钱三篇大文章，激发农业农村发展内在活力。一是做好"人"文章。要精细"育才"，健全人才开发制度，依据乡村特色种养业和产业发展需要，以"人人持证、技能河南"建设为抓手，培育"地方专家"、"田秀才"、"乡创客"和新型农业经营主体，强化对基层农业行政管理人员、农村信息员及农业技术人员的培训，加强人才储备；要精心"引才"，创新人才引进机制，采取专兼结合的方式柔性引导各级科研机构、院校的专家队伍进入农业、入驻农村，健全人才服务保障体系，统筹推进城乡人才融合发展，持续为宜居宜业和美乡村建设注入人才"活水"；要精准"用才"，优化人才资源配置，根据人才的专业、层次、岗位实现人岗相配，选好配强基层干部队伍，同时，分类推进人才评价机制改革，完善人才评价标准体系和考评机制，畅通基层农技人员晋升渠道，释放人才潜力。二是做活"地"文章。要加强耕地保护，落实做细"藏粮于地、藏粮于技"战略，守住耕地红线，加快高标准农田建设，打通复垦复耕"堵点"，破解粮食生产"难点"，实现耕地数量与质量双提升；要有序推进土地流转，创新连片流转、土地托管等经营模式，有效破解"土地碎片化利用"难题，实现高效集约用地。要纵深推进土地利用综合整治，通过科学腾挪空间、优化土地布局，努力构建农田集中连片、建设用地集中集聚、空间形态高效集约的国土空间新格局。要创新土地开发利用方式，完善乡村发展用地政策，探索灵活多样的供地方式，打通宅基地制度改革和农村集体经营性建设用地制度改革之间

的通道，通过入股、租用等方式将农村集体建设用地直接用于发展乡村产业，盘活土地资源，破解农村地"自己用不上、用不好"的困局，提高土地利用效率。三是做足"钱"文章。一方面要加大财政支农力度，构建财政支持宜居宜业和美乡村建设保障机制，确保财政支出倾向农业农村发展领域，尤其是基础设施比较薄弱、真正需要建设资金的乡村。另一方面要通过财政资金撬动社会资本和金融资本，引导社会资本和金融资本下乡，建设多元化的资金投入格局，让社会资本在农村"大显身手"，让金融资本"下得去"村庄、普惠农户。

（三）优化乡村产业体系，促进农民农村共同富裕

优化乡村产业体系，进一步释放农村发展活力，满足农民就业创业需求，促进农民农村共同富裕是推动宜居宜业和美乡村建设的必答题。要坚持联农带农、富民增效，发展乡村富民产业，推动乡村全产业升级发展，做好"土特产"这篇大文章。一是发展乡村富民产业。立足区位特点、资源优势、政策优势，统筹产业基础、功能定位，优化乡村生产空间，合理设置乡村产业定位，实施"一县一业""一乡一特""一村一品"工程，形成同资源基础相适应、区位布局相协调的产业格局；积极探索发展壮大新型农村集体经济新模式、新路径，完善利益联结机制，着力构建"政府引导、企业主导、农民参与、利益联结"的产业发展模式，通过订单生产、入股分红等方式让农民合理分享产业增值收益，实现以产聚人、以人促产、产村人互利。二是推进乡村全产业链发展。培育壮大乡村产业体系，打造农业全产业链，纵向延伸产业链条，横向拓展农业产业功能，多向提升乡村价值；支持龙头企业做大做强，充分发挥龙头企业在乡村产业转型升级中的引领示范作用和在短板产业补链、优势产业延链、传统产业升链中的辐射带动作用，推动实现产业链、创新链、供应链、要素链、制度链深度耦合。推进产业集聚，加快建设现代农业产业园，打造产业强镇强村，以现代农业产业园、农业产业强镇等载体为抓手，引导农业生产要素向园区集中，加快促进产业融合发展、集聚发展、高效发展，形成一村带数村、多村连成片、镇村联动的

发展格局。三是培育新产业、新业态。以"产村人"融合发展为路径，培育多元化乡村产业融合经营主体，因地制宜地创新乡村产业融合模式，加速催生"产业数字化+数字产业化"的农村新业态和新模式，发挥三次产业融合的乘数效应，开拓乡村宜业、农民增收的新路径，打造高质量的乡村生产空间，有力带动当地农民就业、年轻人返乡创业。四是优化营商环境。全方位宣传返乡创业就业支持政策、优秀返乡创业人才典型事迹、家乡发展前景及优化营商环境的相关政策和重要性，及时公开优化营商环境工作进展，营造浓厚氛围，引导群众树立积极参与的意识，吸引人才返乡创业；优化政务服务，积极推进放管服改革，依法简化审批程序，优化办事流程，压缩审批时限，推动行政审批事项全部网上办理；进一步健全完善政企对接机制，认真倾听企业群众诉求，切实解决好优化营商环境的"最后一公里"问题。

（四）提升乡村治理效能，实现乡村社会和谐有序

坚持农民主体地位，建强基层组织，健全治理主体参与机制，培育文明乡风，推动形成"人人关心、人人支持、人人参与宜居宜业和美乡村建设"的发展局面，让乡村既迸发出强大的内生活力又稳定有序。一是加强基层党组织建设，完善基层组织功能。紧紧抓住党建引领这个"牛鼻子"，将党支部、党员分别作为乡村治理的"主心骨"和"主力军"，发挥村级党组织的一线组织力和党员的先锋模范作用，打造新时代变革型组织。二是创新乡村治理模式，发挥农民主体作用。推广应用积分制、清单制、数字化等治理方式，搭建多元化议事协商平台，常态化开展村民说事、民情恳谈、百姓议事活动，通过"看得见"的物质激励和"能感知"的精神激励不断提高村民参与乡村治理的积极性、主动性，推动乡村治理由"村里事"变为"家家事"，让村民从乡村治理的"旁观者"变为"主人翁"。三是优化乡村治理体系，建设乡村治理共同体。要健全自治、法治、德治"三治"相结合的乡村治理体系，搭建县、乡、村三级党群服务平台，将内生型主体和外生型主体组织起来，建设人人有责、人人尽责、人人享有的基层治理共同体，形成多种资源和力量整合、多元主体共同参与相互促进的共治格局。四是推动

乡风文明建设，弘扬文明新风尚。深化新时代文明实践中心建设，凝练农民参与宜居宜业和美乡村建设的时代精神，营造"乡村是我家，建设靠大家"的积极氛围。挖掘传承中华优秀传统文化，将社会主义核心价值观融入乡规民约建设，推动传统乡规民约创造性转化和创新性发展，培育文明乡风、良好家风、淳朴民风。

（五）突出数字全面赋能，推动乡村发展提质增效

数字赋能关键在于通过综合运用人工智能、大数据、物联网等技术来推进农村产业、农民生活和乡村治理的变革，将数字经济发展红利不断释放至"三农"领域，更好助力传统农业现代化、农村现代化、农民职业化。一是坚持城乡融合发展，缩小城乡"数字鸿沟"。以硬件设施升级为重点弥合乡村地区的"接入鸿沟"，统筹推进乡村信息基础设施建设和传统基础设施数字化改造，健全运营管护长效机制，形成覆盖率高、网速快、普及率高、智能化水平高的乡村基础设施体系。搭建数字化的公共服务平台，提质农村网络教育、远程医疗和便民服务，推动政务服务、公共服务网上办、即刻办，提高乡村基层治理的效率及便捷化程度，破解传统的乡村基层治理的"最后一公里"难题。二是以"数实融合"优化资源要素配置，促进数字经济与产业深度融合。大力发展数字农业，加快推进高标准农田"5G+"智慧农业项目在全国复制推广，加大力度研发、推广、应用智能化农业装备、信息终端、手机App等，创新农技推广服务方式，创建农业数字化示范基地。因地制宜开发乡村文化资源，着力打造"一村一品"文化品牌，以图文、直播、短视频等为载体，繁荣发展乡村网络文化，健全现代文化产业体系，创新农文旅新业态。实施"数商兴农"工程，大力发展农村电子商务、零工经济等新业态。三是提升农民数字素养，拓展数字技术应用场景。搭建数字能力培训平台，加强数字技术应用场景宣传和示范，将农民培养成为掌握现代数字技术的生产者，同时加强对农村老龄群体的数字技能培训，缩小代际数字鸿沟。鼓励农民利用抖音、快手等短视频平台记录生活，讲好乡村故事，积极传播乡村特色文化、优秀传统文化，厚植乡村文化自信。四是整合

数字数据资源，破除"数字壁垒"。建立统一的数据采集管理系统，打通已有条块分割的涉农信息系统，增强农产品全产业链大数据、农业农村基础数据等资源共享，打破"信息孤岛"。规范乡村数据资源使用，加强管控、防止数据垄断，在充分确保乡村居民利益和个人隐私安全的情况下，促进各主体间协同提高数据分析和应用能力。

参考文献

吕方：《中国式现代化视域下的"宜居宜业和美乡村"》，《新视野》2023 年第 3 期。

杨春华：《扎实推进宜居宜业和美乡村建设》，《红旗文稿》2023 年第 3 期。

吕捷：《建设宜居宜业和美乡村正当其时》，《理论导报》2023 年第 1 期。

刘焕鑫：《巩固拓展脱贫攻坚成果　建设宜居宜业和美乡村》，《旗帜》2023 年第 1 期。

黄承伟：《新时代乡村振兴战略的全面推进》，《人民论坛》2022 年第 24 期。

张永江、周鸿、刘韵秋等：《宜居宜业和美乡村的科学内涵与建设策略》，《环境保护》2022 年第 24 期。

彭超、温啸宇：《扎实推进宜居宜业和美乡村建设》，《中国发展观察》2022 年第 12 期。

朱启臻：《如何建设宜居宜业和美乡村》，《农村工作通讯》2022 年第 24 期。

B.14
河南推动农民农村共同富裕的态势及路径研究

张　坤*

摘　要： 促进农民农村共同富裕是实现全体人民共同富裕的重点、难点所在。近年来，河南农业农村发展取得了历史性成就，农村居民收入保持较快增长，消费水平稳步提高，生活质量明显改善，公共服务全面提升，农村居民生活富裕状况取得明显进展，为新发展阶段促进农民农村共同富裕奠定了基础。但在农民农村共同富裕方面，河南仍存在城乡居民收入和消费差距较大、基本公共服务差距较大等问题。推进农民农村共同富裕，河南仍面临农民持续稳定增收压力加大、巩固拓展脱贫攻坚成果任务艰巨、乡村建设水平相对滞后等难题。为确保实现农民农村共同富裕，河南应重点提升农村居民收入水平，有效缩小城乡差距，具体路径包括：促进农民收入持续稳定增长，缩小城乡收入差距；健全就业帮扶和社会救助兜底体系，确保农村低收入群体共享发展成果；扩大农村中等收入群体比重。

关键词： 农民农村　共同富裕　就业帮扶

一　河南农民农村共同富裕的态势分析

党的十八大以来，河南农业农村发展迅速，农村居民生活富裕和共享方面的发展为推动农民农村共同富裕奠定了良好基础。但是也应该看到，与国

---

* 张坤，河南省社会科学院农村发展研究所研究实习员，主要研究方向为农村经济。

内先进地区和共同富裕的目标要求相比,河南农村居民的整体富裕水平并不高,城乡差距较大等问题依然突出,需要在推动共同富裕的道路上重点关注。

(一)对农村居民生活富裕情况的分析

党的十八大以来,河南农业农村发展取得历史性成就,700多万农村贫困人口全部脱贫,实现了全面小康。农村居民收入持续增长,消费水平稳步提高,农村教育、医疗、养老等公共服务全面提升,农村居民的生活富裕状况取得明显进展。但是,农村居民的富裕程度较低,低收入群体规模较大,与共同富裕的目标和国内先进地区的水平仍有不小的差距。

1.收入水平持续增长,增收渠道更加多元

近年来,河南把"三农"问题作为工作的重中之重,一系列强农惠农富农政策接连落地,推动全省农村居民收入水平不断提高。如表1所示,2022年,河南农村居民人均可支配收入达到18697元,比上年名义增长6.6%,扣除价格因素影响,实际增长4.9%。2013~2021年,农村居民人均可支配收入年均实际增长8.1%,比同期城镇居民收入增速高2.8个百分点。在宏观经济下行压力加大的背景下,农村居民收入增幅总体大于全省GDP的增幅,增强了农民的获得感。

表1　2013~2022年河南农村居民人均可支配收入及增长情况

单位:元,%

年份	人均可支配收入	名义增长	实际增长	全省GDP增长
2013	8475	12.6	9.7	9.2
2014	9416	11.1	9.5	9.3
2015	10853	15.3	7.7	7.3
2016	11697	7.8	5.8	8.5
2017	12719	8.7	7.5	11.4
2018	13831	8.7	6.7	11.4
2019	15164	9.6	6.5	7.6

续表

年份	人均可支配收入	名义增长	实际增长	全省GDP增长
2020	16108	6.2	2.9	1.0
2021	17533	8.8	8.0	8.5
2022	18697	6.6	4.9	3.1

资料来源：河南省统计局。

农村居民收入来源多样化，收入结构持续改善。一是工资性收入占比稳步提高，成为增收的主要来源。2012~2021年，河南农村居民人均工资性收入由2346元上升至6695元，增加了4349元，年均增长12.4%，工资性收入的增长为人均可支配收入的增长做出了重要贡献，特别是2016~2020年，农村居民人均工资性收入占人均可支配收入的比重由36.1%上升至38.2%。二是经营净收入占比下降，但仍是农民重要的收入来源。2020~2021年，河南农村居民经营净收入由5175元上涨至5605元，增加了430元，增长率为8.3%。2014年以来，河南农村居民经营净收入占人均可支配收入的比重略有下降，由2014年的42.9%下降至2021年的32.0%，但仍是农村居民重要的收入来源。从收入增长贡献率的角度出发，经营净收入目前仍然是推动农民增收的重要力量，2014~2021年经营净收入增长占人均可支配收入增长的17.5%。可见，河南深入推进农业供给侧结构性改革，大力培育新型农业经营主体，加速推进农村一二三产业融合发展，切实促进了农民经营净收入的提高。

2.消费水平稳步提高，生活条件显著改善

随着河南农村居民收入的稳步增长和网络购物等新消费模式的兴起，河南农村居民消费支出稳步提高（见表2）。2022年，河南农村居民人均消费支出达14824元。2015~2022年，河南农村居民人均消费支出年均增长9.4%，比农村居民人均可支配收入的年均增速高1个百分点，比同期城镇居民人均消费支出的年均增速高4.3个百分点，农村居民的生活质量明显改善。

表2　2013～2022年河南农村居民人均消费支出情况

单位：元，%

年份	人均消费支出	名义增速	支出结构							
			食品烟酒	衣着	居住	生活用品	交通通信	教育文化娱乐	医疗保健	其他用品及服务
2013	5628	11.8	34.4	8.6	18.6	7.4	11.2	6.9	10.7	2.1
2014	6438	14.4	—	—	—	—	—	—	—	—
2014(新口径)	7277	29.3	29.6	8.3	21.2	7.0	11.8	10.4	10.0	1.7
2015	7887	8.4	29.2	8.3	20.8	7.1	12.3	10.8	9.8	1.7
2016	8587	8.9	28.5	7.9	20.6	6.8	14.1	11.1	9.3	1.7
2017	9212	7.3	27.1	7.7	21.8	7.0	13.5	11.2	9.9	1.8
2018	10392	12.8	26.7	7.1	21.9	6.7	12.4	11.8	11.8	1.6
2019	11546	11.1	26.2	7.1	21.5	6.4	11.9	12.6	12.7	1.6
2020	12201	5.7	27.8	7.2	22.7	6.4	12.3	10.5	11.3	1.8
2021	14073	15.3	29.4	7.5	20.4	6.2	11.5	12.2	10.6	2.2
2022	14824	5.3								

资料来源：历年《河南统计年鉴》。

从消费结构来看，在吃穿等生存型消费中，食品烟酒消费占比、衣着消费占比均总体呈下降趋势，交通通信、教育文化娱乐等发展型消费占比总体呈提高趋势。2021年，河南农村居民衣着和生活用品消费占比分别比2013年低1.1个、1.2个百分点；教育文化娱乐和交通通信消费占比分别比2013年高5.3个、0.3个百分点。

3.公共服务全面提升，社会保障不断完善

一是乡村教育质量不断提升。河南重点从资金、人才等方面加大对农村教育事业的支持力度，推动城乡教育均衡发展。在资金投入上向农村倾斜，农村办学条件不断改善、教育资源不断丰富、教师待遇持续提高。统筹配置城乡师资，通过完善城乡教师补充机制、优化城乡交流机制，提高乡村教师数量比例，选拔乡村教师到县城任教，引导县城教师到乡村支教，建好建强乡村教师队伍，带动城乡教育均衡发展。

二是乡村医疗卫生服务水平不断提升。通过加大农村医疗卫生服务建设力度，河南农村医疗卫生服务设施不断完善，服务体系不断健全，服务能力不断提高。截至 2021 年，河南共有乡镇卫生院 2010 个、村卫生室 58488 个，设有卫生室的村占行政村比重为 100%。每千人拥有卫生技术人员数为 5.81 人，比 2015 年增加了 2.51 人，增长 76.1%。每千人拥有执业医师数为 2.37 人，比 2015 年增加了 1.07 人，增长 82.3%。每千人拥有注册护士数为 2.33 人，比 2015 年增加了 1.1 人，增长 89.4%。[①]

三是农村养老服务和保障水平逐渐提高。通过加快社会保障体系建设，河南农村养老服务能力和保障水平稳步提高。2021 年，城乡居民基本养老保险参保人数达到 54797.4 万人，比 2015 年增加了 4325 万人，增长了 8.6%；实际领取待遇人数增长了 1413 万人。[②]

（二）对农民农村共富情况的分析

城乡差距和农村内部差距是衡量农民农村共同富裕的两个重要方面。2013 年以来，河南城乡居民的收入、消费以及公共服务差距虽呈缩小趋势，但差距仍然较大；农村内部差距，包括不同群体之间、地区之间的收入和消费差距较大，且无明显缩小趋势。

1. 城乡居民的收入和消费相对差距缩小，但绝对差距扩大

虽然当前河南城乡居民收入和消费水平的相对差距呈总体缩小趋势，但绝对差距仍总体呈扩大趋势，且城乡居民收入绝对差距主要来源于工资性收入。

城乡居民收入及差距方面。改革开放以来，河南城乡居民人均可支配收入一直保持增长趋势。特别从 2004 年开始，中央一号文件连续聚焦"三农"问题，农村居民收入较之前持续保持较高的增长态势，城乡居民收入的相对差距总体呈缩小趋势。2007~2022 年，河南城乡居民人均可支配收入之比从 2.98 缩小至 2.06，但是其绝对差距仍总体呈扩大的趋势，从 7625 元增加至 19787 元，扩大了 1 倍以上（见图 1）。

城乡居民消费差距方面。随着收入的不断增长以及人民对生活品质的要求

---

① 《中国统计年鉴（2022）》。
② 《中国统计年鉴（2022）》。

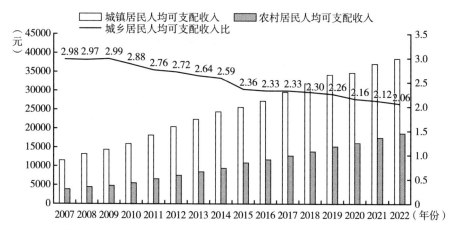

图1 2007~2022年河南城乡居民人均可支配收入及收入差距变化

资料来源：河南省统计局。

提高，河南城乡居民人均消费支出总体呈快速增长趋势，且自2010年以来，农村居民人均消费支出的增长速度快于城镇居民，城乡居民人均消费支出比值不断下降，2022年下降至1.59（见图2）。但是城乡居民人均消费支出的绝对差距从2010年的7156元增长到2022年的8715元，扩大了21.8%。长期以来，受收入水平、交通物流、科技和文化等因素的限制，河南农村居民的消费需求一直不高，随着经济增长和人民生活条件的改善，农村居民的消费潜力逐步释放。

图2 2010~2022年河南城乡居民人均消费水平及消费差距变化

资料来源：河南省统计局。

2013~2021 年，河南城乡居民各类商品消费支出的差距总体呈缩小趋势，其中缩小幅度最大的是教育文化娱乐，教育文化娱乐之比从 4.89 下降至 1.61，下降 67.1%。其次是其他用品及服务、衣着和居住，相对差距分别下降 58.5%、57.5%、49.2%（见表 3）。城乡居民衣着和居住差距的缩小表明在基本生活条件方面，相对城镇居民，农村居民有了较大的改善。农村居民在医疗保健、交通通信、教育文化娱乐方面消费支出的大幅增长，说明农村居民的消费结构正在转型升级。

表 3 2013~2021 年河南城乡居民人均各项消费支出之比

单位：%

年份	食品烟酒	衣着	居住	生活用品及服务	交通通信	教育文化娱乐	医疗保健	其他用品及服务
2013	2.54	3.98	1.26	3.08	2.79	4.89	1.75	5.5
2014	2.09	2.98	0.87	2.70	1.95	2.24	1.60	4.00
2015	2.05	2.71	0.93	2.43	1.89	2.32	1.75	3.87
2016	2.03	2.56	0.88	2.40	1.59	2.16	1.88	3.23
2017	2.04	2.48	0.92	2.40	1.76	2.13	1.75	3.25
2018	1.86	2.28	0.78	2.11	1.85	1.96	1.57	2.89
2019	1.83	2.08	2.09	2.07	1.97	1.83	1.42	2.91
2020	1.62	1.85	0.62	1.80	1.59	1.66	1.10	2.80
2021	1.53	1.69	0.64	1.85	1.63	1.61	1.05	2.28
变化幅度	-39.8	-57.5	-49.2	-39.9	-41.6	-67.1	-40.0	-58.5

资料来源：历年《河南统计年鉴》。

2. 城乡居民的基本公共服务差距有所缩小，但仍较大

一是教育不均衡，在师资配备、仪器设备配置、信息化手段上，城乡教育不均衡现象依然突出。在办学条件上，近年来由于农村学生数不断减少，加之城乡义务教育均衡发展的快速推进，农村生均办学条件指标不断改善，且部分指标优于城镇，但农村的信息化水平有待提高，教育服务城乡差距依然较大。义务教育阶段的生均教育经费支出方面，城乡之间仍存在一定差距。虽然近年来，城乡义务教育生均教育经费支出的差距呈下降趋势，但是该差距并没有在真正意义上彻底消除。

二是医疗卫生资源配置不均衡。近年来，河南城乡居民医疗卫生资源配置水平和条件有了较大的改善。但无论是在每千人拥有医疗卫生从业人员数量上，还是在拥有医疗机构床位数上，城乡居民医疗卫生服务水平仍然存在差距。2021年，河南每千人拥有卫生技术人员数、执业医师数、注册护士数，农村比城市分别少6人、2人、3人，分别只有城市的48.9%、52.7%、41.6%。①

三是城乡居民社会保障待遇存在差距。虽然中国已经基本建立统一的城乡居民基本医保制度，城乡医疗保障待遇差距呈缩小趋势，但差距仍较大，该差距主要体现在城镇职工与农村居民群体上。河南城镇居民以参加城镇职工医疗保险为主，农村居民以参加城乡居民医疗保险为主，两者在报销比例上存在较大差别，前者报销比例在70%左右，后者报销比例在50%~65%。

3. 农村居民内部群体之间的收入差距有所缩小

从河南农村居民人均可支配收入五等份分组来看，收入增幅最大的是处于收入分布最低层20%的低收入组，2015~2021年的年均增幅达到10.9%；处于收入分布最高层20%的高收入组人均可支配收入年均增幅为7.5%，高收入组与低收入组的收入差距呈缩小趋势，二者之比从2015年的6.01下降至2021年的4.99。值得注意的是，低收入组2021年收入的名义增速为-0.9%，低于上年增速和这期间的平均增速，也低于其他组的增速。总体而言，农村内部的收入差距在一定程度上有所缩小，农村低收入组群体仍然需要重点关注和支持。

二　河南推动农民农村共同富裕的重点难点

河南作为农业大省、人口大省，面临农业发展大而不强、农村低收入人口多、城乡基础设施和公共服务差距较大等突出问题。新发展阶段，要在巩

---

① 《中国统计年鉴（2022）》。

固拓展脱贫攻坚成果的基础上，全面推进乡村振兴，加强农村基础设施和公共服务体系建设，促进农民农村共同富裕。

（一）促进农民持续稳定增收压力加大

一是农产品价格增长乏力或波动较大，但成本总体呈现上升态势，不利于农民经营性收入增加。根据河南省统计局的数据，2022 年，河南畜肉消费价格指数同比下跌 4.3%，蔬菜消费价格指数同比下跌 2.5%。除畜牧产品外，鲜果、蛋类等价格涨幅较小。与此同时，农业生产成本却在上升。2014~2021 年，河南农村居民家庭平均每人经营费用支出由 2228 元上涨至 2899 元，上涨幅度达 30.1%。

二是农民工资性收入来源不稳定性增加。传统制造业、建筑业等劳动密集型行业不景气，客观上成为农村居民工资性收入持续增长路上的挑战。服务业为农业转移人口提供了大量的就业岗位，但服务业不景气对农业转移人口就业产生了较大的不利影响。这些因素不可避免地成为农村居民工资性收入增长路上的阻碍。

三是农村居民财产净收入增长缓慢。其一，收入分配制度的不完善导致农村居民财产增值难以实现。农村居民收入水平较城镇低，可用于投资的人均可支配收入相对较少。其二，农民土地收益面临增长瓶颈。从农地流转来看，可用于流转的农地已经较为有限，且当前农地流转的租金价格已经较高，难以成为持续推动农民增收的动力。宅基地是农民最大的一笔财产，但目前河南省宅基地改革依然处于试点阶段，发挥农民宅基地和房屋的财产价值进而将其转化为农村居民财产净收入还面临不少的制度性障碍。

（二）巩固拓展脱贫攻坚成果任务艰巨

一是城乡及农村内部双重不平衡加剧。一方面，河南城乡居民人均可支配收入差距除了绝对值在拉大，相对比值仍然较大。2022 年，河南城乡居民人均可支配收入比达到 2.06，同时，河南城乡居民收入水平总体上低于全国平均水平，要实现更高水平之上的城乡差距缩小，任务更加艰巨。另一方面,农村内部的发展不平衡也在加剧。根据 2013~2021 年河南农村居民收入分组结果,2014~2021 年各组名义增速基本相当,与其他各组相比,低收入户和高收入户增速波动较大,2015 年、2017 年均是在其他组别保持较高增速的情况下低收入户出现近乎零增长和负增长,而高收入户 2019 年增速只有 1.81%,说明在低收入户增收基础仍不稳固的同时,高收入户增收并不稳定,这些都是需要高度重视和解决的问题。

二是乡村人口和产业双重"空心化"交织。首先是乡村人口外流加剧,村落锐减。由于农业比较收益较低,乡村人口持续外流,2021 年河南人口净流出 1650 万人,占户籍人口的 14.3%。其次是乡村产业"空心化"渐显。在一些传统农区,尽管农产品产量高、占比大,但农业大而不强,市场竞争力弱。受经济下行、成本上升等因素影响,乡村产业发展低端化、边缘化,面临的困难增多。最后是乡村发展系统性不足。农村环境和生态问题依然比较突出,农业面源污染、耕地质量下降、地下水超采等问题仍然突出,秸秆、粪便、农膜、生活污水的有效治理和利用普及率不高,部分地区垃圾围村现象仍不同程度存在。

三是脱贫不稳定户与边缘易致贫户双重压力并行。一方面,脱贫不稳定户的压力仍然存在。一些脱贫人口虽然收入超过了贫困线、实现了"两不愁三保障",但人均收入仍然较低,其中丧失劳动能力和无劳动能力的占比较大,这部分人口很容易再次返贫。另一方面,边缘易致贫户的压力仍然存在。全省边缘易致贫户总规模约为 5.4 万户 16.7 万人,其中不少农户家底薄,抗风险能力弱,稍微遇到点风险变故,马上就可能陷入贫困。

(三)乡村建设相对滞后

一是生活基础设施建设薄弱。首先,农村基础设施投入支撑不足。推动基础设施建设和公共服务提升需要大量资金投入,市县级财政实力普遍较弱,公共预算支出长期高于收入,建设资金难以保障。其次,农村基础设施"重建设、轻运营"现象较为普遍。农村基础设施多为政府代建,并未充分考虑农村居民的生活状态和实际需求,政府主导的乡村振兴工程前期投入较大,但后期缺乏资金和运营管理。最后,在乡村建设过程中,普遍存在的问题是村镇建设和公共服务相关人才保障不足。农村地区面临优秀人才引不来、留不住的难题,基层单位人才总量不足、结构不合理、整体素质不高问题突出。

二是城乡公共服务标准差距较大。首先,城乡基础设施建设配置失衡。例如,2021年,河南乡、村两级供水普及率分别为84.18%、83.18%,与县城相比,分别低11.26个、12.26个百分点;乡、村两级燃气普及率分别为29.43%、24.02%,与县城相比,分别低59.68个、65.09个百分点。[1]其次,基本公共服务城乡不均衡。尽管河南城乡教育差距逐渐缩小,但在师资配备、仪器设备配置、信息化手段上,城乡教育不均衡现象依然突出。例如,2021年,河南义务教育小学阶段城镇和农村生师比的比值为1.4,初中阶段城镇和农村生师比的比值为1.2,教育服务城乡差距依然较大。民政部门的统计数据显示,河南城市低保平均标准为每月630元,而农村低保平均标准仅为420元。同时,农村地区普遍存在公共医疗卫生资源不足问题,每千人医疗机构的床位数,农村比城市少3.64张,只有城市的63%。[2]

三是乡村文化建设有待加强。首先,乡村文化设施使用率不高。虽然很多地区修建了文化广场,但举办的文化活动少,设施得不到有效使用。缺乏文化下乡、乡村春晚等文化活动以及农村文化站、农家书屋等文化场所,难以满足广大农民日益增长的精神生活需求。其次,乡村文化建设重视度不够。当前缺乏较为统一的乡村文化管理政策,在基层农村发展中仍然是经济建设为主,部分乡村干部一味注重经济发展,忽视文化建设,在很大程度上阻碍了乡村文化振兴,进而影响农民农村共同富裕进程。

三 河南推动农民农村共同富裕的路径选择

推动农民农村共同富裕是一个长期过程,河南应把握实现农民农村共同

---

① 《中国城乡建设统计年鉴(2021)》。
② 《中国统计年鉴(2021)》。

富裕的重点、难点，通过着力促进农民收入持续稳定增长、确保农村低收入群体共享发展成果、扩大农村中等收入群体比重，逐步提升农民群体收入水平，有效缩小城乡差距，最终实现农民农村全面共富。

（一）促进农民收入持续稳定增长，缩小城乡收入差距

1.加强对农业转移人口的就业指导服务和能力培训

加强对农业转移人口的就业指导服务。一是要完善劳动力就业市场，建立城乡统一的劳动力就业机制，通过各种政务平台、中介机构、就业组织及时准确地为进城务工的农业转移人口提供相关的就业信息。二是要建立完善的农业转移人口工资支付保障制度、监控制度、保证金制度等，严格规范企业工资支付行为，确保农业转移人口工资按时足额发放给本人，加强监察执法，依法查处拖欠农业转移人口工资的违法行为，建立健全防止和治理拖欠的长效机制。

加强对农业转移人口的能力培训，有利于增强其在就业市场上的竞争力，最终增加其工资性收入。一是要加大对农村教育的支持力度，保证农村居民享有充分的受教育权利与机会。为了减轻农业转移人口受教育负担，保证农业转移人口受教育质量，各级政府应加大对农村地区的师资、教育设备、教育环境的支持力度。二是为培养适应市场需要的新型劳动者，还要结合当地具体情况，派遣农业技术人员前往农村地区，对农业转移人口因材施教，进行与实际条件相符合的能力培训。

2.壮大新型农业经营主体

新型农业经营主体是实现农业产业化经营的重要载体，通过推广农业产业化经营，带动农民和农村实现自我持续发展，是实现农民农村共同富裕的必由之路。因此，应着力培育新型农业经营主体，充分发挥新型农业经营主体的带头作用。家庭农场是新型农业经营主体中极其重要的组成部分，要不断拓展数量，采取推动"大户转办"，引导种养大户、专业大户等规模农业经营户转成家庭农场；推动"成员创办"，鼓励农民合作社成员和合作社带领的小农户创办家庭农场；推动"人才兴办"，支持返乡创业的农民工、大

中专毕业生等农村优秀人才兴办家庭农场。同时，要注重提升家庭农场发展质量，以家庭农场示范创建为抓手，培育一批示范家庭农场，发挥典型引领作用。

3.培育发展农村新产业新业态

农村新产业新业态为农业增效、农民增收、农村繁荣发展注入前所未有的新动能。应因势利导，强化政策统筹整合，加大政策支持力度，推动农村新产业新业态发展，使之成为今后"三农"工作的新载体、新抓手、新亮点。一是要发展农产品加工业。鼓励农村内部的新型农业经营主体延长农业产业链，对农产品进行深加工，把农业附加值留在农村内部。二是要发展乡村旅游、乡村养老等产业。因地制宜将乡村自然风光、民俗文化、特色农业与旅游相结合，出台支持政策，吸引社会资本投资。三是发展农村电商。因地制宜发展适宜的电商模式，助力实现农产品出村进城，增加农民经营收益，发挥互联网与实体经济的叠加效应。

（二）健全就业帮扶和社会救助兜底体系，确保农村低收入群体共享发展成果

1.落实防止返贫动态监测和帮扶机制，有效化解规模性返贫风险

一是精准确定监测对象。对脱贫不稳定户、边缘易致贫户、突发严重困难户等开展常态化预警监测，将符合条件的对象及时纳入监测范围。二是及时化解返贫风险。对于可能因住房、教育、就业、灾害、疾病、疫情返贫的群体，要及时落实帮扶政策。三是严格落实中央政策要求，做到保持帮扶政策总体稳定，继续扶上马送一程。四是加大对易地搬迁安置区的产业发展、基础设施、公共服务等的帮扶力度，确保搬迁群众逐步致富。

2.稳步促进脱贫人口稳定就业

一是要切实稳定外出就业。各地要加大组织劳务输出力度。输出地要做好脱贫劳动力组织发动、劳务输出，积极协调输入地帮助脱贫劳动力稳在企业、稳在当地。二是要积极拓宽就近就地就业渠道。支持脱贫地区发展特色产业，为脱贫人口提供更多就业机会；继续发挥就业帮扶车间作用，促进脱贫人口就近就业。三是要大力支持返乡创业,通过政策支持鼓励返乡农民工、大学生、在外成功人士返乡下乡创业,带动脱贫人口就业。

3. 优化农村社会救助体系

一是要加强基础性、普惠性、兜底性民生保障建设,强化互助共济功能。注重农村低收入群体的主体性发挥和抵御风险冲击能力的提升,重点是弥补"福利缺失",同时要杜绝"福利依赖"。二是要关注农村留守老人和儿童,完善"一老一小"的社会福利制度,应对人口老龄化和高龄少子化的挑战。推动医养结合,建立长期护理保险制度;同时健全儿童福利体系,建立基本儿童服务制度。三是要在推进乡村振兴工作中,逐步完善农村社会救助体系,扩大对特殊人群的福利覆盖范围,提高保障标准。

(三)扩大农村中等收入群体比重

1. 深化户籍制度改革,破除城乡劳动力流动的制度性障碍

进城农民工是中等收入群体的重要来源,要深化户籍制度改革,解决好农业转移人口随迁子女教育等问题,让他们安心进城,稳定就业。一是加快推进农民工进城落户政策,畅通农民与市民身份转化渠道。取消城区常住人口在 300 万人以下的城市的落户限制政策,加大超大特大城市户籍制度改革攻坚力度,不断扩大居住证享受的基本公共服务范围。二是建立城乡统一的户籍登记制度,全面剥离户籍中内含的各种福利保障,加快推进按常住人口标准配置各类公共资源,以此保障各类群体权益均等化。

2. 精准识别中等收入群体,制定差异化的政策

一是采取差异化的政策帮助农民进入中等收入群体序列。对有能力、有需求进城落户的农民群体,引导其在农村合法权益的有偿退出;对有专业技能和经营能力的农民群体,采取物质和精神激励相结合的措施,鼓励其在发挥才能提高收入水平的同时,发挥引领示范带动作用。二是提高农村中等收入群体质量。采取就业培训和创业扶持等方式,提高农村居民就业能力和就业质量,保障收入韧性,以提升其对环境不确定性的应对能力。三是稳定农村中等收入群体。农村中等收入群体的诉求各有不同,进城务工农民的主要

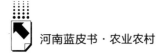

诉求是实现与城镇居民基本公共服务均等化；农村中高收入群体的主要诉求是透明、可预期的农村市场环境，应区别对待不同群体的主要诉求，精准施策，梯度进行，制定结构化的政策框架。

3.完善人才保障机制，重视农村人才培育和人才配置

一是提高农村学前教育和义务教育质量，促进教育公平，提高社会流动性。二是鼓励大学生、农业转移人口返乡创业，引导民营企业投身乡村振兴的建设。大力发展中职教育涉农相关专业，为推进农业农村现代化提供专业技术人才储备。三是转变政府职能，提高服务水平，加大政策宣传力度和执行力度，搭建并完善政府综合服务体系，形成涵盖政策扶持、项目招标、税收优惠、金融支持、公共服务保障等多角度、多方位和多层次的信息平台，激发民营企业和各领域人才投身乡村振兴的积极性。

参考文献

魏后凯、杜志雄主编《中国农村发展报告（2022）》，中国社会科学出版社，2022。

钟海、苏航：《推动农民农村共同富裕：时代意义、现实阻碍与实践进路》，《西安财经大学学报》2023年第4期。

陈明星：《"十四五"时期农业农村高质量发展的挑战及其应对》，《中州学刊》2020年第4期。

杨穗、陶艳萍：《以城乡基础教育优质均衡发展推进共同富裕的基础与路径》，《中国延安干部学院学报》2023年第1期。

B.15
河南推进农业科技强省建设的路径思考

梅星星　陈昱*

摘　要：　河南省建设农业强省处于战略机遇、历史机遇、政策机遇叠加期，依靠农业科技创新驱动实现从农业大省向农业强省的跃迁，河南将面对种质资源创新手段多学科融合化、农业设施装备现代化、未来农业智慧（数字）化、农业科技竞争全球化的发展态势。唯有打造以"中原农谷"为高峰的河南农业科技创新高地，建设融入国家战略布局的农业科技创新平台载体，构建具备国际竞争力的"雁阵型"农业科技创新企业梯队，壮大农业科技创新"生力军"，构建支撑引领现代农业产业的技术体系，以农业科技创新体制机制改革营造良好的创新创业生态，方能在新发展格局中实现农业大省向农业强省的跨越。

关键词：　农业强省　农业科技创新　中原农谷

自党中央提出加快建设农业强国以来，河南省委、省政府审时度势，以时不我待的历史使命感抢抓农业强省建设的战略机遇、历史机遇、政策机遇。强国必先强农，农强方能国强，因此，加快农业强省建设要以前瞻30年的眼光，深刻把握农业强省建设面临的趋势，拿出深化体制机制改革的魄力，依靠农业科技创新驱动，努力实现从农业大省向农业强省的跨越。

---

* 梅星星，副教授，河南牧业经济学院乡村振兴研究院（经济与贸易学院）副院长，主要研究方向为农业经济；陈昱，副教授，郑州轻工业大学经济与贸易学院副院长，主要研究方向为农业经济。

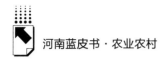

一 河南农业科技发展的趋势把握

河南农业科技强省建设应以新发展理念为指导，遵循规律、顺势而为、开阔思维、前瞻布局，在新发展格局中的中高端、关键环上脱颖而出。基于对当前国内外农业发展环境、资源条件以及省情农情的综合研判，河南农业科技强省建设所面临的发展态势如下。

（一）农业科技创新能力现代化中显优势

"十三五"以来，河南省在农业科技创新能力现代化征程中屡创佳绩，为建设农业科技强省积累基础优势。截至 2022 年，已取得了一批重大农业科技成果，获批国家重点研发计划 22 项，在作物育种、畜禽养殖、食品加工、农机装备、农业信息化等领域，突破了一批关键技术，河南牧业经济学院培育的"黄淮肉羊"新品种通过了国家畜禽遗传资源委员会终审，是河南第一个自主研发的肉羊新品种。推广了一批现代化设备装备，农业科技装备支撑日益突出，农业物联网、大数据、绿色防控、智能农机等新技术新装备方兴未艾。2022 年，河南省农业科技进步贡献率达到 64.1%，主要农作物耕种收综合机械化率达 87.0% 以上，高出全国平均水平近 15 个百分点。培养一批农业科技创新团队和领军人物。通过各类科学基金分阶段、分梯次在农业领域培养中国工程院院士 3 人、中原学者 28 人、省杰出人才 60 人、省杰出青年 103 人。建设一批农业科技创新平台和载体，河南省获批国家生物育种产业技术创新中心、国家农机装备创新中心，建有河南农业大学省部共建小麦玉米作物学、洛阳一拖拖拉机动力系统等 5 家涉农国家重点实验室，开封茂盛粮食加工装备等 3 家国家工程技术研究中心，国家级农业科技园区 14 家，农业领域省级工程技术研究中心 533 家，省级星创天地 278 家，其中 73 家晋升为国家星创天地，成套农业科研平台载体建成投产，为河南建设农业科技强省提供基础优势。①

---

① 调研数据。

（二）农业科技创新环境生态化中隐不足

一是农业科技创新合作交流成果共享机制不够成熟。校企、院企科研人员尚不能全面实现"双聘"流动，涉农科研单位、高校、企业等不同创新主体在科技创新资源、平台、信息等开放共享方面缺乏激励机制，致使多元创新主体协作合力不强、产学研融合深度不够、实体化运作不畅。二是农业科技成果转化应用机制不够灵活。在农业科技创新领域，从基础研究、技术研发、工程化研究到成果产业化应用的效率不高，科技成果转化率较低，无法实现"良种良法配套、农机农艺融合、生产生态协调、增产增效并重"目标。例如，2023 年 1 月，国家技术转移郑州中心展示现代农业技术成果 2254 项，仅 57 项达成合作意向。三是产学科教用一体化服务衔接机制不够健全。"政府—企业—高校—科研机构—团体个人"五大农业科技创新主体尚未形成以市场为纽带的利益联结体，科技成果向产业延伸的动力和能力不足。四是农技推广服务能力不足，农业科技产品供需存在结构性矛盾。农业科技信息发布机制不够完善。对制约行业企业和区域发展、安全的重大科技难题以及对某个时间段内作物园艺学科、农机装备智造学科、农业农村经济政策学科等领域研究热点、前沿科技问题的信息发布不够及时有效。

（三）未来农业智慧（数字）化中有挑战

未来，不论是粮经饲、果蔬茶，还是畜禽渔、肉蛋奶种质资源创新，将会沿着产学研推的种业创新链一体化、多学科融合发展方向高歌猛进。此外，5G、物联网、区块链、人工智能等现代信息技术在农业科技创新领域的应用研究将越发普遍，信息抓取、多维度分析、智能评价模型、虚拟场景模拟等将会深度应用。因此，积极应对以组学技术、信息技术、基因工程等为核心的新一轮种业科技革命，围绕种质资源精准鉴定与创制、基因编辑、合成生物、全基因组选择、分子设计和人工智能育种等技术短板，多学科融合，开展涵盖科研、生产、经营等农业全产业链条的智能数据挖掘和分析，提升动植物表型信息获取技术及装备水平，以高通量表型性状数据为特征的

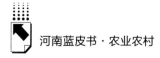

智慧（数字）农业促使农业由"经验式、不确定性"发展转向"精确式、定量性"发展，在自主基因、自主技术、自主品种创新等"卡脖子"技术上实现突破，将是面向未来的巨大挑战。

（四）农业科技竞争全球化中育先机

2020~2022年，新冠疫情在全球范围内蔓延，与此同时，多边主义与单边主义激烈博弈，WTO改革与发展中国家地位升降成为焦点，其间，食物安全及粮食自给对世界各国和地区稳定发展的贡献不可替代，农业的基础作用尤为凸显，现已经引起许多国家和地区基于全球视角布局农业产业链和创新链的反思。可以预见，未来30年，农业科技国际合作交流将进一步加强，农业科技创新与经济全球化相互促进，任何一个国家和地区都不会长期独享一项科技创新成果，也不可能独自封网发展并保持科技先进水平。河南作为"中国粮仓"的"压舱石"，在世界"粮食战争"格局中具有不可替代的作用，具备未来建设成农业科技强省的条件，如果顺利借助国内外前端科技这个"东风"，河南农科科技事业将扶摇直上。

二 河南农业科技驱动农业强省建设的路径选择

（一）打造以"中原农谷"为高峰的河南农业科技创新高地

一是建设以"中原农谷"为中心的河南农业科技创新高峰。聚焦国家级、国际化农业科技创新前沿领域，围绕产业链部署创新链、围绕创新链布局产业链，加快构建一流创新生态，大力发展生物育种、现代种养、农副产品加工、生物技术产品研发等产业，加快推进建设以"中原农谷"为中心的河南农业科技创新高峰和具备国际竞争力的种业创制"航母"集群总舵手。

二是打造多元化河南农业科技创新增长极。依托河南省农业科学院等高校院所加快建设"国家生物育种产业创新中心"，向优质特性小麦、高油酸花生新品种及大豆新品种培育方向进军，实现基因编辑、分子设计等生物育种应用技术重大突破，将其建设成为河南农业科技创新高地新的增长极。依托中国一拖集团有限公司等团体，加快建设国家农机装备创新中心，在新能源动力系统、收获装备和农业机器人、农产品精量作业零部件、农机专用传感器与控制器、经济作物生产装备等设计研发制造方面取得突破，形成农机行业制造业创新高地的又一增长极。

三是形成特色鲜明的区域型农业科技创新局面。尊重地方首创精神，支持探索新发展的新模式、新制度和新政策。强化对地方农业科技创新治理能力的引导，增强区域型农业科技创新节点对全省农业科技创新的支撑作用，以科技创新驱动河南省各个区域农业高质量发展。在省会城市以加快建设高能级农业科技创新平台载体为引领，在豫东南地区以加快推进周口国家农业高新技术产业示范区、中国（驻马店）国际农产品加工产业园、河南食品国际合作产业园建设为引领，在豫西地区以加快建设国家农机装备创新中心为引领，在豫北以加快建设"中原农谷"为引领，并在农业科技创新生态营造、研发投入体系建设、"雁阵型"农业科技创新企业梯队打造、基础研究成果转移转化、"生力军"培养等方面丰富工作抓手、加大推进力度，通过建立健全"省—市—县—企"联动机制，推动各地方探索差异化创新发展路径，形成特色鲜明的区域型农业科技创新局面。

（二）建设融入国家战略布局的农业科技创新平台载体

一是布局建设国家级实验室。高水平建设神农种业实验室、CIMMYT-中国（河南）小麦玉米联合研究中心、小麦国家工程实验室、小麦和玉米深加工国家工程实验室、龙湖现代免疫实验室等国家级实验室平台体系，努力成为育种和动物免疫理论及重大关键共性技术策源地、突破性品种产出地、农业科创高端人才集聚地。

二是高位推动建设农业科创中试基地。强化高成熟度科技成果转化，加强与国际知名高校院所的合作，深化与在豫高校院所企业主体的合作，集聚中试技术源，在高筋小麦、地方种畜禽、食品加工、农机装备智造等关键技

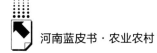

术研发与应用环节，打通农业科技成果转化堵点；提升中试基地中试能力建设，创新运营管理模式，打造公共中试基地，启动高标准中试车间及中试基地智慧化改造升级，组建中试基地专家库，组建运营服务团队，尽全力做好农业科技成果本地产业化承接，填补"从0到1"的断档，形成农业科技创新从研到产的全链条闭环。

三是设置全球性农业科技发展论坛。依托河南国家级农业科技研发平台，突出食物安全、未来农业科技、基础理论创新及成果转化等主题，举办全球性、综合性、开放性、高规格的农业科技创新论坛，并常态化办会，通过会议论坛促进全球产学研合作与成果转化，加快创新要素集聚，营造良好的农业创新生态，不断增强论坛的活力和影响力，为推动世界农业科技创新合作贡献智慧和力量。

四是打造以企业为主体的农业科技创新联盟。深化以企业为主体的产学研协同创新，集聚省内外央企、高校、科研院所、优秀民企等主体创新优势资源，积极推动各类资源和各级科学技术协会协同共振，打造在豫乃至全国具有影响力的企业创新联合协会及高校院所科技创新联盟。

（三）构建具备国际竞争力的"雁阵型"农业科技创新企业梯队

一是培育农业科技创新"独角兽"企业。遵循"潜在独角兽企业—种子独角兽企业——独角兽企业"发展规律，在河南省现代农业产业领域属于新技术、新产业、新业态和新模式的企业中，甄选培育河南本土具有颠覆式创新、爆发式成长、竞争优势突出、未来价值较大的新型农业科技创新企业。

二是扶持农业科技创新"瞪羚"企业。在符合河南省现代农业产业发展方向、规模效益和创新门槛指标的企业中，甄选培育一批河南本土成长速度快、创新能力强、发展前景好、技术含量高的新型农业科技创新企业，大力扶持其从"潜在瞪羚"成长为"瞪羚"企业。

三是培育农业科技创新专精特新"小巨人"企业。引导在河南农业细分行业或市场占据领先地位，尤其是在粮食安全保供、农机智能化、食品加工等领域拥有核心竞争力和明确战略，且产品、服务难以被超越和模仿的中小型企业优化生产要素配置，促进中小企业集聚发展，培育一批"小而优""小而强"的农业科技创新专精特新"小巨人"企业，帮助诞生在田间地头的"隐形冠军企业"真正成为"世界冠军企业"。

四是辅导培育农业科技创新上市企业。启动建设"农业科创企业上市培育库"，探索"入库培育+分层管理+重点推动"服务模式，专业化辅导在种子、植保、农化、农机、现代食品开发及土壤修复等关键环节和核心领域占据竞争优势的河南本土高科技企业，批次上市。

（四）壮大农业科技创新"生力军"

一是搭建把握国际农业科技创新前沿的高层次人才队伍。深入实施农业领域高层次人才引进和培育工程，围绕河南农业强省建设主攻方向，分领域打造院士领衔的农业科技研究团队，壮大中原英才及长江学者队伍，持续培育国家优青杰青团队。

二是催生一批经济实力强、带动能力强的"双强"型农业科技创新主体。扶持农业产业化联合体结合自身条件，开展不同层次的农业科技活动，增强新型主体科技活动主体地位。同时，坚持市场化原则，支持农业科技服务业发展，培育壮大农业科技中介服务机构，为科技成果转化提供市场化、专业化的全方位服务。

三是全面建设高素质农业科技推广人才队伍。深入实施高素质农民培育计划，面向河南优势特色主导产业、农业生产性服务新需求、乡村社会事业发展，分层分类开展全产业链培训，加强训后技术指导和跟踪服务，加强农民在线教育培训，提高"新农人"农业科技素养。制定政府购买农技推广服务清单，支持社会化农业科技服务力量承担可量化、易监管的农技服务。

（五）构建支撑引领现代农业产业的技术体系

一是加强基础型重大农业科技"卡脖子"问题研究。在生物育种技术、口粮与谷物高产优质技术、设施农业技术、系统化养殖技术、智慧仓储技术、农业节水灌溉技术、大食物开发技术、农业产业信息技术、未来农业生命科学技术、"机械换人"技术、碳达峰碳中和农业科技等重点领域，布局战略型重大农业科技"卡脖子"问题研究。

二是强化农业科技基础理论研究。聚焦功能基因/蛋白质组学、植物高光效机理、生物固氮、抗逆性机理、基因克隆、生物反应器等基础理论研究，开展有组织科研，形成农业科技创新基础理论研究集群。

三是强化农业强省建设的软科学产品供给。围绕乡村振兴、农业强省建设开展一系列软科学研究，聚焦现代企业经营制度、农村治理方式、国际贸易规则、农业经济组织期权制度、农业科技链管理、科技创新组织形式及绩效评价、战略规划及政策布局等软科学领域，为乡村振兴、农业强省建设提供理论及政策参考。

（六）以农业科技创新体制机制改革营造良好的创新创业生态

一是创新农业科技研发组织方式。变革农业科研组织模式，开展有组织科研活动，建立问题导向、需求导向和绩效导向的管理制度，围绕河南农业领域重大原始创新、"卡脖子"问题基础理论及关键技术，推进全省农业科技创新资源"一盘棋"布局，实施"有组织攻关项目培育计划"。实施"赛马""揭榜挂帅"制度，紧跟国际农业科技创新最新研究动向，引入同台竞争机制，优化项目资助方式，完善过程跟踪、阶段性评价和动态调整机制，确保"赛马""揭榜挂帅"制度在竞争性科技攻关中发挥正向引导作用。

二是健全农业科技创新多元化投入机制。强化农业科技财政投入，加大基础研究财政投入力度，尤其是加大对种子、耕地等要害领域以及基础性长期性科技工作的支持力度；倾向性加大对省部级及以上重点实验室等的长期稳定支持力度；提高公益性农业科研院所和基层农技推广机构的经费保障水平；保障事关区域经济社会发展的应急性重大问题研究的经费。优化财政支出结构，推动农业农村科学研究与试验发展（R&D）经费投入占农业总产值比重达到1%以上；对企业投入基础研究实行税收优惠。强化科技金融信贷支撑，推动政银合作共担，加大向高素质农民、农业科技企业的倾斜力度；按照不低于当年"科技贷"贷款余额 10.0%、不高于贷款余额 15.0%的标准确定科技信贷准备金存量金额，补充及调整科技信贷准备金，用于"科技贷"业务损失补偿等。带动社会资本投入，支持引导社会资本参与，探索以市场化方式成立农业科创基金，鼓励社会以捐赠和建立基金等方式多渠道投入，建立起多元、稳定、高效的农业科技社会资本投入机制。

三是建立分类评价和绩效考核机制。推动农业科研机构评价由"唯论文、重奖励"向"崇创新、重贡献"转变。探索实施以技术研发创新度、产业需求关联度、产业发展贡献度为导向的分类评价，强化科技创新目标和产业发展指标双重考核，加强项目成果产出、项目验收、推广应用和结题后跟踪的第三方评估和用户评价，并依此进行"倍增式"激励。探索事后科技成果转化收益奖励前置为事前国有知识产权所有权奖励，拓展管理人员、科研人员科技成果转化模式，与孵化企业"捆绑"形成利益共同体，让"看不见的手"成为农业科技成果转化的有效推手。同时，强化农业科技伦理和科研诚信档案建设，探索"信用激励""科研诚信负面清单"等制度，营造鼓励探索、潜心研究的良好创新氛围。

参考文献

李万君、包玉泽、颜廷武等：《依靠农业科技引领支撑乡村振兴》，《宏观经济管理》2022 年第 9 期。

吴海霞、刘爽、陈凡等：《新时代农业科技现代化的内涵特征及实现路径》，《中国科技论坛》2022 年第 11 期。

周小平、陈学渊、吴永常：《宁夏现代农业科技服务体系：发展历程、模式成效与经验启示》，《中国科技论坛》2023 年第 9 期。

B.16
加强河南农业强省建设的要素投入研究[*]

李婧瑗[**]

摘　要： 党的二十大对加快建设农业强国做出了战略部署。推进农业强国建设，河南有基础、有能力、有责任、有担当，既要进一步巩固农业大省、粮食大省、农村人口大省地位，更要推动农业发展由"大"变"强"。加快建设农业强省既需要政策支持，也需要全面充分的要素投入。围绕河南农业强省建设目标和重点任务，坚持农业农村优先发展，坚持人财物策向农业农村倾斜，逐步构建完善促进农业农村全面发展的资金、人才、土地、科技等关键要素保障体系，内外联动加强资金要素保障，激发各类农业人才要素活力，统筹优化配置土地要素资源，提升农业科技要素带动效应，为河南建设农业强省提供全面支撑。

关键词： 农业强省　现代种业　河南

河南是农业大省、粮食大省、农村人口大省，具有农业强省建设的基础优势和必要条件，在农业强国建设中有责任也有能力一马当先。围绕农业强省建设目标和重点任务，以习近平总书记关于农业强国建设的重要论述为根本遵循，以扛稳国家粮食安全责任为根本要求，增强农业资金保障，引培专业人才团队投身农业发展和农村建设，充分利用农业农村土地资源，强化农业领域基础研究和应用研究的科技创新作用，畅

---

* 本报告系 2023 年度河南省政府决策研究招标课题"河南省全面推进乡村振兴中存在的问题与对策研究"（项目编号：2023JC022）阶段性研究成果。

** 李婧瑗，河南省社会科学院农村发展研究所助理研究员，主要研究方向为产业经济学。

通城乡高端要素流动，充分发挥人财物各类要素在农业强省建设中的效能。

一 内外联动加强资金要素保障

河南农村覆盖面广、规模体量大。截至 2022 年底，全省共有 4.58 万个行政村（全国第 4）；农村常住人口 4239 万人，占比 42.9%。① 如此大的农村规模和数量众多的农村常住人口在客观上要求河南农业强省建设投入大量的财力。但是，在当前宏观经济下行压力加大、农村集体经济薄弱、民间投资意愿下降等因素影响下，农业农村发展资金来源较少。因此，要逐步建立财政支持、金融帮扶、村集体自给、社会注入、村民筹集等多渠道的农业强省建设资金投入机制。

（一）夯实财政资金的基础保障作用

加大农业强省建设财政资金统筹力度，多渠道筹措资金，撬动更多金融、社会资本投向农业农村，确保财政投入力度不断加大、总量持续增加。积极向上争取涉农资金，提高国家级农业入库项目成熟度和通过率，推动形成储备一批、推进一批、实施一批的良性发展局面。建立健全财政投入保障制度，巩固拓展脱贫攻坚成果资金、乡村振兴资金等涉农资金统筹整合长效机制，加强资金绩效管理，提高资金使用效率。在坚持一般公共预算优先保障的基础上，落实好提高土地出让收益用于农业农村比例的政策。落实财政金融支农助农政策措施，把财政和金融组合嵌套，发挥财政政策对金融支农的撬动作用，发挥财政"四两拨千斤"作用，引导金融和社会资本更多流向农村，为农业强省建设注入源头活水。

---

① 《2022 年河南省国民经济和社会发展统计公报》，河南人民政府网站，2023 年 3 月 23 日，https：//www.henan.gov.cn/2023/03−23/2711902.html。

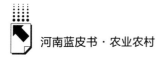

（二）创新灵活农业金融支持模式

引导金融机构持续加大涉农信贷投放力度，突出地方性涉农金融机构作用，合理增加新型农业经营主体信贷投放，推广保单质押、农机具和大棚设施抵押、活畜禽抵押等创新型金融产品，支持建设涉农信用信息数据库。对于参与农民合作社绑定农户、龙头企业绑定农民合作社利益联结"双绑"机制且带动农户经营增收成效明显的龙头企业、合作社等，在同等条件下优先给予符合规定的项目资金支持。推进农村产权抵（质）押融资金融服务创新。稳步推进农业保险扩面增品提标，逐步扩大完全成本保险和种植收入保险实施范围，扩大"保险+期货"品种和范围。加强对涉农资金拨付后的监测和监管，加强农业强省建设项目资产管理监督，做到资产底数清、产权归属清、主体责任清、收益分配清、处置核算清。

（三）做大做强村集体经济

河南村集体经济较为薄弱，农业发展"造血"能力不足。截至2022年底，全省没有集体经营收入和经营收入5万元以下的村占比高达47%。全省有经营性资产的村仅占50%，且70%以上的村经营性资产小于60万元。① 要通过农村集体产权制度改革，逐步构建归属清晰、权能完整、流转顺畅、保护严格的中国特色社会主义农村集体产权制度。科学确认农村集体经济组织成员身份，明晰集体所有产权关系，发展新型集体经济；管好用好集体资产，建立符合市场经济要求的集体经济运行新机制，促进集体资产保值增值。加快发展新型农村集体经济，积极推动资源变资产、资产变资本、农民变股东。持续构建产权关系明晰、治理架构科学、经营方式稳健、收益分配合理的运行机制，探索资源发包、物业出租、居间服务、资产参股等多元化新型农村集体经济。在保障农业发展的基础上，利用农村特有的山水林田湖草资源及特色民居、田园风光、民俗

---

① 工作统计。

文化等资源,挖掘乡村休闲、度假、养老、文化与教育价值,发展多元化村集体经济。

(四)统筹提升涉农资金使用效率

加大全省涉农资金统筹整合力度,提高资金配置效率和使用效益,把有限的涉农资金用到粮食保障、乡村振兴和农业强省建设中去,确保涉农资金用到刀刃上。加强部门联动,强化资金使用、绩效评价、实地核查、验收把关等监管,切实提高财政涉农资金科学化精细化管理水平,保障各项强农惠农富农政策落到实处。强化涉农资金监管,坚持日常监管和专项检查相结合,对涉及农民切身利益、社会高度关注的农业防灾减灾、高标准农田建设、农机购置补贴、耕地地力保护补贴等涉农资金开展常态化监管,防止挤占、挪用、截留等违纪违规违法行为发生,确保财政资金安全、合规、有效使用。加快预算执行进度,通过定期通报、上门会商、跟踪督促等方式,强化预算执行管理,督促项目主管部门充分发挥预算执行的主体作用,确保资金早分配、早发挥效益。同时,加强库款调度,保障部门项目资金支出需求,切实加快涉农资金支出进度。全面实施绩效管理,对涉农资金全面实施绩效管理,按照"谁用款、谁负责"的原则,压实部门绩效管理主体责任,建立健全财政涉农资金全过程、全方位、全覆盖绩效管理运行机制,对重点涉农资金项目开展绩效评价,切实发挥涉农资金支农效益,为全面推进乡村振兴提供有力支撑。

二 激发各类农业人才要素活力

人才是农业发展的主力军,是农业强省建设的内生动力。要将农业强省人才建设与乡村人才振兴衔接起来,凝心聚力为河南农业农村发展提供充分的人力和智力支撑。当前,河南农业强省建设面临农村人口减少、劳动力人口流失、老龄化等问题,有必要进一步扩大乡村人才总量、提高人才质量、盘活人才存量,统筹推进干部队伍、致富带头人、新型职业农

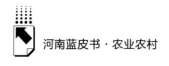

民、返乡创业人才等各类人才建设，为实现新时代河南农业强省建设注入强大人才力量。

（一）建设高素质"三农"干部队伍

农业强省建设需要一支既懂农业、爱农村、爱农民，又讲政治、有本领、作风硬的"三农"干部队伍。"三农"干部要深刻理解"三农"工作重中之重的地位，把握好农业强省建设的总体要求、基本原则和重点任务，并结合基层实际将农业强省的具体工作落到实处。坚持走好群众路线，切实加强调查研究，走到群众中、走到田间地头，摸清农民想法、掌握农民诉求、了解农民意愿，切实解决好农民"急难愁盼"问题。建立持续发现和动态管理的长效机制，立足岗位实际、本地发展规划，甄选出专业对口、技能合岗的乡村振兴人才，及时发现、科学培育、合理使用优秀年轻干部。继续优化选调生、村官选拔培养模式，鼓励高校大学生下乡支教。破解农村地区人才晋升、待遇、流动难题，持续开展选优配强、规范管理、关心关爱等方面的工作，保证优秀人才留得住、干劲足。

（二）"选育培优"农村致富带头人

农村致富带头人是农村经济发展的"推进器"，是促进农村农民实现共同富裕的"领头雁"。他们头脑灵活，敢于实践，能够用敏锐的眼光探索致富之路，为村民创造就业机会，为农产品找到销售渠道，具有较好经济能力并能承担一定的社会责任，是促进乡村经济发展、提升乡村社会治理水平的重要力量。按照农村致富带头人选定标准，通过群众推荐、个人自荐、组织点名相结合的方式，从大学返乡毕业生、优秀党员、村组干部、农村"土专家"、农村"田秀才"等具备致富能力的人群中考察、选拔出一批致富能手，纳入农村致富带头人培养信息库与村干部后备人才库，实行台账管理、挂号培养。采取"请进来""走出去""传帮带"等方法，帮助致富带头人逐步从"经验型"向"知识型""技术型"转变，不断提高农村致富带头人队伍的内在素养和致富本领。鼓励致富带头人积极参与农村技术创新、农业课题研究和农业项目合作，积极领办家庭农场、农民合作社、龙头企业，发展壮大特色产业、休闲观光农业、康养产业等。

（三）培育专业化新型职业农民

新型职业农民是农业强省建设的先导力量。在"人人持证、技能河南"建设的支持下，提升新时代农民的职业技能，培养一批服务于乡村产业发展的高素质人才显得尤为重要。要注重对原住农民、乡居家庭农民进行技能培训，加快实施高素质农民培育工程和百万高素质农民学历提升行动，由单一技术培训向技能培育和经营管理培训并重转变，形成专业化职业农民队伍。围绕维护国家粮食安全和保障重要农产品供给，大力培育粮食蔬果生产、畜牧水产养殖等新型农业经营服务主体带头人、种养大户、专业生产型和技能服务型农民。依托省农业农村科技教育中心，联合吸纳农技推广机构、农业科研院所、涉农院校参与承担高素质农民培育任务。将现代农业产业技术体系专家、农技推广人员、农业生产主体及涉农经营服务主体的专业人员纳入师资队伍，支持科技特派团成员在对口联系县参与高素质农民培育工作。

（四）吸引豫籍人才、返乡创业人才

河南是人力资源输出大省，2022 年河南农村劳动力转移就业人数超过 3180 万人。① 大量在外求学、创业、务工的豫籍人才已经成长为企业家、高管和技术骨干。河南格外重视域外豫籍人才这一特殊群体，举办"凤归中原"豫商豫才返乡入乡创业大赛，多措并举吸引更多豫商豫才返乡入乡创业，促进更多农村劳动力就地就近就业。2023 年 7 月，河南 5 部门联合印发《关于进一步支持农民工就业创业的通知》，提出实施"豫商豫才"返乡创业工程，支持包括农民工群体在内的各类豫籍人才返乡创业，推进税费减免、场地安排、一次性创业补贴等政策"打包办""提速办"，为返乡创业

---

① 《河南统计月报》。

人员提供培育、孵化、加速等创业扶持。要进一步增强外出人才返乡创业、投身农业强省建设的责任意识，营造鼓励创新创业的社会氛围。提高河南农民工返乡创业示范园区建设水平，优化基础设施和公共服务，培育提升返乡创业的区域品牌，提升回归产业层次。以本地人才回归带动技术回归，对接本地优势产业，提升产业发展水平。

（五）提升涉农院校学科建设水平

高等教育和职业教育是农业发展第一生产力、高素质农业人才第一资源与农业科技创新发展第一动力的重要结合点。要加快涉农高校改革与创新发展，全面提高人才自主培养质量，着力造就拔尖创新人才，以高等农业教育高质量发展筑牢农业强国的人才根基。《河南省"十四五"乡村振兴和农业农村现代化规划》明确涉农高等院校涉农学科应不断优化现代种业、现代农业设施装备、建设数字乡村等急需的学科建设方向；提出加快发展面向农村的职业教育，优先支持高水平农业高职院校开展本科层次职业教育等。涉农高校应以强农兴农为己任，锚定农业领域重大发展需求，打造体系化拔尖创新人才培养平台，培养更多知农爱农，具有扎实学科基础、原始创新能力、应用转化能力的高层次农业人才。围绕实施乡村振兴、农业农村现代化、农业强省建设规划，指导全省涉农高等院校不断优化急需的现代种业、现代农业设施装备、建设数字乡村等学科建设。

三 统筹优化配置土地要素资源

土地资源是农业农村发展的基本要素之一。近年来，河南耕地面积一直保持稳定状态，为农业发展特别是粮食生产提供了最基本的土地资源保障。在坚守耕地保护红线的基础上，要充分保障乡村产业、基础设施、公共服务设施和农民住宅建设合理用地需求。统筹新增和存量用地，统筹农村集体经营性建设用地入市改革、农村宅基地制度改革、农村征地制度改革，通过改革有效推动土地节约集约利用，盘活农村闲置土地资源，强化土地要素保障。

（一）持续推进农村土地制度改革

党的十八大以来，河南先后推出农村土地经营流转、土地"三权"（所有权、承包权、经营权）分置等一系列农村土地改革措施，广大农民取得土地相关权证，为其稳定、持续从事农业生产经营、获得财政性收入和有序向城市转移提供了有力保障。与确权颁证同步进行的还有农村土地流转制度改革，通过土地流转，农民不仅可以获得土地流转费，还能在自己的土地上工作并取得工资性收入，农民增收渠道得到拓展。党的二十大报告要求深化农村土地制度改革，赋予农民更加充分的财产权益。深化农村改革，必须牢牢把住处理好农民和土地关系这条主线。要牢牢守住改革的底线，绝不能把农村土地集体所有制改垮了，不能把耕地改少了，不能把粮食生产能力改弱了，不能把农民利益损害了。坚持以落实最严格的耕地保护制度为改革前提，做好第二轮土地承包到期后再延长30年试点工作，确保大多数农户原有承包权保持稳定、顺利延包。2020年，济源示范区成为全国首批第二轮土地承包到期后再延长30年先行试点地区，已基本完成试点任务。2022年平舆县成为第三批试点地区，试点工作正在有序推进。

（二）调整优化农村集体建设用地

统筹安排年度新增用地计划和存量建设用地盘活利用规模，落实市县保障农村产业发展用地责任，探索灵活多样的供地方式，满足农业农村发展用地需求。在准确把握设施农业用地供给现状和主要难点的基础上，积极探索兼容耕地保护和合理保障用地需求的设施农业用地管理模式，规范和引导设施农业合理选址、节约用地。鼓励优先使用合法的村集体建设用地，同时通过全域土地综合整治或农村土地综合整治，对零星分散的建设用地进行调整优化，集中安排农村产业用地。充分发挥城乡建设用地增减挂钩对优化土地资源配置的作用，腾挪空间用于支持乡村建设发展。省级每年新增一定比例的建设用地指标，保障乡村公共设施、公益事业、乡村产业等乡村建设用地。在土地供应方式上，鼓励优先租赁村集体建设用地及其房屋，包括闲置

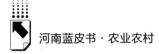

农房、院落等；也可按照国家和省级统一部署，通过集体经营性建设用地入市的渠道，以出让、出租等方式灵活供应土地。

（三）稳慎推进宅基地制度改革

农村村民住宅用地计划由省级按规定统一确认配置，在年度新增建设用地计划中单列安排一定比例的新增建设用地计划指标专项保障农村村民住宅建设用地需求，年底实报实销。深化农村集体经营性建设用地入市试点，完善土地增值收益分配机制。2020 年，全国开启新一轮宅基地制度改革试点，河南巩义市、宝丰县等 5 个县（市、区）获批试点地区，正稳妥推进宅基地制度改革试点任务。

（四）探索发展农业适度规模经营

在坚持土地集体所有制不得改变、农村土地承包经营权长久不变的原则下，通过农地经营权的产权细分，将"小而全"的农户和各类新型农业经营主体纳入分工经济，推动农业适度规模经营。以规模家庭农场的形式推进耕地适度规模经营，形成"握指成拳"的合力和优势，通过集中采购农业生产资料、集成先进耕作技术、推广标准化生产、采用规模化标准化作业、订单溢价回收优质农产品等方式，充分发挥农业机械装备优势和科技服务效能，有效降低农业物化成本和生产作业成本，提高产量和品质，实现农业节本、提质、增效，从而降低农业自然风险和市场风险。

（五）加强土地流转管理与服务

土地流转是调整农业产业结构的重要举措，是推动农业产业化经营，建设现代农业的前提和基础。探索建立土地流转管理机制，由政府对土地流入方资金实力、生产经营场所、生产技能、管理经验、经营人员等方面进行审核，严控土地流转规模，建立准入审查机制。建立"土地流转费履约保证保险"和"土地流转风险保障金"等风险保障机制。探索建立农村土地经营权流转"负面清单"管理制度，将规定土地流转主体纳入失信被执行人名单，成交后违规转包、分包，不按时履约、拖欠土地租金等相关费用等行为列入"负面清单"。被列入"负面清单"的经营主体在一定时间内不得通过农村产权交易平台流转区内土地经营权，并在项目扶持、评优评先等方面受到限制。

四 提升农业科技要素带动效应

科技是第一生产力，是建设农业强国的重要力量。习近平总书记强调，要紧盯世界农业科技前沿，大力提升我国农业科技水平，加快实现高水平农业科技自立自强。河南要将实施创新驱动、科教兴省、人才强省战略与实施乡村振兴战略紧密结合起来，以建成国家农业科技创新高地为目标，以农业关键核心技术攻关为引领，聚焦核心种源、农机装备、绿色食品、科技创新等领域，整合各级各类优势科研资源向农业强省优先倾斜，构建强有力的农业科技创新支撑体系。

（一）实施现代种业提升工程

种子是农业的"芯片"，要持续聚焦种源安全，提升种源质量。2021 年7 月，中央全面深化改革委员会第二十次会议审议通过《种业振兴行动方案》，明确了实现种业科技自立自强、种源自主可控的总目标，提出了种业振兴的指导思想、基本原则、重点任务和保障措施等一揽子安排。河南要持续对接国家种业振兴行动，进一步巩固小麦、玉米、花生、芝麻等领域的种源大省和科技创新领先地位，同时抓好果蔬、花卉、食用菌、中药材、畜禽等种业发展，培育出一批高产、优质、绿色、高效的好品种。做大做强种业科研机构，推动神农种业实验室纳入国家种业实验室体系或成为其基地，加快建设国家生物育种产业创新中心、中国农业科学院中原研究中心，争创国家小麦技术创新中心。谋划建设"中原农谷"种业基地，整合种子研发力量、种业生产加工企业、种业领先团队和科技人才，集成政策、集聚要素、集中布局，推动全省农、科、教、研等资源整合进驻，加快构建种业基础研究、品种选育、繁种制种全产业链，加快"谷城院"融合发展，打造国家现代农业科技创新高地。培育一批优质种业企业，鼓励种业企业设立研发机构或研发中心，优化"良种担"业务模式，全力满足农业"芯片"的需求，支持种源技术攻关，培育、壮大一批有竞争力的种业育繁推一体化企业。

（二）推进绿色食品创新升级

发展绿色食品是引领农业绿色转型的重要途径，是增加绿色优质农产品有效供给的主要来源。河南是农业大省、粮食大省，要发挥粮食核心竞争力，将农产品资源优势转变为绿色食品产业优势。近两年，河南相继发布《河南省"十四五"乡村振兴和农业农村现代化规划》《河南省绿色食品集群培育行动计划》《支持绿色食品业加快发展若干政策措施》，不断强调绿色食品产业的重要地位，多措并举大力支持绿色食品产业创新发展。通许县的酸辣粉、西峡县的香菇制品、博爱县的无公害蔬菜、周口的小磨香油等绿色食品发展迅速，已经打造出一批优质区域品牌，并在行业内具备一定影响力。支持绿色食品企业开展包括企业改造升级、装备研发、科技创新、数智赋能在内的科技创新，对在认定有效期内的国家级专精特新"小巨人"食品企业给予投资补助。运用中原食品实验室、河南省预制菜产业联合研究院、河南省休闲食品产业联盟、河南省冷链食品产业联盟、河南省食药同源产业联盟、河南省酸辣粉产业联盟等平台，努力实现农业产业链延伸、绿色食品价值链提升。培育预制菜千亿级产业集群，全力打造"原料基地+中央厨房+物流配送"等产业模式，将河南发展成为全国重要的预制菜生产基地。

（三）引领农机装备转型升级

农业机械是不断提高劳动生产率、土地产出率、资源利用率和综合生产能力的核心装备。河南作为农业大省和新兴工业大省，农机装备产业发展水平始终位居全国前列。当前，粮食生产全程机械化加快推进，养殖业、设施农业、农产品初加工等领域机械化需求强劲,农业机械科技创新提速,农机装备创新应用步伐加快。河南农机装备创新要以产业急需为导向,加快研制先进适用、高效低损、安全可靠的现代农机装备,形成具有较强综合竞争力的农机制造业集群。依托国家农机装备创新中心,围绕农机装备关键材料及工艺、核心零部件及元器件、农机装备智能化等领域,建设研发设计平台、中试基地、推广应用与成果孵化平台、共性技术服务平台,推进农机装备产业链协同发展,推动农机装备朝智能化、绿色化、高端化方向发展。聚焦农业全程、全面机械化,提高粮食生产机械化水平,发展全程农业机械化生产;提升经济作物机械化水平,推进农产品初加工机械化;推进畜牧、水产机械化,促进畜牧、水产业发展;推广智能农机装备技术,实现农业绿色高效机械化生产;改善农机作业条件,补齐丘陵山区农业机械化短板;提高农机社会化服务水平,促进农机经营服务主体成长;推进依法行政,加强农机安全生产。

(四)重塑农业科技创新体系

农业科技创新风险大、周期长、创新主体分散,在一定程度上制约了农业科技创新的积极性和有效性。因此,要加快推进农业科技创新体系重塑重构,围绕提升整体效能整合各级各类科研资源,科学布局农业领域科技创新平台和研发基地,打造任务型、体系化、开放式的农业科技创新联合体。发挥利用好神农种业实验室、中原食品实验室、牧原实验室等省级实验室平台;河南省农机装备产业研究院、河南省动物疫苗与药品产业研究院、河南省生物基材料产业研究院、河南省中药现代化产业研究院等省级产业研究院平台,聚焦农业发展的痛点难点、关键核心技术的卡点赌点开展联合技术攻关。激发农业企业创新活力,发挥企业在产业链与创新链协同发展中的多维度重要作用,着力培育一批具有核心技术、市场规模和行业话语权的世界级农业强企。做好农技推广部门农业技术成果转化、主推技术到位等重要工作。同时,鼓励发展各类社会化农业科技服务组织或机构,促进公益类与社会化服务体系联合开展农技推广和经营服务。协同提高农技推广服务能力,

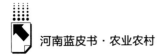

增强农技推广服务实效，加快建立管理规范、运转协调、充满活力、服务到位、农民满意的基层农技推广体系。

参考文献

冯永泰、程静：《习近平关于农业强国的战略性思考》，《理论视野》2023 年第 8 期。

高旺盛、孙其信、陈源泉等：《中国特色农业强国的基本特征及战略目标与路径》，《中国农业大学学报》2023 年第 8 期。

刘金海：《中国式农村现代化道路探索——基于发展观三种理念的分析》，《中国农村经济》2023 年第 6 期。

刘玉梅、王丹、田建民等：《农业强国建设中的河南作为》，《河南日报》2023 年 2 月 15 日，第 5 版。

王超鹏：《在乡村振兴中实现农业强省目标——2023 年河南省委一号文件解读》，《河南日报》2023 年 4 月 11 日，第 6 版。

乡村治理 ⟆

B.17
提升乡村治理效能的基层探索
与实践启示

——基于长垣市的调研与思考

张　坤*

摘　要： 乡村治理是乡村振兴的基础，关乎农村改革发展，影响社会大局稳定。河南省长垣市作为全国乡村治理体系建设试点县，因地制宜、统筹谋划，探索以党建为引领、以改革为动力、以智慧为手段、以网格为单元、以群众为主体的乡村治理模式，大力推动乡村治理工作，切实提高了乡村治理水平，走出了一条富有长垣特色的乡村善治之路，对其他地区提升乡村治理效能、推进乡村治理现代化具有一定的启发意义和借鉴价值。

关键词： 乡村治理效能　乡村振兴　长垣市

---

* 张坤，河南省社会科学院农村发展研究所研究实习员，主要研究方向为农村经济。

乡村治，百姓安，国家稳。乡村治理是国家治理的基石，也是乡村振兴的基础，不仅关系农业农村改革发展，更关乎党在农村的执政基础，影响社会大局稳定。长期以来，乡村治理都是基层社会治理的重点，也是难点和薄弱点。党的十九大指出，要加强农村基层工作，健全自治、法治、德治相结合的乡村治理体系。《中共中央　国务院关于实施乡村振兴战略的意见》对我国乡村治理体系进行了更完善的政策布局。中央办公厅、国务院办公厅《关于加强和改进乡村治理的指导意见》对加强和改进乡村治理提出了更加详细的任务安排。不难发现，我国在政策层面对加强和改进乡村治理进行了越来越具体、越来越系统的探索。

进入新发展阶段后，我国农村社会出现了很多新情况、新矛盾、新问题，同时，我国正在实施全面推进乡村振兴、推动城乡全面融合、推进国家治理体系和治理能力现代化等重大国家战略，对新形势下的乡村治理提出了更高的要求。目前来看，推进乡村治理仍然面临诸多困境，如基层党组织引领作用不强、治理主体缺位或能力不足、治理方式创新不够、基层综合治理能力不强和基础支撑不牢等问题，严重阻碍了乡村治理现代化水平的提升。因此，必须立足实际，坚持问题导向，从问题中找办法，从实践创新中寻求突破，确保治理有效。为此，2023 年中央一号文件指出，要健全党组织领导的乡村治理体系，强化农村基层党组织政治功能和组织功能，突出大抓基层的鲜明导向，提升乡村治理效能。

一　关于乡村治理效能的相关研究梳理

学术界围绕提升乡村治理效能这一主题进行了一些研究。归纳起来，主要围绕三个方面。一是乡村治理效能的内涵界定。谭文邦研究了国家治理效能，认为国家治理效能表现为基于国家制度进行治理的综合效益。乡村治理作为国家治理的基石，其效能表现为治理主体达成治理目标的程度，包括治

理效果和治理能力。[1] 毛一敬和刘建平认为，实现乡村有效治理的关键在于
激发治理主体在乡村治理中的主体性。就乡村治理主体而言，治理主体涵盖
村民、村委会和非正式自治组织。[2] 二是乡村治理有效的影响因素。崔宝玉
和马康伟从治理主体的视角考察了合作社对乡村治理效能的影响，认为合作
社可以在一定程度上破解乡村治理难题，提升乡村治理效能。[3] 苏岚岚、赵
雪梅和彭艳玲考察了农民数字治理参与对乡村治理的影响，指出农民数字治
理参与可以显著改善乡村治理绩效，还可通过提升德治能力和法治能力间接
提升乡村治理效能。[4] 章荣君研究了基层党建带动乡村治理效能提升的问
题，认为当下基层党建与乡村治理之间难以较好地融合，基层党建因为缺乏
有效的"抓手"而变得空洞，而乡村治理由于缺乏基层党建对其公共性与
主体性进行重塑，出现了政策执行的"最后一公里"难题。破解这种难题
需要在基层党建与乡村治理之间形成联动互嵌的结构体制，实现基层党建带
动乡村治理效能提升是乡村振兴的必然路径选择。[5] 三是提升乡村治理效能
的路径。李三辉认为提升乡村治理现代化水平应该从完善乡村治理制度机制
建设、构建"一核多元"的主体治理格局、构建乡村治理现代化运行体系
三个方面来推进。[6] 周文和司婧雯指出，应坚持和加强党对乡村治理的集中
统一领导，大力发展集体经济，推动乡村治理路径创新。[7]

　　学术界从不同角度提出了提升乡村治理效能的实现路径，同时，中央及
有关部门、一些省份已经进行了加强和改进乡村治理的顶层设计和战略安
排，现有研究更偏向于对提升乡村治理效能的理论探索，对已有政策措施的

---

[1] 谭文邦：《国家治理效能实现的内在机理和实践路径》，《社会科学家》2021 年第 4 期。

[2] 毛一敬、刘建平：《乡村振兴实现阶段的村庄主体性》，《华南农业大学学报》（社会科学版）2021 年第 6 期。

[3] 崔宝玉、马康伟：《合作社能成为中国乡村治理的有效载体吗？——兼论合作社的意外功能》，《中国农村经济》2022 年第 10 期。

[4] 苏岚岚、赵雪梅、彭艳玲：《农民数字治理参与对乡村治理效能的影响研究》，《电子政务》2023 年第 7 期。

[5] 章荣君：《新时代基层党建带动乡村治理效能提升研究》，《湘湘论坛》2021 年第 4 期。

[6] 李三辉：《乡村治理现代化：基本内涵、发展困境与推进路径》，《中州学刊》2021 年第 3 期。

[7] 周文、司婧雯：《乡村治理与乡村振兴：问题与改革深化》，《河北经贸大学学报》2021 年第 1 期。

提炼总结和分析不足。基于此，本报告围绕在提升乡村治理效能实践中该怎么做的重要议题，选取河南省长垣市进行调研和剖析。长垣市作为全国乡村治理体系建设试点县，探索坚持以党建为引领、以改革为动力、以智慧为手段、以网格为单元、以群众为主体，大力推进乡村治理试点工作，切实提高乡村治理水平，打造共建共享的新时代乡村治理格局，走出一条富有长垣特色的乡村善治之路，对于其他地区有效推进乡村治理具有一定的借鉴价值和启发意义。

二　长垣市提升乡村治理效能的主要做法与成效

长垣市域面积为 1051 平方公里，辖 11 镇 2 乡 5 个街道、1 个省级高新技术开发区、596 个建制村、19 个社区，常住人口为 90.5 万人，其中，从事农业生产的人员为 35 万人。① 长垣市在推进乡村治理中，坚持构建以德治为引领、以自治为基础、以法治为保障、以智治为支撑的四治结合的制度机制，通过提升乡村治理能力、完善乡村治理组织体系、探索乡村治理四治结合新路径、创新现代乡村治理手段，全力推动乡村治理迈向新台阶。

（一）召开"三会"，凝聚乡村治理共识

长垣市聚焦当下农村关注的热点难点问题，召开"政策宣讲会""个人谈心会""群众议事会"，让群众通过唠家常、谈谈心的形式畅所欲言，找准切入点，采取以案说法的形式引导村民提出对乡村建设、村庄治理的思考与建议，充分调动了广大群众参与乡村治理的积极性，提升了村级重大事项决策制度化、民主化、科学化、规范化水平。蒲西街道向阳社区坚持问题导向，在社区治理工作中先后探索了"五微"党建、"三社联动"服务创新和"五共"治理等工作模式，注重全面了解问题，剖析问题根源，正确引导，

---

① 《长垣概况》，长垣市人民政府网站，http：//www.changyuan.gov.cn/sitesources/cyxrmzf/page_ pc/jxzy/zygk/list1.html。

把居民的事交由居民自己解决，广大居民的精神面貌、社区环境、公共秩序焕然一新，增强了社区治理内生动力，初步实现了社区居民"心向党""一家亲"的美好愿景。

（二）组建"三队"，提升乡村治理水平

为健全乡村治理体系，完善乡村治理模式，长垣市创新组建法律服务队、道德讲评队、志愿服务队，以"三队"为抓手，将村规民约、居民公约工作与推进乡村振兴、乡风文明建设、扶贫扶志行动、扫黑除恶相结合，面对面为群众开展法律咨询、宣传等活动，推行"中心派单、群众点单、志愿者（组织）接单、政府买单、百姓评单"的"五单"式服务法，全面提升了乡村治理水平，得到了群众的普遍认可。蒲西街道宋庄探索出乡村治理"五四"工作法。即"群众议、上司调、法律服、乡风评、平安守"的乡村治理模式和"上司用信、干部用理、矛盾用情、顾问用法"的工作机制，实现自治、法治、德治"三治融合"，充分激发了乡村治理活力。

（三）培育"五类明白人"，传递乡村治理风尚

在推进人居环境整治中，长垣市重点培育了一批有号召力的党建引领明白人，即对市场定政策、做决策的明白人，学法守法用法的法律明白人，乡村事务明白人和乡村管理明白人，不断破解发展难题，推动基层办事依法、遇事找法、解决问题用法、化解矛盾靠法，提高乡村治理能力。樊相镇留村坚持党建引领，筑牢基层组织根基，全村 42 名党员分成文明建设、矛盾调解、经济发展、便民服务、廉政监督等 5 个小组，积极参与村务自治管理，服务村集体经济发展。魏庄街道王庄村成立了老年人协会，将每年的农历三月十九作为王庄村"老人节"，村内的爱心人士、经济能人自发捐款捐物为 70 岁以上的老人发放慰问品，通过举办"老人节"凝聚乡贤力量，弘扬孝亲敬老美德。同时开办国学大讲堂，聘请村内现任教师 6 名和离任教师 4 名，对王庄村 7~12 岁的儿童每半月进行一次国学宣讲，积极营造全民参与乡村治理的氛围。

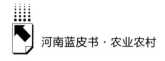

（四）抓好"三载体"，筑牢乡村治理根基

近年来，长垣市以建强农村基层党组织、深化新时代文明实践工作、推进农村集体产权制度改革为载体，扎实推动"五星"支部创建，积极推进新时代文明实践中心建设，持续壮大村级集体经济，夯实乡村治理基础。经过创建，长垣市 596 个村中，创成"五星"支部 13 个、"四星"支部 66 个、"三星"支部 207 个、"二星"支部 238 个、"一星"支部 51 个。软弱涣散村 21 个，经过整顿，全部退出序列。截至 2022 年，长垣市共建成 18 个新时代文明实践所和 581 个村（社区）新时代文明实践站，实现新时代文明实践所、站 100%全覆盖。建成融媒体中心——云上长垣。通过推动新时代文明实践中心和融媒体中心功能融合，推动新思想、新政策、新理论、新文化普及，群众的思想觉悟、道德水平和文明素质显著提升。截至 2022 年，长垣市所有村集体经济收入实现了清零，村均 43 万元。通过发展壮大村集体经济，盘活了资源，积累了资金，凝聚了人心，乡村面貌不断改善，人民群众也享受到了发展成果。

三　启示与思考

当然，尽管长垣市在推进乡村治理中已取得显著成效，但在治理主体、治理方式、治理手段、治理机制、群众参与等方面仍存在较为突出的共性问题，需要在全面推进乡村振兴的实践中创新突破，同时其探索实践对于其他地区推进乡村治理，仍然具有重要的启发意义和借鉴价值。

（一）选优配强"领头雁"提升治理能力

为提高乡村治理能力和水平，长垣市聚焦重点人群，培育人才，选优配强村党支部书记，加大党员干部培养力度，强化乡村治理人才支撑。为选好乡村振兴"领头雁"，长垣市高质量完成全省村（社区）"两委"换届试点工作，全部实现了 100%"一肩挑"、100%换届成功、100%实现组织意图、

100%配备35岁以下年轻干部、100%配备妇女委员会，着力打造一支与乡村振兴相适应的村级干部队伍。实施"归雁"工程，充分利用本市在外业务员这一宝贵资源，每逢中秋、春节，各乡镇（街道）、各村召集在外经商创业人员开展联谊会，积极引导其反哺家乡建设、回村任职，累计从外出经济能人中优招175人任村党支部书记。采取从村"两委"成员中优育一批、从外出经济能人中优招一批、从退休干部和教师等人员中优请一批、从退伍军人中优选一批、从机关党员干部中优派一批的"五个一批"方法，累计选优配强村党支部书记381人，全市"双好双强"村党支部书记占比在70%以上。

（二）深化改革夯实治理基础

乡村治理需要有坚实的经济基础，只有夯实乡村治理的经济基础，才能真正有效地确保乡村有为善治。长垣市坚持以改革创新解决发展的动力问题。作为国家土地制度改革试点县，长垣市以农村土地制度改革为牵引，充分利用宅基地、承包地和集体产权制度改革腾出的空间、资金与活力，发展农村集体经济，探索乡村治理与村集体经济协调发展的机制。如长垣市在改革中挖掘出集体经济第一桶金、激活土地资源要素后，通过推行"集体经济+社会资本+市场运作+群众参与"的村庄发展模式，党支部统领、集体经济组织牵头、群众参与发展乡村产业，不但增强了基层党组织的凝聚力，也增强了群众的市场意识、协作意识、规则意识，激发了群众参与热情，进而达到深度改变农村治理体系和社会秩序的效果。如佘家镇高店村集体经济组织将流转后的土地全部归整成方，整体出租种植虎杖，发展订单农业，通过入股分红、土地流转、务工收入"并驾齐驱"，大大提高了土地收益。年生产虎杖中成药品2000吨，为周边群众提供就业岗位150个，村集体经济年收入50万元，87户贫困户年分红2000元以上，[①] 保证了集体稳定供应优质中药材，农村群众除了中药材收入外，还可以获得租金、股份分红、工资等，最终形成企业、集体组织与小农户之间的契约型、股权型利益联结机制。

---

① 调研数据。

（三）数字化转型提升治理效能

当前，我国已经进入数字社会快速发展阶段，乡村治理的方式也随之发生变革。现代乡村治理体制离不开科技支撑，构建乡村共建共治共享的社会治理格局需要引入数字化手段。长垣市顺应数字时代治理规律，充分用好云上政务服务手段，以数字化转型提升治理效能。在农村宅基地和农民自建住房规范管理改革试点中，长垣市以搭建一个智能化的数字平台、共建部门信息桥为目标，确保信息共享。结合数字乡村试点建设，整合国土、农业、住建等多部门信息，搭建市乡村三级"数字乡村"综合服务平台。通过实行网上办公，确保服务便捷化。农民自建房申请审批管理实现了网上申请、审批、查询、建筑工匠备案等功能。建设智慧长垣综合指挥信息平台，平台以长垣市社会治理现代化模式为需求导向，通过信息化技术手段，以网格化服务与管理为支撑，以多元联动工作模式为抓手，以提升社会治理系统化、社会化、精细化、法治化、智能化水平为目标，融入大数据、机器学习等技术，整合政府部门资源，明晰工作责任，坚持纵向贯通、横向集成、共享运用的原则，打造长垣市"1+N"运行模式，即中心平台按照"1+N"社会治理模式要求，由1个界面N大功能模块组成，涵盖党建、综合治理、项目建设、民生工程、乡村振兴、文明创建、城市管理等功能，整合70个市直单位18个乡镇（街道）3097个网格的各项数据，全部录入"全科网格"信息管理平台，运用大数据智能分析，建立扁平高效、上通下达的社会治理体系，不断提升社会治理水平，实现群众共建、社会共治、资源共享、部门联动的社会治理新模式。

（四）精准化服务保障治理质量

项目化推进是提升乡村治理效能的重要手段。提升乡村治理效能，关键在于推动基层治理各项工作落到实处、取得实效。长垣市瞄准群众的急事、难事、烦心事，以项目化运行，提供精准化服务，打通方便群众、服务群众的"最后一公里"，把问题解决在基层，用实实在在的行动和成效，赢得群众的赞誉和支持。如长垣市通过打造"官方发布+志愿者互动"的信息格局，搭建起文明实践信息管理系统，线上管理群众需求征集、项目发布、活动签到、时长记录以及星级评定，让中心派单、百姓点单、志愿者接单、政府买单、群众评单一键完成，实现了文明实践活动的私人定制。在志愿者服务工作中，按照"设立项目—招募志愿者—实施项目—评估效果—优化项目"流程，引导志愿服务组织围绕乡村振兴、巩固拓展脱贫攻坚成果、生态环保、健康卫生、文化文艺、科技富农、法律服务等，深入实施普惠性、特惠性、互惠性、志愿服务项目，培育"牵手成长""经典诵读""向阳花开""小小讲解员""就在身边""法润万家""红色星期五""庄稼帮"等有特色的品牌项目。

（五）全员参与激发乡村治理活力

乡村治理离不开群众参与。提升乡村治理水平，根本目的是让广大农民过上更美好的生活。推进乡村治理工作，最终要靠广大农民。坚持农民主体地位，就是要尊重广大农民的意愿，激发亿万农民的积极性、主动性、创造性，真正把蕴藏在农民群众中的创造潜力转化成推进乡村治理的强大动力，推动形成全员参与乡村治理的新格局。长垣市通过"三会三队"的创新举措，让广大农民群众参与乡村治理，带动农民投身乡村治理，共建美好家园。广大农民群众既在参与乡村治理的过程中提升了自身综合能力，也从乡村振兴中看到了美好生活的愿景，会主动勇敢地承担起自己的责任，真正实现激发全体农民的内生动力和创造伟力，激发农民群众立足乡村、治理乡村、发展乡村的动力和热情，不断为乡村振兴贡献力量。

B.18
探索"一田制"助推河南农业
适度规模经营

梁信志*

摘　要： 　"一田制"是实践中"小田并大田"的理论探索性总结。"一田制"有效促进了农业适度规模经营，有利于农业现代化发展。本报告首先对"一田制"的基本概念和类型进行概况和提炼，其次以调研为基础对"一田制"的成效进行定量和定性分析，认为实施"一田制"后农作物的成本收益有较为明显的改善，取得了良好的社会效益。为更好地推进"一田制"，在实践中宜把握好农户承包地合作面积、小田并大田方式以及农田如何优化布局等三个重要环节，要完善配套政策，确保农民的有效参与，规范操作流程，要试点先行稳妥有序推进，还要与高标准农田建设相结合。

关键词： 　一田制　农业经营　适度规模经营

党的二十大报告指出，要巩固和完善农村基本经营制度，发展新型农村集体经济，发展新型农业经营主体和社会化服务，发展农业适度规模经营。为贯彻落实党的二十大精神，河南锚定"两个确保"，实施"十大战略"，全面推进乡村振兴，积极深化农村土地制度改革，在农民自愿的前提下，结合高标准农田建设、土地整治等工作逐步解决农业小规模分散化经营问题。特别是在保持土地承包关系稳定不变的基础上，探索"一田制"，通过"小田并大田"，实现"一户多田"变"一户一田""多户一田"，能有效破解

＊ 梁信志，河南省社会科学院农村发展研究所助理研究员，主要研究方向为农业经济管理。

当前承包地零碎化问题，推动土地适度规模经营，加快推进农业现代化，为扛稳粮食安全重任、夯实农业强省建设基础提供新动能。

一 "一田制"的基本概念和类型

（一）基本概念

"一田制"指的是，以路、沟、渠、庄等为界线，对自然成型或经过长期生产经营而形成的土地，通过出租、托管、合作、统管、调整（换）等方式，多块并一块、小块并大块、小界并大界、小沟并大沟、小路并大路，实现建设成方、集中连片，实现农业生产经营集约化。"一田制"的探索还包括土地存在形状、土地生产经营方式、生产组织形式、分配关系等内容。

"一田制"通过把地块集中连片成方，提高了种粮积极性，提高了农业生产规模化、集约化发展水平。一是实际耕作面积增加；二是地力提升，粮食产量增加；三是宜机化程度提高，耕种管收成本减少；四是成片流转发包，发包收入和溢价受益壮大了村集体收入；五是有效降低撂荒风险。

（二）"一田制"类型

近年来，全国各地一直在着力解决承包地细碎化问题，探索土地集中连片经营，如江苏"联耕联种"模式、湖北"按户连片耕作"模式、新疆"互换并地"模式、陕北"农村集体产权制度改革"模式、广西"小块并大块"模式、安徽"小田变大田"模式。通过在河南息县的实地调研了解到的当地村民的意见与实践可知，干群比较认可并愿意践行"一田制"。依据息县耕地实际，"一田制"分为"一户一田式"和"多户一田式"。

1. "一户一田式"

在村两委、村组集体经济组织的领导、引导下，农民通过自发、自愿、自主、协商开展自下而上的小块并大块实践。"互换并地"是在分地人口和原有耕地面积不变的前提下，通过自发调整土地权属的空间位置，使每户分

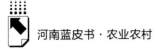

散的耕地实现集中连片，并按照整地块实际，分为自种区和他种区。在这一过程中，农民起主导作用。

2. "多户一田式"

保留第二轮土地承包实际分地面积、分地人口不变，在保持农户家庭承包方式、承包面积和承包期限稳定的前提下，不改变农户土地经营权现状，以村两委、村民小组统筹与农户自发实施为基础，以路、以沟、以渠等形成的整块土地为基础，通过破除田埂、地界、小沟、小路整合地块，使单个农户的小块合为大块、小田合为大田，实现"多户一田"。将农民分散的个体经营权整合为村组集体公共经营权，采取村组集体统一经营和农户自主经营管理方式，由行政村、村民小组作为集体公共经营权的代表与外部农业服务主体对接，推动农地经营权连片向种地大户、家庭农场或专业种植合作社等新型经营主体集中，以种地大户、家庭农场、专业合作社为主，开展耕、种、收割、打药、施肥、运输、收购等社会化服务，实现按户连片耕作连片种植。

二 "一田制"调研点基本情况

为了解"一田制"的运行情况，对信阳市息县有关村组的土地情况、人口情况进行实地调研。采取座谈、访谈、问卷等方式，对126户村民、65户种地大户（30亩以上）、29名村干部（含3名村党支部书记）、25名村民小组组长、2名村委第一书记、3名村帮扶干部、2名乡党委书记进行了为期20天的实地调研。

信阳市息县杨店乡喻庄村刘庄组、陈小庄组、乌庄组是"一户一田式"调研点。刘庄组现有土地393.78亩、人口166人。1998年第二轮承包土地分地人口为126人，分地面积为373.96亩，粮食补贴面积为351.97亩。在家人口71人，有10户种地，其中种植面积为10~20亩的有6户，种植面积在80亩以上的种地大户有4户。陈小庄组现有土地272.35亩、人口130人。1998年第二轮承包土地分地人口为99人，分地面积为259.95亩，粮食补贴218.93亩。在家人口为52人，有7户种地，其中种植面积为10~20亩的有5户，种植面积在80亩以上的种地大户有2户。乌庄组现有土地465亩、人口210人。1998年第二轮承包土地分地人口为155人，分地面积为414亩，粮食补贴378.76亩。在家人口为65人，种植面积在50亩以上的种地大户有5户，其余土地都流转给了公司。

信阳市息县路口乡岳庙村孙庄组是"多户一田式"调研点。孙庄组现有土地280亩、人口132人。1998年第二轮承包土地分地人口为88人，分地面积为247亩，粮食补贴216亩。采取连片耕种、统一生产方式由10户种地大户承包整体合作经营。

在实施"一田制"之前，这些调研点土地存在散、碎、杂、乱等特征，1998年第二轮土地承包后25年来都没有调整土地。农民普遍认为耕地地块太小，人均2.35亩，由于1998年第二轮土地承包时，按照一等地、二等地、三等地等分地，还有旱田、水田、菜地、打场地、坡地，还分离村庄远近等，村庄内各种土地分配承包都是好坏均分、远近均分，每户至少有5块地，一般有7~9块地，最多的一户有13块地，农户拥有的土地分布较散。缴纳农业税时农村人口与土地的主要矛盾是"人多地少"，2006年农业税取消后，农村人口与土地的主要矛盾逐步发展为"人少地多"，当前这种矛盾已比较凸显，土地零碎、散乱经营，种植者以老年人为主，农业种植效率较低，已严重制约现代农业生产经营发展。农户的一致想法就是土地集中连片规模化、生产种植集约化、经营管理集体化、统购统销组织化、政策服务民主化等，归结为"一田制"生产经营方式。

三 "一田制"成效分析

从调研点看，"一田制"破解了农户承包地碎片化难题，方便种植户生产经营管理，提高了农业集约化、产业化发展水平，既增加了农户收入、降低了经营成本，也减少了土地纠纷。

（一）"一田制"成效的定量分析

调研发现，"一田制"能够降低农业生产经营成本，提高农产品价格和品质，以每亩小麦种植为例，实施"一亩制"后农作物成本收益有较为明显的改善（见表1），如实施"一亩制"后每亩可减少10%的农药施用量，按照54元/亩的农药成本费用计算，每亩可节约农药费用5.4元。

表1　"一田制"后每亩小麦种植成本收益变动情况

		成本减少	效益增加
农资	种	5斤×2.8元/斤=14元	
	肥	10斤×1.8元/斤=18元	
	药	10%×54元=5.4元	
农机	旋耕播	10%×135元=13.5元	
	收割	10%×60元=6元	
人工	排水	20%×10元=2元	
	浇水	20%×20元=4元	
	装卸	20%×2元=0.4元	
	运输	20%×30元=6元	
	追肥	10%×20元=2元	
	打药	20%×30元=6元	
时间		1/3	
土地			3%~5%
产量			50斤/亩以上
价格			0.05元/斤以上
品质			20%以上（纯度、容重）
合计		77.3元	25元以上

资料来源：根据调研数据整理。

一是地块面积变大。通过小并大、短变长、坡改梯、弯取直等，地块数量下降80%左右。通过整治地块，自然地块由小变大，地块亩数最小也在8亩以上。采取土地流转、托管服务等规模经营，进一步推进耕作地块小变大。

二是耕种面积增加。通过地界、墒沟、田埂垄沟复耕，废弃沟塘治理、生产道路整合等方式，零散边角地块得到充分利用，普遍增加3%~5%的耕种面积。

三是农田基础设施条件改善。结合农村高标准农田建设，实施耕地改造，调动了种地农民投资农业生产基础设施的积极性，耕种条件得到了显著改善，大幅提升了规模化经营水平和社会化服务水平。

四是农业效益增长。零星耕地集中连片后，通过平整土地、改良土壤、加强耕地质量建设等活动，提升规模化生产能力，用工投入减少1/3，化肥、农药等用量减少10%以上。农业新技术推广加快，节约了生产时间，节省了生产成本，提高了农产品销售价格等，提高了种地大户、家庭农场、专业种植合作社、订单公司等投资农业的积极性，也激发了众多返乡创业农民工、农村大学毕业生、复员军人、农业农技能手等回归从事农业的积极性。

五是农民收入增长。通过"一田制"改造，越来越多的农民摆脱了土地的束缚，既可以获得流转费用、托管收入、合作分红，还可以安心外出务工，增加工资性收入；种地大户、家庭农场、专业种植合作社等新型农业经营主体通过土地流转、托管、合作等方式，发展适度规模经营，带动农民享受不同利益分配机制带来的生产经营分红。

六是增加村集体经济组织收益。村集体经济组织通过干群关系协调、生产种植治安管护、组织运输装卸人员等，为农业生产经营主体提供服务，在组织农民、服务农民的过程中也发展壮大了村集体经济。

（二）"一田制"成效的定性分析

调研显示，"一田制"在不改变农村土地基本经营制度的前提下，有效减少了村民土地纠纷、提高了村两委组织能力和领导力、提升了村组集体的地位，取得了良好的社会效益。实行"一田制"后，土地、村民、村集体经济组织、村民小组、村两委关系变动情况见表2。

表2　实行"一田制"后相关主体的关系变动情况

类别		变	不变	备注
土地	土地所有权		不变	
	土地承包权		不变	
	土地经营权	可变	可不变	出租、托管、调换
	生产条件设施	变好		
村民	村民资格权		不变	
	态度	变好		
	纠纷	变少		
	地位	社会地位变高	主体地位不变	
村集体经济组织	地位	法人地位变实	所有权不变	
	作用	引领权变大	公有制不变	
	收入	增加		
村民小组	地位	法人地位变实	所有权不变	
	作用	主导权变大	自治权不变	
村两委	地位	治理能力加强	领导权不变	
	作用	服务功能变优	执行权不变	

资料来源：根据调研数据整理。

一是农民与土地的关系不变。以家庭为单位，统分结合的联产承包责任制不变；以村民小组为单位，土地仍归村集体经济组织所有，农民承包权资格不变，可自主经营也可以流转经营；以村民小组为单位，第二轮承包人口基数、面积不变，互换调整范围不变；以村民小组为单元，新增加土地分配农民主体不变。

二是村集体经济组织变实。依法依规行使土地所有权法人权利，通过土地多块并一块、小块并大块、小界并大界、小沟并大沟、小路并大路并成"一田"，通过协调服务农户土地出租、托管、合作、统管、调整（换）等方式，为种地大户、家庭农场、专业种植合作社等新型农业经营主体提供社会化服务，既凸显了村集体经济组织的法人地位、所有人权益，又增加了村集体经济组织收入，提升了为农服务能力。

三是乡村治理权变优。"一田制"并、换、平等集中整理过程中，在村两委的领导、引导下，充分发挥自治权。村组干部农户访谈、摸底、登记、统计，召开农户大会讨论、确定"一田制"实施方案等，都让农户参与、知情、发言、形成意见、张榜公布。在"一田制"推进中，农户获得了充分的参与权、知情权、监督权，强化了农民在基层治理中的主体地位，促进了农民参与推动乡村发展和乡村建设的积极性。

四 推进"一田制"宜把握好三个环节

"一田制"工作主要采取由村集体集中流转零散土地的方式，在日常推进中还存在不少阻力。在实际操作中，部分土地流转运行难度日益加大。一是部分农民对"一田制"政策不了解，"土地就是生命"的概念根深蒂固，担心土地调整意味着永久失去，从而拒绝"一田制"。二是部分农民担心在"一田制"推进中，原先自家承包地地力、配套和位置优于合并后分到的地块，增大了工作推进难度。三是部分配套政策标准不明，反而易引发纠纷，部分相关村组干部怕惹麻烦、引起矛盾等，工作积极性不高、缺乏动力。由于部分配套政策标准不明、部分村组干部存在畏难情绪、部分群众思想观念较陈旧和对"一田制"政策不了解，"一田制"在日常推进中还存在不少阻力。为稳妥高效推进"一田制"，在实际操作中，需要把握好三个环节。

（一）农户承包地合作面积如何定

以农村土地第二轮承包和农村承包地确权颁证为基础，尊重各地农村承包地历史和现状，经村民自治协商，充分尊重农民意愿，依法合理确定每户农户的合作面积（即颁证面积、实际耕种面积、粮食补贴面积之间的结合点）。

（二）小田并大田怎么并

明确每户农户合作面积后，通过承包地互换、股份合作、土地入社等方式，整理地界、沟渠、道路，实现小田并大田，形成土地集中连片。在此基础上，按照"一户一田""多户一田"方式发展适度规模经营。与高标准农

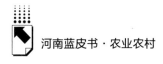

田示范区建设相结合，按照田成方、林成网、路相通、渠相连、旱能灌、涝能排建设高标准农田。

（三）农田布局怎样优化

经"一田制"探索后，以村民小组为单位的承包地，按照相对集中原则可规划为"自种区"和"合作区"。"自种区"按照"一户一块田"的标准规划提供给仍有种植意愿、种植面积不超过自家承包面积的散户。"自种区"原则上按照临家、临路、临水等方便耕种的条件进行规划。"合作区"承包地统一流转至村集体经济组织，再按照"多户一块田"的标准流转给适度规模种植户，发展家庭农场等新型农业经营主体和社会化服务，实现耕地集约利用、农民节本增效。其中，村集体经济组织围绕农业生产全过程开展社会化服务，增加新型村集体经济组织收入。

五 推进"一田制"经营的建议

"一田制"为当前和今后农地细碎化整治提供了一个方向，是落实"藏粮于地、藏粮于技"战略、保障粮食安全和促进乡村振兴的重要举措，也是新时代"三农"工作的新任务和新要求。"一田制"可以有效解决农村土地碎片化、经营分散化和发展动力不足的情况，有效带动生产种植规模化、集约化和产业化发展，促进农民增收。实现"一田制"应以党的二十大精神为指导，以完善农村土地承包经营制度、保障国家粮食安全为宗旨，尊重农民群众意愿，积极引导，稳妥开展互换并地、合作经营，探索解决农户承包地地块过于分散、零碎的问题，为发展农业适度规模经营、促进农业现代化奠定坚实基础。

（一）完善配套政策

按照"先合并、后规划、再建设"的思路，"一田制"的土地在统一规划、统一建设、统分经营下，优先支持政策性项目。"一田制"落地执行兼顾国家—集体—个人增值收益分配机制,采取多样化、可选择、可持续的分配办法。"一田制"可结合高标准农田建设、土地整治、种植补贴等项目,统筹整合相关涉农项目资金,采取"以奖代补"的方式,对实施"一田制"、合并土地100亩以上的村(组)给予每亩地50~100元的奖补。为防范"一田制"生产经营风险,要发挥农业保险作用,推进农业保险"扩面、增品、提标",建立"农业保险+村集体经济组织"联合运营机制。

(二)坚持农民主体

实施"一田制"的关键是农民的有效参与,关键在于真正赋予农民参与权和谈判权,确权、确股到户,不确地,"确"农民收益分配权,特别是处理好正义效率和公平收益分配。要充分尊重农民意愿,始终保证让农民受益,要坚持农村土地制度不动摇、耕地不减少、农民利益不受损的前提,严格在法律法规范围内进行探索。"一田制"实施过程中不搞简单化、不搞"一刀切",要面向农民做好政策的宣讲解释工作,让农民充分自治协商,尊重农民意愿,获得农民支持。坚持"协商、民主、公开",充分发挥农民群众的主体作用,动员农民群众积极参与,做到农民的事让农民自己做主。"一田制"中的重大事项均应经村两委、村民小组、村集体经济组织成员民主讨论决定。保障农民土地转让的合法权益、解决分配难题。每个集体成员都有权承包土地、宅基地及参与村集体经济组织经营性收益的分配。重点培育退伍军人中的党员、农村大学生、农村种养殖能手、返乡创业农民、农业新型经营主体,提高农民组织化程度,大力培育种地大户、家庭农场、农业专业种植合作社,扶持支持村级集体股份经济合作社和"生产、供销、信用"合作社。

(三)规范操作流程

坚持规范操作,公开透明,虚心接受群众意见及监督。合并实现"一田制",基本流程包括成立组织、宣传动员、调查摸底、地块评级、确定并地方案、抽签换地、现场测量定界、问题修补、制作宗地图及相关资料、农户确认、结果公示等。

（四）试点先行稳妥有序推进

学习借鉴典型经验做法，在省内选取不同区域、不同类型农村多点试验，总结完善试点方案，分层次有序在更大范围内推进实施。农业农村厅应加强对基层探索的政策、业务指导，与农业农村部及时做好沟通衔接，确保改革取得预期成效。

（五）结合高标准农田建设实施"一田制"

"一田制"实施过程中，需引导农户将分散田块集中，并对一些机耕道、沟渠等进行重新布局。《河南省高标准农田示范区建设实施方案》提出2022~2025年河南省将建设1500万亩高标准农田示范区。建议将高标准农田项目落地与"一田制"探索试点相结合，通过互补互促，一方面解决小田并大田过程中的施工成本问题，另一方面以项目支持调动农户参与积极性，实现耕地集中连片、提升耕地质量、完善相关配套，促进农业适度规模化发展。

参考文献

黄思：《适度规模经营：小农户融入现代农业的策略与空间》，《山西农业大学学报》（社会科学版）2023年第4期。

拜茹：《农地确权推动农业适度规模经营的现实约束及政策建议》，《农业经济》2023年第7期。

B.19
河南农地流转"内卷化"成因及破解路径研究

刘依杭*

摘　要:　推进农村土地流转是促进农业结构调整,实现农业规模化、集约化和专业化生产的重要途径。当前,河南在农地流转方面还存在"内卷化"现象,其表现为农地流转增速放缓、农业小规模经营模式固化以及农业生产效率递减等特征。在推进农地流转中,随着劳动力、土地等生产要素价格上涨以及农户家庭生计模式变迁,规模经营主体纷纷转型或退出农业生产领域,农地流转陷入"内卷化"困境。应在农地流转与城镇化进程、农村劳动力转移、农民接受程度相适应的基础上,构建以制度创新为引领、以财政激励为保障、以价值自律为核心、以多元协同为根本的体制机制,共同实现农地流转去"内卷化"。

关键词:　农地流转　农业现代化　小农户

推进农村土地流转是促进农业结构调整,实现农业规模化、集约化和专业化生产的重要途径。历年中央一号文件多次强调要规范农村土地承包经营权有序流转,充分发挥多种形式适度规模经营,促进小农户与现代农业发展有机衔接。河南是农业大省,更是中国"大国小农"基本国情的缩影,小农户占据农业经营主体的绝大多数。在加快推进农业强省建设的征程上,要确保小农户成为建设的关键力量。随着农业现代化发展,土地集约化、规模

---

* 刘依杭,河南省社会科学院农村发展研究所助理研究员,研究方向为农业经济与管理。

化成为必然趋势，小农户生产要素的投入约束逐渐显现。加上非农就业和人口老龄化趋势带来的农业劳动力短缺，农地小规模与细碎化对农业技术应用的限制，以及投资和生产成本上升带来的资本约束等导致部分小农户难以维持现有经营规模而逐渐转出土地，小农户相较于新型农业经营主体在整个市场竞争中处于劣势。

据统计，2021年河南土地流转面积达到3799.5万亩，占全省耕地面积的34.4%。[①] 在农地流转占比超过1/3的现实情况下，河南农业经营主体中小农户占98.53%。[②] 说明农地流转并没有改变河南农业的小农面貌，这种没有推动农业适度规模经营的土地流转属于"没有发展的增长"，被称为农地流转"内卷化"。基于此，本报告从多元主体角度出发，分析农地流转"内卷化"的形成原因，并以提高各主体利益协调性为出发点，为优化农地流转机制提出合理的对策建议。

一 河南农地流转"内卷化"的特征分析

（一）农地流转进入增速下降通道

2008年，党的十七届三中全会专题研究了新形势下推进农村改革发展问题，全会通过的《中共中央关于推进农村改革发展若干重大问题的决定》，成为推进农村改革发展的指导性文件，土地流转政策的实施进入新的阶段。自国家提出鼓励农地流转以来，河南相继出台一系列支持农地流转的相关政策文件，而现实中，农地流转过程中还存在活力不足的现象，农地流转相对缓慢。据统计，2018~2021年，河南省农村土地流

---

① 《2021年河南十大"三农"新闻》，河南省农业农村厅网站，2022年2月14日，https://nynct. henan. gov. cn/2022/02-14/2397569. html。

② 程传兴、袁苗：《农业农村优先发展的实现路径》，《河南日报》2022年12月4日。

转面积从 3853 万亩下降到 3799 万亩,农地流转面积减少了 54 万亩。[①]
而且随着农地流转中耕地"非粮化""非农化"等问题的显现,农田面
积减少,使农地流转不畅、增速放缓,影响了粮食供给保障能力和社会
可持续发展。

(二)农业小规模经营模式固化

从农地经营规模分布来看,小规模经营仍占多数。大部分农户经营规模
仍然偏小,且耕地细碎化问题十分突出。按照绝大部分农户家庭两个劳动力
计算,每家农户平均耕地面积不到 3 亩,并极有可能分布在远近不同、"肥
瘦"各异的地方。根据相关学者研究,基于我国基本国情和农情,户均耕
地几十亩的小农户经营将是未来我国农地经营的常态。[②] 但目前河南农户经
营规模普遍较小,经营 50 亩以上的规模农业经营农户占比不到 2%。[③] 从现
阶段来看,以小农户为主的家庭经营是河南农业的基本面,这一形式在相当
长的一个时期内不会发生根本改变。因此,小农户能否与现代农业实现有机
衔接,直接决定了河南农业强省建设和农业现代化的发展水平。虽然河南土
地流转规模呈现扩大之势,但农地的流转大多停留在耕种权力上的转移,并
非真正有效提高劳动生产率、实现连片耕作,农业生产经营规模仍然偏小且
经营模式分散,导致农地流转短期化、缺乏稳定性,出现农地流转"小农
复制"现象。

(三)农地流转对农业生产效率的影响逐渐减弱

从当前河南农业生产条件和农村发展实际情况来看,一味地扩大农地经
营规模虽然可以提高人均产出率,但并不能有效提高农地的单产。根据学者

① 周立主编《河南蓝皮书:河南农业农村发展报告(2018)》,社会科学文献出版社,2018;《2021
年河南十大"三农"新闻》,河南省农业农村厅网站,2022 年 2 月 14 日,https://
nynct. henan. gov. cn/2022/02-14/2397569. html。

② 林万龙:《农地经营规模:国际经验与中国的现实选择》,《农业经济问题》2017 年第 7 期。

③ 《河南这场"农事"革命,濮阳县破了哪些题?》,"大河财立方"百家号,2023 年 4 月 17
日,https://baijiahao. baidu. com/s? id=1763383738804000454&wfr=spider&for=pc。

研究，农地生产率与播种面积存在显著的反向关系，即农户的亩均产出随着农地面积的增加而下降。① 规模农户农地单产较低的原因在于，在农业机械化程度还不发达的情况下，农业生产效率会随着经营单位面积的扩大而递减，使规模单位面积上投入的劳动力明显低于小农户。从种植结构来看，规模农户更倾向用机械化替代农业劳动力，以粮食生产为主；而小农户会根据市场需求理性选择种植适宜的经济作物，从而实现农业经营收益最大化。因此，农地经营规模与农地生产率之间存在倒"U"字形关系和阶段性表现。

虽然农地流转能有效解决耕地细碎化问题，促进农业结构调整和规模化经营，但从流转规模和流转机制市场化程度来看，河南总体水平较低，一家一户小规模经营的现状并没有根本改变。这种情况阻碍了劳动力资源的合理流动和优化配置，使农业生产效率长期处于较低水平。而现阶段乃至今后较长时期，小农户仍是农业生产经营的基本面和重要主体，小规模农业生产经营方式仍将持续。因此，当前农地流转只是使部分具有经营能力的农户实现了土地规模扩张，多数农户仍是小规模经营，并且偏向于土地密集型的粮食作物，需要充沛的耕地资源保障粮食稳定增产。而土地细碎化对粮食生产有较大的影响，农地流转市场扭曲也改变了土地流动方向，导致农业生产效率和农作物产量的下降。

二 农地流转"内卷化"的成因分析

农地流转是实现农业规模化、集约化发展的必由之路。然而，随着劳动力、土地等生产要素价格的上涨以及农户家庭生计模式的变迁，规模经营主体在农业生产和流通环节的利润越来越低，经营主体纷纷转型或退出农业生产领域，从而形成了农地流转"内卷化"格局。

---

① 李宁、何文剑、仇童伟等：《农地产权结构、生产要素效率与农业绩效》，《管理世界》2017 年第 3 期。

（一）农业生产规模成本增加推动了农业经营格局转变

农业生产是社会生产的有机组成部分，遵循经济再生产的客观规律。在农业生产中，核心要素投入主要为土地和劳动力。近年来，农业生产成本快速上升，其根本原因在于劳动力成本的上涨。农村劳动力涌入城市向二三产业转移，形成了全国统一的劳动力市场，拓宽了原有农村剩余劳动力的就业空间，迫使农业雇工工资与农民进城务工工资水平相匹配，对规模农业经营主体造成较大的经营压力。与劳动力成本呈上升趋势相同，近年来随着农村土地流转速度加快、规模扩大，土地流转价格也大幅上涨，直接压缩了规模经营主体的利润空间。此外，规模经营主体还面临管理复杂性、市场风险性增加等各种挑战，一系列压力和挑战成为农业转型的重要因素。与此相比，以家庭经营为基础的小农户具有灵活性、成本内部化、自组织性等独特优势，而且对农业劳动力成本上涨的承受能力较强，在新一轮农业转型中优势不断显现、竞争力也愈加强劲。以满足自身消费为主的小规模农业经济模式，更容易实现生产和消费的平衡，具有一定的稳定性。甚至在当前农业机械化水平不断提升、农业社会化服务体系更加健全的条件下，小农户也可以轻松完成农业种植。同时，以家庭为生产单位的小农户经营规模不大，地租成本的上涨对小农户种植效益的影响较小，这也成为农地流转"内卷化"的重要影响因素之一。

（二）农户生计模式变迁促使小农经营再造

行为动机是驱使个人从事某种活动并朝一个方向前进的内部动力。在外部条件相同的情况下，个人的利益导向直接决定了主体的行为动机和决策差异。随着农业农村现代化发展，与传统意义上具有分散性、封闭性、自足性特点的小农经济相比，现代小农户已不是传统自给自足的兼业小农，而是越来越多地参与到开放的、流动的、分工的社会化体系中，社会化使小农户与现代农业发展有机结合，成为农业生产经营体系中的重要角色。虽然社会化有效实现了传统小农向现代小农的转变，为农户生产、生活注入了新活力，但同时给农户带来了新的压力和挑战，使其面临多重市场风险和不确定性。因此，农户受制于生存需要，往往以追求利润最大化为主要动机，缓解社会化带来的现金支出压力，从而达到"养家糊口"的目的。

土地是农民最重要的生产资料，也是农民最基本的生活保障，在发挥乡村生产功能、生活功能、生态功能中具有重要作用。农地流转与农户的行为理念密切相关，即农户的认知差异会对其农地流转意愿产生重要影响。在市场经济快速发展的情况下，农地不仅具有经济效益，还具有社会效益和生态效益。在经济效益中，农地属于私人产品，具有排他性。随着兼业化程度的加深，农地的经济功能趋于弱化，其他功能则不断增强。此时，农地流转中暴露出的利益冲突大多来自农地供求双方对农地资源价值评估维度的不一致。农户作为重要的农地流转主体，与一般经济主体不同，对农地的多重依赖提高了其对农地的保留价格，差异化的格局使得农户普遍执行"一地两策"的自我保护行为。因此，农户在农地流转中易陷入"囚徒困境"，使农地流转效果甚微。

三　推进农地流转的适宜性分析

在农地流转大趋势下，探索一条适于各主体利益相结合的新路径，对于促进土地规模化经营、推动现代农业发展具有重要作用。在加快建设农业强省、全面推进乡村振兴的背景下，未来河南农地流转应与城镇化进程相适应，与农村劳动力转移相适应，与农民的接受程度相适应。

（一）农地流转要与城镇化进程相适应

农地流转发展到现在已不再是简单的土地资源要素和劳动力在地区间合理流动的问题，其流转态势也从是否流转向如何流转等方面转变。城镇化在工业化和农业现代化之间发挥着助推作用，随着大量劳动力从农业中转移出来，日趋紧张的人地关系逐步得到缓解，为实施农村土地流转、提高土地利用效率、促进土地规模化经营提供了良好的发展机会。但河南农村剩余劳动力规模庞大，对现行农村土地产权制度还存在一定的约束力，与新型工业化、信息化、城镇化相比，农业现代化明显滞后。因此，未来农地流转要更加注重与城镇化进程相适应，特别是与新型工业化、城镇化发展相协调，与农业现代化发展相同步。

（二）农地流转要与农村劳动力转移相适应

随着农民工返乡趋势不断增强，以及在低成本工业化和高成本城镇化双重制约下，农村劳动力呈现就近转移、"候鸟式"迁移、"流而不转"等特征。农村劳动力转移的流动性、短期性和不稳定性以及兼业经营模式将是未来发展的常态。因此，促进农地流转与农村劳动力转移相适应，是提升各主体农地流转参与度的重要激励方式。在农村劳动力转移问题上，不仅要关注农村劳动力向外转移的规模，还要认识到进城农民工返乡的意愿和趋势，综合考虑农村劳动力双向流动后的变化情况。农地流转主要取决于各主体间的行为价值认知，需要系统考量各方利益诉求，从而设计出农地流转的有效机制，使其在适应农村劳动力转移基础上采取一系列措施减少农户抛荒、撂荒的行为，实现农地流转去"内卷化"。

（三）农地流转要与农民的接受程度相适应

回顾农地流转制度体系的变迁，可以发现农民对农地流转制度的认识在"肯定—否定—否定之否定"的过程中不断完善。在市场环境和生产技术条件给定的情况下，农户的目标是实现收入最大化。随着城镇化和农村劳动力转移，农民增收渠道多样化，农民收入结构也发生了根本性改变，农户家庭收入来源中工资性收入占比超过家庭经营性收入占比。农民具有更多的选择，他们对农地流转的态度主要取决于农地流转能否增加收入，这就涉及农地流转的机会成本问题。因此，农地流转的有效实施要在与农民接受程度相适应的基础上，激发农户参与的积极性，从而促使农户自愿为农地流转而努力。

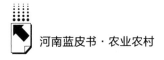

四 农地流转去"内卷化"的路径优化探索

农地流转是加快河南农业强省建设、全面推进乡村振兴、保障粮食安全、扩大农业经营规模和提升土地利用率的有效途径，涉及多元主体的切身利益。因此，在协调多元主体利益的格局下，推进农地流转要构建以制度创新为引领、以财政激励为保障、以价值自律为核心、以多元协同为根本的体制机制，从而实现农地流转去"内卷化"，促进农业农村现代化发展助力乡村振兴。

（一）构建以制度创新为引领的长效机制

制度创新是推进农地流转、优化资源配置的有效激励与约束方式。农地流转制度创新既要促进土地要素的合理流动，又要使土地流转成本最小化。河南在加快推进农业强省建设、保障粮食安全和实现经济发展及社会稳定的同时，还需承担起农地流转去"内卷化"的制度创新职能。农地流转的制度创新应统筹协调各主体间的利益关系。一是要摒弃"唯 GDP 论英雄"的发展观、政绩观，把高标准农田建设、耕地保有量、基本农田保护面积及生态效益等指标和实绩作为重要的考核内容，建立结构完善、优质均衡的多元化评价指标体系。二是要破除城乡二元结构和制约"人、地、钱"等要素在城乡之间顺畅流动、高效配置的体制机制障碍，保护好农民的土地承包经营权益，建立健全城乡统一的建设用地市场。三是要构建以法治为基础，以保护耕地和节约用地为主线的制度体系，减少行政规范性文件，避免"头痛医头，脚痛医脚"的管理方式，从行政法规层面进行系统化、科学化设计，确保土地制度改革，强化耕地保护，推进农业农村现代化可持续发展。

（二）强化以财政激励为保障的支撑体系

农地流转去"内卷化"需要改变以往粗放的农业生产方式，要以适度规模经营发展模式和农业农村现代化发展为理念实现农业产业结构转型升级。能否推动农业产业结构转型升级不仅取决于农村土地流转制度，还取决于能否对农户产生有效的经济激励作用。因此，在农地流转政策的积极引导下，要以提高农业生产效率和农民生活质量为基础，给予农户适当的经济激励。同时，要积极搭建多种利益诉求平台和渠道，协调不同利益主体间的矛盾。一是在完善执行机制的基础上，明确地方的事权、财权，切实建立事权、财权相统一的财政体制。对于在农地流转中出现的事权、财权不匹配的矛盾，应建立与市场经济相适应的农地流转奖补措施，有效落实农地流转相关政策。二是利用市场化融资模式，拓宽资金筹措渠道。在推进农地流转工作中，要以农地流转数量、质量、规模为依据，通过基金、贴息、补助等方式，持续发挥好财政政策资金引导作用。此外，依靠市场力量、发挥企业优势，以市场化方式进一步拓宽支农资金筹集渠道，提高农民参与农地流转的积极性。三是在严格实行农地利用管制的基础上明确划定农地发展权，建立依法、自愿、有偿的退出机制，实现农地资源内部结构调整，促进农地资源优化配置。通过统筹实施各类土地整治、高标准农田建设、城乡建设用地增减挂钩等措施，实现农地外部效益经济内在化，从而促进农地有效流转。

（三）树立以价值自律为核心的行为导向

在农地流转过程中，打破惯性思维和价值判断是增强各主体间的利益协调性、保障农地经营权合理流转和促进农业适度规模经营的重要方式，尤其是转变经济发展方式、防止农地"非农化"、减少耕地撂荒等措施都是明确各方职责、规范主体行为的重要保障，能有效促进农地流转。农地流转涉及多方主体利益，因此必须要符合农村经济发展实际、符合农民利益、符合当地具体情况，通过宣传引导和开展土地集约化经营等相关知识培训，树立价值自律行为，提高政策的知晓率，增强主体间的利益协调性。一方面，在流转价值取向中，要在大力发展经济的同时注重农村各项社会事业的发展，要强化农户耕地保护意识，摒弃农地"非农化"、撂荒化，在加快建设农业强省背景下形成符合农业农村现代化发展的耕地保护价值取向，促进农地有效流转。另一方面，在行为选择上，地方政府要扛起粮食安全的政治责任，切实履行好党和人民赋予的职责；作为农地流转的主体，农户要转变传统经营观念，积极参与农地流转和农业生产性建设，共同实现农地流转去"内卷化"。

（四）促进形成以多元协同为根本的有效合力

农地流转过程中单纯依靠某一主体去"内卷化"难以发挥有效作用。只有地方政府以及农户主体价值判断一致，才能形成农地流转合力。因此，在制定农地流转政策目标时，必须要处理好地方政府和农户主体价值取向以及行为选择上的差异，通过建立各主体间"激励相容"的治理模式，促进多元主体协同参与。在协同治理逻辑下，地方政府和农户皆具有理性思维，能有效认识到农地流转对提高农地配置效率，形成规模化、专业化经营，保障国家粮食安全的重要性，并在此价值理念下有序展开，最终实现农地有效流转。地方政府不仅是农地流转政策的执行主体，也影响农户的行为意愿及政策的实施效率。因此，一方面要在严格执行国家出台的农地流转相关政策的基础上，根据当地农业农村现实发展情况和农户实际需求，保障农地流转政策的落地性与有效性。另一方面要加强农户农地流转意愿，通过进村入户、面对面解答、参观学习等方式，深入开展土地集约化经营等相关知识培训，宣传讲解农地流转经营模式，提高政策的知晓率，消除农民思想顾虑。在推进农地流转中要充分尊重农民的意愿，切不能以包办代替、强迫命令等方式损害农民土地权。通过加强新型农业经营主体与农户之间的紧密联结，实现优势互补、合作共赢，从而调动农户对农地流转的积极性、主动性。从公共经济学角度分析，农户为更好地维护自身利益，需要遏制耕地抛荒撂荒行为，加强与新型农业经营主体的合作，力争在农地流转中形成规模经济，形成农地流转去"内卷化"之合力。

参考文献

匡远配、陆钰凤：《我国农地流转"内卷化"陷阱及其出路》，《农业经济问题》

2018 年第 9 期。

刘同山、陈晓萱、周静：《中国的农地流转：政策目标、面临挑战与改革思考》，《南京农业大学学报》（社会科学版）2022 年第 4 期。

栾健、韩一军、金书秦：《村集体中介服务能否促进农地高效流转与农民增收的双赢?》，《华中农业大学学报》（社会科学版）2022 年第 5 期。

程传兴、袁苗：《农业农村优先发展的实现路径》，《河南日报》2022 年 12 月 4 日，第 6 版。

林万龙：《农地经营规模：国际经验与中国的现实选择》，《农业经济问题》2017 年第 7 期。

阮海波：《"趋粮化"抑或"非粮化"：粮食安全的张力及调适》，《华南农业大学学报》（社会科学版）2022 年第 4 期。

靳雯、吴春梅：《小农户与现代农业有机衔接背景下的农民经济互助研究》，《农村经济》2022 年第 7 期。

郑阳阳、王丽明：《土地流转中为什么会形成大量小农复制》，《西北农林科技大学学报》（社会科学版）2020 年第 4 期。

印子：《"三权分置"下农业经营的实践形态与农地制度创新》，《农业经济问题》2021 年第 2 期。

丁涛：《农户土地承包经营权流转意愿研究——基于 Logistic 模型的实证分析》，《经济问题》2020 年第 4 期。

Abstract

This book is compiled under the auspices of Henan Academy of Social Sciences. With the theme of "Accelerate the Agricultural Province Construction", it deeply and systematically analyzes the situation and characteristics of Henan's agricultural and rural development in 2023, and looks forward to 2024. Based on the present situation of Henan's agricultural and rural development, it empirically measures the level of agricultural and rural modernization in cities under the jurisdiction in Henan Province, and explores the realization path of accelerating the construction of a strong agricultural province from multidimensional and multiple angles. This book consists of main report, evaluation report, and four special topics, including food security, rural industrial, rural construction and rural governance.

2023 is the beginning year of fully implementing the spirit of the 20th National Congress of the Communist Party of China, and also the starting year of speeding up to build an agricultural power. As an important agricultural province in China Henan has placed accelerating the construction of a strong agricultural province in an important position for overall planning and promotion. The general report of this book analyzes and looks forward to the development situation of agriculture and rural areas in Henan from 2023 to 2024. According to the report, in 2023, the development of agriculture and rural areas in the province has shown an overall stable, steady and orderly trend. The grain production has remained stable, the scientific and technological innovation has continued to empower, the facilities and equipment have continued to improve, the farmers' income has continued to grow, he living environment has continued to optimize, and the rural reform has continued to deepen. However, there are still shortcomings in agricultural infrastructure and many weak links in rural construction. In 2024, although there are still some challenges in the development of agriculture and rural areas in Henan, the development advantages are also relatively prominent, and favorable conditions are gradually accumulating. The agricultural and rural development of Henan province will continue to show a positive trend. To solidly promote all-round rural revitalization and anchor the goal of building a powerful agricultural province, it is necessary to accelerate the construction of a high-level "Zhongyuan Grain Warehouse", promote high-quality development of rural characteristic industries, continue to promote the development of poverty alleviation areas, promote farmers' income growth and prosperity, improve rural living environment, strengthen the guarantee of rural revitalization factors, and actively explore the path of an powerful agricultural province with Chinese characteristics of Henan, Strive to achieve a butterfly transformation from a major agricultural province to a strong agricultural province.

The evaluation report of this book measures and evaluates the level of agricultural and rural modernization in various regions of Henan Province. Studying and evaluating the current development level of agricultural and rural modernization in Henan Province is of great value for comprehensively promoting rural revitalization and accelerating the construction of a strong agricultural province. This study is mainly based on statistical yearbook data to comprehensively measure and evaluate the development level of agricultural and rural modernization in 18 provincial cities of Henan Province, and puts forward that it is necessary to giving top priority to developing agriculture and rural areas, optimizing the rural industrial system, exerting the role of "dual wheel driving", promoting the integration of urban and rural development, and improving the efficiency of rural governance.

The food security reports focus on the responsibility of stabilizing food security, mainly conduct special research from the aspects of consolidating the foundation of food security in all aspects, promoting the revitalization of seed industry, and promoting the integration of food security and modern high-efficiency agriculture. In order to ensure food security and strengthen the construction of a strong agricultural province, the reports propose to vigorously implement the principle of storing grain in the land, actively promote the use of grain in technology, and promote the development and growth of new agricultural business entities, improve farmers' enthusiasm for grain production, build a strategic system for Henan seed industry revitalization, and innovate a unified model of food security and modern efficient agriculture.

The rural industry reports mainly analyze and look forward to the employment and entrepreneurship of returning migrant workers, high-quality development of animal husbandry, construction of the whole agricultural industry chain, development of modern rural service industry, green development of agriculture, integration of rural industries by digital economy, and promotion of the quality and efficiency of modern agricultural industrial parks, reflect the status and problems of the rural industry development from multiple angles. In order to promote the high-quality development of rural industries, the reports believe that it is necessary to strengthen the exploration and cultivation of talents, increase investment in funds, enhance the level of technological development of industries, promote the green and digital development of agriculture, accelerate the construction of the entire agricultural industry chain, and fully leverage the empowering role of modern agricultural industrial parks.

The rural construction reports based on exploring the trend of building a beautiful and harmonious countryside in Henan, conduct thematic studies on common prosperity for farmers and rural areas, driving agricultural technology innovation, and strengthening factor investment. In order to accelerate the modernization process of rural areas in Henan and achieve the leading position of rural construction in the country, it proposes to continuously improve the guarantee system for factors such as funds, talents, and land, building a technology support system that leads the development of modern agriculture, improving the rural employment assistance and social assistance system, and continuously expanding channels for increasing farmers' income.

The rural governance reports based on grassroots practice exploration, believe that improving the efficiency of rural governance should start from selecting and strengthening " leading geese ", stimulating people's participation in rural governance vitality, and enhancing digital governance capabilities. At the same time, focusing on the issue of moderate scale operation of agriculture in Henan, the study mainly focuses on exploring the "one field system" and cracking the "involution" of agricultural land circulation, It is believed that promoting the moderate scale operation of agriculture should strengthen institutional innovation, and steadily and orderly promote it on the basis of protecting the legitimate rights and interests of farmers.

Keywords: Strong Agricultural Province; Comprehensive Revitalization of Rural Areas; Agricultural and Rural Modernization; Henan

Contents

I General Report

Abstract: 2023 is the beginning year of fully implementing the spirit of the 20th National Congress of the Communist Party of China, and also the starting year of speeding up to build an agricultural power. As an important agricultural province in China, Henan has placed accelerating the construction of a strong agricultural province in an important position for overall planning and promotion. The development of agriculture and rural areas in the province has shown an overall stable, steady and orderly trend. The grain production has remained stable, the scientific and technological innovation has continued to empower, the facilities and equipment have continued to improve, the farmers' income has continued to grow, he living environment has continued to optimize, and the rural reform has continued to deepen. However, there are still shortcomings in agricultural infrastructure and many weak links in rural construction. In 2024, although there are still some challenges in the development of agriculture and rural areas in Henan, the development advantages are also relatively prominent, and favorable conditions are gradually accumulating. The agricultural and rural development of Henan province will continue to show a positive trend. To solidly promote all-round rural revitalization and anchor the goal of building a strong agricultural province, it is necessary to accelerate the construction of a high-level " Zhongyuan Grain Warehouse", promote high-quality development of rural characteristic industries, continue to promote the development of poverty alleviation areas, promote farmers' income growth and prosperity, improve rural living environment, strengthen the guarantee of rural revitalization factors, and actively explore the path of an powerful agricultural province with Chinese characteristics of Henan, Strive to achieve a butterfly transformation from a major agricultural province to a strong agricultural province.

Keywords: Rural Revitalization; Strong Agricultural Province; Henan

Ⅱ Evaluation Report

B.2 Measurement and Evaluation of Agricultural and Rural Modernization Level in Henan Region

Research Group of Henan Academy of Social Sciences / 026

Abstract: This report constructs an evaluation index system for agricultural and rural modernization in Henan Province from three dimensions: agricultural modernization, rural modernization, and urban-rural integration. Based on the data from the *Henan Statistical Yearbook* (2022), the entropy weight method is used to calculate and analyze the development level of agricultural and rural modernization in 18 provincial-level cities in Henan Province. Based on global considerations, optimization suggestions are proposed from five aspects: giving top priority to developing agriculture and rural areas, optimizing the rural industrial system, exerting the role of dual wheel driving, promoting the integration of urban and rural development, and improving the efficiency of rural governance, in order to

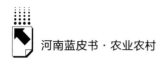

promote the modernization process of agriculture and rural areas, and create conditions for accelerating the construction of a strong agricultural province in Henan.

Keywords: Agricultural and Rural Modernization; Integration of Urban and Rural; Henan

Ⅲ Food Security

B.3 Study on Comprehensively Consolidating the Foundation
of Food Security in Henan　　　　　　*Sheng Xiudong* / 044

Abstract: In recent years, the grain output in Henan Province has been stable at more than 130 billion jin, making outstanding contributions to the national food security. However, the further improvement of grain production capacity still faces many problems, such as weak agricultural infrastructure, serious shortage of water resources, declining quality of labor force, low comparative efficiency of grain production, and lack of farmers' enthusiasm for growing grain. We need to consolidate the foundation of food security in all areas: accelerate the development of high-standard grain fields, raise the productivity of cultivated land, enhance the level of agricultural science and technology and equipment, actively develop family farms and other new types of agricultural operators and service providers, develop various forms of appropriately scaled agricultural operations, increase support for agricultural protection, improve the mechanism for compensating major grain-producing areas for benefits, improve the policy on minimum grain purchase prices, encourage local governments and farmers to grow grain, and build a diversified food supply system.

Keywords: Food Security; Main Grain Producing Areas; High Standard Grain Fields

B.4   Research on the Situation and Countermeasures of

Promoting Seed Industry Development in Henan

Li Guoying / 054

Abstract: As an agricultural "Chip", Seed is of decisive significance to crop yield and quality. At present, the seed industry of our country can basically realize self-control from the whole point of view, but from the comprehensive international competitiveness of seed industry, it is faced with the problems of low industry concentration, weak variety innovation, insufficient exploitation and utilization of ectoplasm resources and weak market protection. With the quickening implementation of seed industry revitalization, the policy environment, legal environment and technical environment of seed industry in our country have ushered in unprecedented great changes. In the new period of strategic opportunity, Henan should base itself on the local comparative advantage and development potential and comply with the new trend of international seed industry development, we are committed to building a world-class seed industry base with advanced international standards, matching international seed companies with standard standards, rationally planning the regional layout of industry, and promoting agricultural development in an integrated manner, for the seed industry to make "Henan contribution".

Keywords: Seed Industry; Revitalization "Choke" Technology; Seed Industry Security; Whole Industry Chain

B.5   Model Innovation and Inspirations of Promoting the

Unification of Food Security and Modern High-efficiency

Agriculture

—*Take Linying, Huangchuan and Xinxian as Examples*

Miao Jie / 068

Abstract: On the basis of ensuring food security, constantly improving the quality, efficiency and competitiveness of agriculture, and promoting the unification of food security and modern and efficient agriculture is an inevitable requirement for building a strong agricultural country and a strong agricultural province. In recent years, some traditional agricultural counties in Henan Province, such as Linying, Huangchuan and Xinxian, have respectively explored and formed the "wheat and pepper interplanting" model of integrating agriculture and food, strengthening the county and enriches the people, the "shrimp and rice co-cropping" model of ecological planting and promoting agriculture by industry, and the "medicinal materials and rice rotation" model of leading enterprise driven and win-win cooperation between agriculture and enterprises, which effectively cracked the contradiction between food production, agricultural efficiency and farmers' income. Practice has shown that to promote the unification of food security and modern high-efficiency agriculture, it is necessary to actively explore new agricultural systems according to local conditions, give full play to the leading role of leading enterprises, promote the deep integration of three industries with the development of the whole industrial chain, and innovate the mechanism of connecting farmers' interests, so as to truly make agriculture strong and farmers rich.

Keywords: Food Security; Modern High-efficiency Agriculture; Increase in Farmers'in-come; County

Ⅳ Rural Industry

B.6 Research on the Current Situation and Countermeasures of Employment and Entrepreneurship of Returning Migrant Workers in Henan *Li Tianhua / 079*

Abstract: In recent years, the trend of migrant workers returning to their hometowns across the country has gradually become a trend. This trend will continue, and migrant workers returning to Henan Province will increasingly become an emerging force in promoting rural revitalization. Returning migrant workers play an irreplaceable role in rural farming, manufacturing, service industries, and other fields, promoting the transformation of "hollow villages" into "solid villages". This not only drives the integration of industrial and commercial capital and agricultural capital, but also promotes the return of talents, technology, and capital. The return of migrant workers to their hometowns for employment and entrepreneurship has put forward new requirements for the construction of beautiful and harmonious villages, that is, rural areas should not only be livable, but also suitable for employment and entrepreneurship. At present, the employment and entrepreneurship of migrant workers returning to their hometowns in Henan Province face problems such as insufficient available funds, limited policy effectiveness, weak service awareness, poor overall environment, and weak talent support. Therefore, it is necessary to systematically plan and comprehensively implement policies, and continue to make efforts from five aspects: funds, policies, services, environment, and talent, in order to pave the way for high-quality employment and entrepreneurship of migrant workers returning to their hometowns.

Keywords: Returning Migrant Workers; Employment and Entrepreneurship; Henan

B.7　Research Report on High-quality Development of Animal Husbandry in Henan Province

Research Group of High-quality Development

of Animal Husbandry / 091

Abstract: Henan is a major province in animal husbandry, and is accelerating towards a strong one. The development of animal husbandry has shown eight changes, namely, from transporting "live livestock and poultry" to "meat", from traditional facilities to intelligent devices, from enclosure epidemic prevention

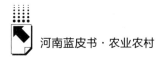

to whole-process prevention , from extensive production to refined management, from scattered throughout the province to gathering and intensification, from nearby to global about purchases and sales, from conventional frequent introduction to modern breeding , from technology import to independent innovation. At the same time, there are still constraints such as high financial pressure, lack of talents, difficulties in land utilization, backward facilities and equipment, insufficient insurance protection, and few well-known brands. In view of the existing problems and future development trends, it is proposed to achieve breakthroughs in seven aspects of "land use, pollution control, equipment, business format, science and technology, structure, and talents", and keep the bottom line in four aspects of "stable supply of livestock products, quality and safety animal products , no regional major animal epidemics, and safe production of animal husbandry". Accomplish the "seven breakthroughs and four safeguards" and strive to step out of a unique modernization development road of animal husbandry with Henan characteristics .

Keywords: Animal Husbandry; High-quality Development; Henan

B. 8   The Path and Countermeasures for Accelerating the
Construction of the Agricultural Whole Industry
Chain in Henan   *Song Yanfeng* / 103

Abstract: In recent years, Henan has implemented relevant national requirements for the construction of the agricultural whole industry chain and increased efforts to cultivate the agricultural whole industry chain, which achieving significant results. This report deeply analyzes the basic connotation of the agricultural whole industry chain in Henan, and believes that the current construction of the agricultural whole industry chain in Henan faces practical foundations such as continuous improvement of support policies, continuous growth of characteristic industries, deep promotion of integration of three industries, and continuous growth of "chain owners". It also faces strategic opportunities such as leading the agricultural province strategy, upgrading the consumption structure, and rapid development of the digital economy. At the same time, it also faces challenges such as insufficient investment support for the development of the agricultural whole industry chain, difficulty in effectively connecting small-scale farmers' operations with the entire agricultural industry chain, and insufficient leadership and driving capabilities of new agricultural management entities. Based on this, this report proposes a promotion path for the construction of the agricultural whole industry chain in Henan. In order to better ensure the construction of the agricultural whole industry chain in Henan, it is necessary to strengthen overall planning, industrial optimization, platform construction, subject cultivation, and factor guarantee, in order to achieve high-quality development of rural industries.

Keywords: County; Agricultural Whole Industry Chain; Agricultural and Rural Modernization

B.9 Promote the Construction of a Strong Agricultural Province
through the Development of Modern Rural Service Industry
in Henan   *Hou Hongchang* / 116

Abstract: The 20th National Congress of the Communist Party of China made strategic arrangements to accelerate the construction of an agricultural power. The 2023 Henan Provincial Party Committee Rural Work Conference emphasized that "efforts should be made to lead the country in agricultural and rural modernization". In order for Henan to lead the country in promoting the construction of a strong agricultural province, it is necessary to accelerate the development of modern rural service industries. In recent years, the rural service industry in Henan has achieved steady development. The overall agricultural, forestry, animal husbandry, and fishing service industry has been steadily improving, the agricultural product

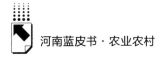

circulation service system has been steadily advancing, and the infrastructure conditions of the rural service industry have been steadily accumulating. This has laid a solid foundation for the construction of a strong agricultural province in Henan. Although the development of rural service industry in Henan Province faces some traditional challenges, it also faces new development opportunities. Therefore, from the perspectives of deepening reform and opening up, increasing capital investment, strengthening scientific and tech-nological innovation, and promoting the development of agricultural productive service industry, To comprehensively promote the modernization development of rural service industry in Henan.

Keywords: Rural Service Industry; Strong Agricultural Province; Agricultural Product Circulation

B.10   Research on Green Development Path of Henan

Agriculture Under the Goal of Strong Agricultural

Province   *Qiao Yufeng* / 128

Abstract: The green development of agriculture is the vital way for Henan to build a advantaged province in agricultural and also it is an inevitable choice for high-quality agricultural development. It has important practical significance and era value for promoting comprehensive rural revitalization and achieving common prosperity for farmers. To build Henan into a advantaged province in agricultural and achieve green transformation and development of agriculture, it is necessary to focus on solving a series of practical problems such as low quality of arable land, insufficient constraints and incentives, weak scientific and technological innovation ability, and "large provinces but small farmers". Based on the real situation of Henan Province and the endowment of agricultural resources, the green development of agriculture in Henan should highlight its comparative advantages, focus on developing characteristic agriculture, strengthen overall transformation and reform, establish institutional advantages for green development of agriculture, adhere to the concept of big agriculture, promote the overall development of the province, pay close attention to agricultural green technology innovation, and achieve full coverage of green elements.

Keywords: Green Agriculture; Strong Agricultural Province; Green Innovation of Science and Technology; Henan

B.11   Research on the Mechanism and Path of Digital Economy
Empowering the Integration and Development of Rural
Industries in Henan Province   *Ma Yinlong* / 137

Abstract: The digital economy is another major new economic form following the agricultural economy and industrial economy. The digital economy, with its exponential growth rate and cross-border radiation scope, has a profound impact on the evolution of rural industrial structure, economic structure, and production methods. As a major agricultural province, Henan has continuously improved its rural digital infrastructure in recent years, and the integration and development of digital economy and rural industries have effectively promoted the construction of a strong agricultural province. This report takes the integration of rural industries as the starting point and studies the mechanism of digital economy empowering the integration of rural industries in Henan Province. Further analysis reveals that there are currently problems in Henan Province, such as uneven development of regional and industry digital economy, weak overall competitiveness of digital economy, and insufficient development of rural digital economy. It is suggested that Henan should strengthen overall planning, do a good job in top-level design, improve the management mechanism for digital development of rural agriculture, strengthen the cultivation and introduction of digital talents in rural areas, and establish a sound rural digital governance system as the path to promote the integrated development of rural industries empowered by Henan's digital economy.

Keywords: Digital Economy; Rural Industry Integration; Henan Province

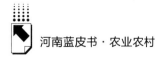
河南蓝皮书·农业农村

B.12 Promote the Construction of a Strong Agricultural
Province by Improving the Quality and Efficiency
of Modern Agricultural Industrial Parks
—*Based on the Investigation and Thinking of Seven Parks*
in Southern Henan   *Chen Mingxing* / 150

Abstract: Modern agricultural industrial park is an important measure to promote rural revitalization in an all-round way and an important carrier to accelerate the construction of a strong agricultural country and a strong agricultural province. After years of continuous construction, industrial parks around the country have focused on the development of leading industries with characteristics, the overall development of superior services, the integration of innovative development models, and the support measures for efficiency optimization, basically forming a construction pattern of up-and-down linkage and step-by-step promotion. On the whole, however, there are still some outstanding shortcomings in infrastructure, resource elements, industrial development, overall management and interest linkage. In the process of accelerating the construction of a strong agricultural province, to give full play to the empowering role of modern agricultural industrial parks, we must earnestly strengthen the basic support capacity, enhance the kinetic energy of industrial development, enhance the toughness of industrial development, release the demonstration effect of agglomeration and optimize the ecology of industrial development.

Keywords: Modern Agricultural Industrial Park; Strong Agricultural Province; Henan

V Rural Construction

Abstract: Building a beautiful and harmonious countryside that is desirable to live and work in is a new task and requirement proposed in the report of the 20th National Congress of the Communist Party of China for rural construction. On the basis of clarifying the Henan's current situation of building a beautiful and harmonious countryside that is desirable to live and work in, in response to the practical obstacles of rural construction, such as prominent shortcomings, insufficient guarantee of factor investment, weak industrial development momentum, lack of farmers as the main body, and insufficient digital empowerment, countermeasures and suggestions are proposed from five aspects: implementing rural construction actions, strengthening factor resource guarantee, optimizing rural industrial system, improving rural governance efficiency, and highlighting comprehensive digital empowerment, To accelerate the Henan's process of building a beautiful and harmonious countryside that is desirable to live and work in , and to coordinate the harmonious coexistence of rural people and nature, the harmony between human and industry, and the coexistence of beauty and harmony among all.

Keywords: Beautiful and Harmonious Countryside That is Desirable to Live and Work in; Rural Modernization; Henan

Abstract: To promote the common prosperity of farmers and rural areas is

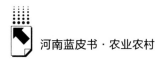
the key and difficult point to realize the common prosperity of all people. In recent years, Henan has made historic achievements in the development of agriculture and rural areas. Rural residents' income has maintained rapid growth, consumption level has steadily improved, quality of life has been significantly improved, public services have been comprehensively upgraded, and rural residents' living conditions have made remarkable progress, laying a foundation for promoting common prosperity of farmers and rural areas in the new development stage. However, in terms of the common prosperity of farmers and rural areas, Henan still has problems such as a large gap between urban and rural residents' income and consumption, and a large gap between basic public services. To promote the common prosperity of farmers and rural areas, Henan is still facing difficulties such as increasing pressure on farmers to continuously and steadily increase their income, arduous tasks to consolidate and expand the achievements of poverty alleviation, and relatively lagging rural construction. In order to ensure the common prosperity of farmers and rural areas, Henan should improve the living standards of rural residents in a planned and systematic way, constantly meet the growing needs for a better life, and gradually narrow the gap between urban and rural areas and the gap within rural areas. The specific ways include: promote the sustained and stable growth of farmers' income and narrow the gap between urban and rural income; improve the employment assistance and social assistance system to ensure the shared development of rural low-income groups; we will increase the proportion of rural middle-income groups.

Keywords: Farmers and Rural Areas; Common Prosperity; Employment Assistance

B.15 Thinking on the Path of Promoting the Construction of a Strong Province in Agricultural Science and Technology in Henan   *Mei Xingxing, Chen Yu* / 193

Abstract: The construction of a strong agricultural province of Henan, which is in the superposition period of strategic opportunities, historical oppor-tunities and policy opportunities. Relying on agricultural science and technology innovation to realize the leap from a large agricultural province to a strong agricultural province in Henan Province, it should face the development trend of the multidisciplinary integration of germplasm resources innovation means, the modernization of agricultural facilities and equipment, smart (digitization) of the future agriculture, the globalization of agricultural scientific and technological competition. In this regard, we will build an agricultural science and technology innovation highland in Henan with the "Zhongyuan Agricultural Valley" as the peak, build an agricultural science and technology innovation platform carrier integrated into the national strategic layout, build an international competitive "wild geese formation" agricultural science and technology innovation enterprise echelon, strengthen the "new force" of agricultural science and technology innovation, build a technology system that supports and leads the modern agricultural industry, and create a good innovation and entrepreneurship ecology with the reform of agricultural science and technology innovation system and mechanism, in order to realize the leap from a large agricultural province to an agricultural strong province.

Keywords: Strong Agricultural Province; Agricultural Science and Technology Innovation; Zhongyuan Agricultural Valley

B.16   Research on the Elements Input of Strengthening the
Construction of Strong Agricultural Province In Henan

Li Jingyuan / 202

Abstract: The 20th Plenary Congress of the CPC made a strategic deployment for China to build an agricultural power. To promote the construction of an agricultural power, Henan has the foundation, ability, responsibility, and responsibility. It is not only necessary to further consolidate its position as a major agricultural province, a major grain province, and a major rural population province, but also to promote the transformation of agricultural development from "big" to "strong". Accelerating the construction of a strong agricultural province requires both genuine policy support and comprehensive and sufficient factor investment. Focusing on the goals and key tasks of building a strong agricultural province in Henan, we will tilt talent, finance, technology, and policies towards agriculture and rural areas. Gradually build and improve key elements guarantee system for promoting the comprehensive development of agriculture and rural areas, including funding, talent, land, technology, and other key elements. Strengthen internal and external linkage to ensure funding elements, stimulate the vitality of various agricultural talent elements, coordinate and optimize the allocation of land element resources, enhance the driving effect of agricultural technology elements, and provide comprehensive support for Henan to build a strong agricultural province.

Keywords: Strong Agricultural Province; Modern Seed Industry; Henan Province

VI Rural Governance

B.17 Grassroots Exploration and Practical Enlightenment on

Improving the Efficiency of Rural Governance

—*Research and Thinking Based On Changyuan City*

Zhang Kun / 215

Abstract: Rural governance is the basis of rural revitalization, related to rural reform and development, affecting the overall stability of society. Changyuan City, Henan Province, as a pilot county for the construction of the national rural governance system, has made plans according to local conditions, explored the rural governance model with Party building as the guide, reform as the driving force, wisdom as the means, grid as the unit, and the masses as the main body, vigorously promoted the rural governance work, effectively improved the level of rural governance, and created a road of good rural governance with Changyuan characteristics. It has certain enlightening significance and reference value for other areas to improve the efficiency of rural governance and promote the modernization of rural governance.

Keywords: Efficiency of Rural Governance; Rural Revitalization; Changyuan City

B.18   Explore the "One field System" to Boost the Moderate

Scale Management of Agriculture In Henan   *Liang Xinzhi* / 224

Abstract: "One field system" is the the theoretical exploratory summary of "small fields become big fields" in practice. The "one field system" has effectively promoted the moderate scale operation of agriculture and is conducive to the modernization of agricultural development. This report first provides an overview and refinement of the basic concepts and types of "one field system", and then conducts quantitative and qualitative analysis of the effectiveness of "one field system" based on research. It is believed that the implementation of "one field system" has significantly improved the cost-benefit of crops and achieved good social benefits. In order to better promote the "one field system", it is advisable to grasp three important links in practice: the cooperative area of farmers' contracted land, the method of combining small and large fields, and how to optimize the layout of farmland. It is necessary to improve supporting policies, ensure the effective participation of farmers, standardize the operation process by law, promote pilot projects in a stable and orderly manner, and combine them with the construction of high standard farmland.

Keywords: One Field System; Agricultural Management; Moderate Scale Management

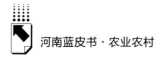

B.19 Research on the Causes and Solutions to the "Involution" of Farmland Transfer in Henan *Liu Yihang* / 235

Abstract: Promoting rural land transfer is an important way to promote agricultural structural adjustment and achieve large-scale, intensive and specialized agricultural production. At present, Henan still has the phenomenon of "involution" in agricultural land transfer, which is characterized by the slowdown in agricultural land transfer growth, the solidification of small-scale agricultural operation models, and the decline in agricultural production efficiency. In promoting the transfer of agricultural land, as the prices of production factors such as labor and land have increased and the livelihood models of farmers have changed, large-scale business entities have transformed or withdrawn from the agricultural production field, causing the transfer of agricultural land to fall into the dilemma of "involution". Therefore, on the basis of the adaptability of agricultural land transfer to the urbanization process, rural labor transfer, and farmers' acceptance, a system guided by institutional innovation, guaranteed by financial incentives, with value self-discipline as the core, and with diversified collaboration as the fundamental mechanism to jointly realize the de-involution of agricultural land transfer.

Keywords: Farmland Transfer; Agricultural Modernization; Small Farmers

社会科学文献出版社

皮书

智库成果出版与传播平台

❖ 皮书定义 ❖

皮书是对中国与世界发展状况和热点问题进行年度监测，以专业的角度、专家的视野和实证研究方法，针对某一领域或区域现状与发展态势展开分析和预测，具备前沿性、原创性、实证性、连续性、时效性等特点的公开出版物，由一系列权威研究报告组成。

❖ 皮书作者 ❖

皮书系列报告作者以国内外一流研究机构、知名高校等重点智库的研究人员为主，多为相关领域一流专家学者，他们的观点代表了当下学界对中国与世界的现实和未来最高水平的解读与分析。

❖ 皮书荣誉 ❖

皮书作为中国社会科学院基础理论研究与应用对策研究融合发展的代表性成果，不仅是哲学社会科学工作者服务中国特色社会主义现代化建设的重要成果，更是助力中国特色新型智库建设、构建中国特色哲学社会科学"三大体系"的重要平台。皮书系列先后被列入"十二五""十三五""十四五"时期国家重点出版物出版专项规划项目；自2013年起，重点皮书被列入中国社会科学院国家哲学社会科学创新工程项目。

皮书网

（网址：www.pishu.cn）

发布皮书研创资讯，传播皮书精彩内容
引领皮书出版潮流，打造皮书服务平台

栏目设置

◆ **关于皮书**
何谓皮书、皮书分类、皮书大事记、
皮书荣誉、皮书出版第一人、皮书编辑部

◆ **最新资讯**
通知公告、新闻动态、媒体聚焦、
网站专题、视频直播、下载专区

◆ **皮书研创**
皮书规范、皮书出版、
皮书研究、研创团队

◆ **皮书评奖评价**
指标体系、皮书评价、皮书评奖

所获荣誉

◆ 2008 年、2011 年、2014 年，皮书网均
在全国新闻出版业网站荣誉评选中获得
"最具商业价值网站"称号；
◆ 2012 年，获得"出版业网站百强"称号。

网库合一

2014 年，皮书网与皮书数据库端口合
一，实现资源共享，搭建智库成果融合创
新平台。

皮书网

"皮书说"
微信公众号

权威报告·连续出版·独家资源

皮书数据库
ANNUAL REPORT(YEARBOOK)
DATABASE

分析解读当下中国发展变迁的高端智库平台

所获荣誉

- 2022年，入选技术赋能"新闻+"推荐案例
- 2020年，入选全国新闻出版深度融合发展创新案例
- 2019年，入选国家新闻出版署数字出版精品遴选推荐计划
- 2016年，入选"十三五"国家重点电子出版物出版规划骨干工程
- 2013年，荣获"中国出版政府奖·网络出版物奖"提名奖

皮书数据库

"社科数托邦"
微信公众号

成为用户

　　登录网址www.pishu.com.cn访问皮书数据库网站或下载皮书数据库APP，通过手机号码验证或邮箱验证即可成为皮书数据库用户。

用户福利

- 已注册用户购书后可免费获赠100元皮书数据库充值卡。刮开充值卡涂层获取充值密码，登录并进入"会员中心"—"在线充值"—"充值卡充值"，充值成功即可购买和查看数据库内容。
- 用户福利最终解释权归社会科学文献出版社所有。

数据库服务热线：010-59367265
数据库服务QQ：2475522410
数据库服务邮箱：database@ssap.cn
图书销售热线：010-59367070/7028
图书服务QQ：1265056568
图书服务邮箱：duzhe@ssap.cn

S 基本子库
UB DATABASE

中国社会发展数据库（下设 12 个专题子库）

紧扣人口、政治、外交、法律、教育、医疗卫生、资源环境等 12 个社会发展领域的前沿和热点，全面整合专业著作、智库报告、学术资讯、调研数据等类型资源，帮助用户追踪中国社会发展动态、研究社会发展战略与政策、了解社会热点问题、分析社会发展趋势。

中国经济发展数据库（下设 12 专题子库）

内容涵盖宏观经济、产业经济、工业经济、农业经济、财政金融、房地产经济、城市经济、商业贸易等 12 个重点经济领域，为把握经济运行态势、洞察经济发展规律、研判经济发展趋势、进行经济调控决策提供参考和依据。

中国行业发展数据库（下设 17 个专题子库）

以中国国民经济行业分类为依据，覆盖金融业、旅游业、交通运输业、能源矿产业、制造业等 100 多个行业，跟踪分析国民经济相关行业市场运行状况和政策导向，汇集行业发展前沿资讯，为投资、从业及各种经济决策提供理论支撑和实践指导。

中国区域发展数据库（下设 4 个专题子库）

对中国特定区域内的经济、社会、文化等领域现状与发展情况进行深度分析和预测，涉及省级行政区、城市群、城市、农村等不同维度，研究层级至县及县以下行政区，为学者研究地方经济社会宏观态势、经验模式、发展案例提供支撑，为地方政府决策提供参考。

中国文化传媒数据库（下设 18 个专题子库）

内容覆盖文化产业、新闻传播、电影娱乐、文学艺术、群众文化、图书情报等 18 个重点研究领域，聚焦文化传媒领域发展前沿、热点话题、行业实践，服务用户的教学科研、文化投资、企业规划等需要。

世界经济与国际关系数据库（下设 6 个专题子库）

整合世界经济、国际政治、世界文化与科技、全球性问题、国际组织与国际法、区域研究 6 大领域研究成果，对世界经济形势、国际形势进行连续性深度分析，对年度热点问题进行专题解读，为研判全球发展趋势提供事实和数据支持。

法律声明

"皮书系列"（含蓝皮书、绿皮书、黄皮书）之品牌由社会科学文献出版社最早使用并持续至今，现已被中国图书行业所熟知。"皮书系列"的相关商标已在国家商标管理部门商标局注册，包括但不限于 LOGO（ ）、皮书、Pishu、经济蓝皮书、社会蓝皮书等。"皮书系列"图书的注册商标专用权及封面设计、版式设计的著作权均为社会科学文献出版社所有。未经社会科学文献出版社书面授权许可，任何使用与"皮书系列"图书注册商标、封面设计、版式设计相同或者近似的文字、图形或其组合的行为均系侵权行为。

经作者授权，本书的专有出版权及信息网络传播权等为社会科学文献出版社享有。未经社会科学文献出版社书面授权许可，任何就本书内容的复制、发行或以数字形式进行网络传播的行为均系侵权行为。

社会科学文献出版社将通过法律途径追究上述侵权行为的法律责任，维护自身合法权益。

欢迎社会各界人士对侵犯社会科学文献出版社上述权利的侵权行为进行举报。电话：010-59367121，电子邮箱：fawubu@ssap.cn。

社会科学文献出版社